AUDITORIA®
Planejamento, execução e reporte

O GEN | Grupo Editorial Nacional – maior plataforma editorial brasileira no segmento científico, técnico e profissional – publica conteúdos nas áreas de ciências sociais aplicadas, exatas, humanas, jurídicas e da saúde, além de prover serviços direcionados à educação continuada e à preparação para concursos.

As editoras que integram o GEN, das mais respeitadas no mercado editorial, construíram catálogos inigualáveis, com obras decisivas para a formação acadêmica e o aperfeiçoamento de várias gerações de profissionais e estudantes, tendo se tornado sinônimo de qualidade e seriedade.

A missão do GEN e dos núcleos de conteúdo que o compõem é prover a melhor informação científica e distribuí-la de maneira flexível e conveniente, a preços justos, gerando benefícios e servindo a autores, docentes, livreiros, funcionários, colaboradores e acionistas.

Nosso comportamento ético incondicional e nossa responsabilidade social e ambiental são reforçados pela natureza educacional de nossa atividade e dão sustentabilidade ao crescimento contínuo e à rentabilidade do grupo.

Joshua Onome Imoniana

AUDITORIA

Planejamento, execução e reporte

Apresentação de
WELINGTON ROCHA
Presidente da FIPECAFI

- Atualizada pelo Novo Relatório dos Auditores Independentes
- Atualizada com as Normas Internacionais de Auditoria
- Fonte de consulta para o Exame do CNAI (Cadastro Nacional de Auditores Independentes)

Impresso no Brasil – *Printed in Brazil*

EDITORA ATLAS LTDA.
Uma editora integrante do GEN | Grupo Editorial Nacional
Rua Conselheiro Nébias, 1384 – Campos Elíseos – 01203-904 – São Paulo – SP
Tel.: (11) 5080-0770 / (21) 3543-0770
faleconosco@grupogen.com.br / www.grupogen.com.br

Designer de capa: OFÁ Design :: Manu
Imagem de capa: pika111 | iStockphoto

Editoração Eletrônica: SBNigri Artes e Textos Ltda.

CIP – BRASIL. CATALOGAÇÃO NA FONTE.
SINDICATO NACIONAL DOS EDITORES DE LIVROS, RJ.

Imoniana, Joshua Onome

Auditoria: planejamento, execução e reporte / Joshua Onome Imoniana. – São Paulo: Atlas, 2019.

Inclui bibliografia
ISBN 978-85-97-01938-4

1. Contabilidade. 2. Auditoria. I. Título.

18-53824 CDU: 657.45
CDD: 657.6

Meri Gleice Rodrigues de Souza – Bibliotecária CRB-7/6439

Sobre o Autor

Joshua Onome Imoniana é CPA de Institute of Public Accountants da Austrália; Certified in Governance of Enterprise IT *(CGeIT)* e Membro do Comitê do International Auditing and Assurance Standards Board (IAASB) Data Analytics Project Advisory Panel *(the PAP)*. Atualmente, é professor doutor da Universidade de São Paulo. Atuou nos programas de PPGC – Universidade Presbiteriana Mackenzie, PPGA – Universidade Metodista de São Paulo, PPGCC – Universidade Regional de Blumenau etc. Tem larga experiência internacional nos níveis gerenciais e de diretoria com passagens em empresas como IBRU (Nigéria); Price WaterhouseCoopers e Deloitte Touche Tohmatsu, Asea Brown Boveri (Suécia); Canbras (Canadá), atuando sempre nas áreas de Auditoria Contábil e de Sistemas, Riscos e Controle de Gestão. Pós-doutor da Alma Mater Studiorum pela Università di Bologna, Dipartimento di Scienze Aziendali. Possui Graduação pelo IMT, Nigéria, 1982; Mestrado e Doutorado em Contabilidade e Controladoria pela FEA-USP em 1985 e 1992, respectivamente. É membro Internacional do Professional Standards & Career Management Committee da ISACA. Membro do Institute of Internal Auditors (IIA) desde 1992. Seu principal foco de pesquisas busca atender aos anseios de compreeder a razão e a forma da implementação de controles e auditoria nas organizações. Tem interesse em temas como: cultura de controle e gestão, monitoramento e avaliação de sistemas de controle, auditoria contábil e de sistemas de informação, planejamento, risco empresarial, *compliance, forensic accounting* e pesquisa qualitativa. Membro do conselho editorial de vários periódicos, dentre os quais *International Journal of Managerial and Financial Accounting, International Journal of Economics and Accounting, African Journal of Economics and Sustainable Development, African Journal of Accounting Auditing and Finance*. É autor de vários livros, entre os quais citam-se: *Auditoria de sistemas de informação*, 3ª edição pelo GEN | Atlas, e *Controle de gestão*, pela LTC | GEN. Tem diversas obras publicadas nos periódicos de melhor classificação pelo sistema

Qualis e dois artigos no Top-10 da SSRN em 4/12/2008. Editor-chefe do *International Journal of Auditing Technology*. Membro associado da AAA – American Accounting Association. É Professor Visitante da IESEG School of Management – http://www.ieseginternational.com/ –, no curso de MSc. in Audit & Control da Université Catholique de Lille, França.

Apresentação

Uma reflexão crítica a respeito de problemas relacionados à fragilidade de controles internos, sistemas de governança frouxos ou inexistentes em vários tipos de organizações – empresariais privadas, públicas e do terceiro setor – me levam a concluir que este livro *Auditoria: planejamento, execução e reporte*, de autoria do Professor Joshua Imoniana, é uma obra necessária.

De fato, entidades privadas, públicas e do terceiro setor cada vez mais precisam de auditoria – seja para coibir e detectar fraudes, desvios de conduta etc., seja para contribuir com o processo de agregação de valor para os *stakeholders*.

É justamente nesse contexto que *Auditoria: planejamento, execução e reporte* se propõe a contribuir para o aperfeiçoamento dos controles e promoção de uma governança eficaz.

Ao longo do texto o Professor Joshua Imoniana traça toda uma trajetória conceitual, histórica e taxionômica da auditoria e ilustra sua aplicação prática à validação de demonstrações contábeis passando, por exemplo, por vários itens dos balanços patrimoniais etc.

Trata-se, portanto, de uma obra adequada para profissionais de contabilidade, auditoria, controles internos, *compliance* e governança corporativa que precisam manter-se bem informados nessa matéria.

Welington Rocha
Professor Sênior da Faculdade de Economia,
Administração e Contabilidade da Universidade de São Paulo

Prefácio

Há distinção entre um auditor contemporâneo e um investigador. O auditor é um profissional liberal. Sua função, auditoria, é um ramo especializado da consultoria contábil, financeira, econômica, fiscal, administrativa de asseguração de conformidades e de monitoramento de controle de gestão da empresa. O investigador examina um assertivo aacerca de questão-problema e desvenda o não esclarecido. As organizações necessitam ser ajudadas em seus problemas de buscar melhor forma de gerenciar suas empresas e tirar proveito das vantagens competitivas, através de consulta com seus auditores.

No entanto, neste século XXI, com atividade de auditoria bastante difundida, abrange-se desde auditoria fiscal, contábil/financeira, de tecnologia de informação, de meio ambiente e de contabilidade forense; nessas áreas o auditor interno apoia o escopo do trabalho do auditor independente *vis-à-vis* com suporte à governança corporativa.

O objetivo de *Auditoria* não é louvar as virtudes das empresas de auditoria externa ou os profissionais de auditoria interna, mas suprir numa forma simples e metodológica o entendimento da auditoria moderna e sua prática de sustentação dos negócios. Auxiliar os referidos profissionais na sua necessidade rotineira e nossos estudantes universitários na busca da melhor forma de executar as tarefas de auditoria, seguindo as orientações mais aprimoradas, e obter delas o melhor resultado.

Este livro reflete os meus 35 anos de experiência em serviços de auditoria, seja auditoria interna ou independente, tanto na qualidade de usuário dos livros já publicados da área como de professor universitário ou de pesquisador. Nesses anos, vi e experimentei muitas situações em que as companhias tentavam evitar os trabalhos de auditoria, devido ao enquadramento na atividade de controle que normalmente vimos como muito custosa e aos resultados que aparentemente não são mensurados com facilidade. Também vi e experimentei situações onde as companhias normatizavam auditoria como atividade *sine qua non* às operações empresariais para fomentar a adesão às políticas e garantir obtenção de resultados.

Assim, este livro apresenta a melhor forma de atender aos requisitos do auditor contemporâneo.

Destaco, entre a bibliografia pesquisada, os livros de Marcelo de Almeida Cavalcante, que foi meu colega na Deloitte Touche Tohmatsu, e de William Attie, ambos publicados pelo GEN | Atlas.

O presente livro foi organizado em capítulos, seguindo ordem que reflete como os trabalhos de auditoria são planejados, executados, documentados e reportados para os usuários das informações auditadas.

Desejo expressar minha gratidão aos colegas da Price WaterhouseCoopers, Deloitte Touche Tohmatsu, KPMG e Ernest & Young, além da comunidade acadêmica, da qual cito a Universidade Presbiteriana Mackenzie e a Universidade de São Paulo pelas sugestões e suas contribuições, sem as quais nossos leitores poderiam sentir falta de trabalho altamente profissional. Em especial, agradeço aos meus colegas Benedito David Filho, *ex*-Deloitte, José Figueira, *ex-PwC*, e Edgard Cornachione, da USP, pelas contribuições e verdadeiros incentivos.

Finalmente, agradeço aos meus colegas professores e alunos dos cursos de pós-graduação e graduação das universidades por que passei, principalmente pelas contribuições. À minha família – Bernardete (esposa), Carolina (filha), Martha (filha) e Lucca-Oghenegare (neto), pelo companheirismo.

O Autor

Sumário

Parte I

CONTEXTUALIZAÇÃO DA AUDITORIA

- Esta parte do livro apresenta os conceitos e contextualiza a auditoria como integrante da área de ciências sociais aplicadas, clareando as suas funções. Também se posiciona a respeito da sua origem e resgata sua evolução, além de apontar seu objetivo na sociedade contemporânea. Finalmente, prepara o leitor acerca das filosofias da auditoria mostrando o alicerce para sua atuação.

Fundamentos da Auditoria

1

1.1 Conceitos da auditoria

A auditoria, como todas as ciências que utilizam abordagem epistemológica, estudo crítico dos princípios e conceitos, consiste em assegurar o porquê dos registros das informações, análise e reportes. Além disso, a auditoria também está enquadrada nos estudos de ciências sociais aplicadas que sustentam as tecnologias gerenciais, o posicionamento dos investidores e os usuários das informações contábeis em geral.

É por isso que sua contextualização é complexa. Mas, como ponto de partida numa visão global, pode-se dizer que a auditoria significa: examinar, investigar, periciar, comparecer como ouvinte, dar suporte em casos judiciais, ajustar ou balancear as contas. Outro significado é o de apontar as discrepâncias entre ativos e passivos ao apresentar balanços.

A conceituação registrada pela Enciclopédia Britânica diz o seguinte: "[...] a Auditoria é o exame de contas, feito pelos funcionários de finanças do Estado, companhias e estabelecimentos públicos, ou pessoas físicas, com vista à certificação de sua exatidão. Nas Ilhas Britânicas, as contas públicas sempre foram auditadas desde o primórdio, embora, até o reinado da Rainha Elizabeth, de maneira não sistemática. Antes de 1559, esse serviço era executado, às vezes, por auditores especialmente designados, e, outras, por auditores da receita pública ou pelo auditor do tesouro, cargo criado por volta de 1314". Em 1559, porém, houve um desdobramento para sistematizar a auditoria das contas públicas, pela indicação de dois auditores para examinar os pagamentos a servidores públicos.

1.2 Definições da auditoria

Define-se auditoria como atividade que se refere à verificação das informações contábeis para certificar a sua precisão e determinar a confiabilidade das informações. Em maior abrangência, define-se auditoria como processo de avaliação sistemática dos registros contábeis e das operações correlatas para determinar a aderência aos princípios contábeis, regras vigentes, políticas empresariais prescritas e às normas emanadas que regulamentam as operações das entidades contábeis.

Como se pode ver, na primeira tentativa de definir a auditoria, observamos que a preocupação estava relacionada primordialmente com as demonstrações contábeis e, posteriormente, estendeu-se para as operações gerais das empresas. No entanto, nosso leitor pode concluir então que a auditoria cresceu a partir da necessidade de avaliar as demonstrações contábeis. O pressuposto derivado está certo no primeiro momento, entretanto a auditoria se estendeu para outros objetivos empresariais, posteriormente, no segundo momento.

1.3 Objetivos da auditoria

Entende-se que o primeiro foco do trabalho do auditor independente é asseguração das demonstrações contábeis e emissão de um parecer consubstanciado sobre a adequação com que tais demonstrações representam a posição financeira e patrimonial, o resultado das operações e as modificações na posição financeira, de acordo com as normas contábeis e de auditoria vigentes. Ou seja, o relatório do auditor é a forma pela qual ele expressa seu parecer, ou nega, se as circunstâncias assim o requerem. Em todos os casos, o auditor declara se os exames foram conduzidos de acordo com as normas de auditoria geralmente aceitas. Essas normas requerem que o auditor afirme que essas demonstrações contábeis representam a posição patrimonial e financeira, o resultado das operações, as mutações do patrimônio líquido, conforme reflete a demonstração de fluxo de caixa, consoante as Normas Brasileiras de Contabilidade e a legislação específica, no que for pertinente.

O segundo foco da auditoria é auxiliar a alta administração no processo de implementação das estratégias gerenciais, das quais destacam-se:

- assistir o contexto de assessoria nos processos de planejamento, execução e controle das operações empresariais (por exemplo: da área de planejamento fiscal e tributária e fomento da economia de impostos);
- assessorar a implementação de tecnologias gerenciais, tecnologias de materiais, tecnologias industriais e de processos (por exemplo: implementação de sistemas contábeis ERP corretos e consistentes com o crescimento e tendências de negócios);
- detectar fraudes, desfalques e promover a investigação forense a ponto de arbitrar os efeitos nos resultados dos negócios; e
- prevenir fraudes e erros relevantes em tempo.

1.4 Necessidades dos trabalhos de auditoria

Os proprietários das empresas e seus representantes legais, quando contratam funcionários capazes de colaborar na implementação das estratégias gerenciais, esperam que tudo caminhe bem. Mas, no caminho, quando aparecem conflitos de interesse, nem sempre isso ocorre como deveria, uma vez que cada indivíduo possui um nível cultural e moral próprio, e a ética se manifesta conforme suas crenças e valores, que difíceis de serem homogeneizados. No entanto, os problemas pessoais e grupais podem também surgir; e é nesse contexto que os acionistas ficam críticos e céticos em relação às informações e relatórios de andamento das operações submetidos a sua apreciação. Com efeito, as demonstrações contábeis e os relatórios da administração podem:

- não evidenciar todas as transações econômicas e financeiras, com valores materiais, ocorridas durante um exercício contábil;
- conter erros devido a registros incorretos e incompletos, inválidos, com problemas de integridade e de competência de exercício;
- intencionalmente apresentar demonstrações enganosas;
- não ser apresentados conforme demanda a legislação vigente;
- omitir informações relevantes para a compreensão das demonstrações contábeis e consecução dos objetivos empresariais;
- não ser apresentados de acordo com as normas emanadas dos padrões de auditoria geralmente aceitos e em conformidade com os critérios contábeis corretos;
- perder a consistência das informações devido às complexidades das operações empresariais existentes hoje em vários ramos industriais, principalmente nas áreas problemáticas de auditoria, como partes relacionadas, culminando com a consolidação das referidas operações em países diferentes, sistemas monetários legais e ambientes contábeis diferentes daqueles que já adotaram IFRS.

Baseado nos pontos abordados acima, o auditor pode ser necessário ainda para vários serviços, entre os quais:

- Asseguração razoável das demonstrações contábeis elaboradas pelas companhias abertas e as limitadas de grande porte, conforme demanda a Lei nº 11.638, que precisam reportar as suas atividades. Também necessitam de auditoria de balanços as instituições financeiras, inclusive as cooperativas de crédito e seguradoras.
- Asseguração limitada de relatórios de sustentabilidade, entre outros tipos de relatório além das demonstrações contábeis, que necessitem de pronunciamento do auditor de forma limitada sobre quão bem esses relatórios foram elaborados.

Isso se faz necessário, pois auditores opinarão sobre os balanços apresentados afirmando se são razoáveis na sua essência e forma e em conformidade com as normas vigentes.

A administração geralmente é cobrada para reportar a situação patrimonial da organização, exigindo que o auditor certifique essas informações para o conforto de vários tipos de usuário.

O auditor é de grande valia não só para salvaguardar os ativos da empresa, mas também para prestar seu serviço profissional de aconselhamento, tendo em vista a vivência em várias empresas de portes diferentes.

Normalmente essas empresas de auditoria têm escritórios instalados nas principais capitais do mundo, facilitando trocas de experiência e profissionais também para execução de serviços nos quais são deficitários e, ainda, a colaboração nos treinamentos.

Às vezes, as firmas de auditoria asseguram operações de mesmo grupo em países diferentes, aumentando a contribuição que elas poderiam proporcionar à empresa local. Alguns usuários das informações geradas pelas empresas costumam solicitar a certificação de tais informações para que estas apresentem caráter fidedigno.

1.5 A importância e o papel da auditoria independente no mercado de capitais

A grande importância da auditoria independente para mercados de capitais é que ela ajuda a sustentar o mercado eficiente, dando conforto aos participantes do mercado e, em abrangência maior, a todos os *stakeholders*.

A auditoria tem papel na garantia de qualidade das informações. Os administradores, que têm obrigação de divulgar, comunicam para os *stakeholders* dos mercados de capitais a situação dos negócios em tempo hábil e consistente com as normas vigentes. Segundo Lennox (1999), essa qualidade é imprescindível para apoiar a plenitude da operação dos mercados de capitais.

Conforme já amplamente divulgado em vários estudos, entre os quais citam-se Jensen (1968), sobre avaliação de *performance* de portfólios, e Khotari (2001), sobre *auditor and capital Market*, exige-se monitoramento para substanciar o dinamismo do mercado, o qual é proporcionado pelo auditor. É nesse momento que o auditor ganha prestígio por auxiliar na asseguração das informações transacionadas no seu reporte para os interessados. Há momentos em que seus relatórios até ajudam a agitar o mercado acionário em períodos turbulentos.

A independência do auditor é apoiada com a própria carta de independência ou concordância com os termos do serviço, assinada pela equipe de auditoria. Haja vista o reflexo quando da sua composição para auditar a empresa e o requisito mandatório de rodízio de auditoria e a não prestação de serviços de consultoria se houver compromisso de serviço de auditoria das demonstrações contábeis. Tal rodízio é mandatório em certos países, entre os quais citam-se:

- No Brasil, há obrigatoriedade de mudança a cada 5 anos. Só se pode voltar após outros 5 anos, conforme Resolução 308/99 da CVM.
- Na Nigéria, é obrigatória rotação a cada 10 anos. Só pode haver volta após outros 10 anos.
- Na Itália, o CONSOB (órgão equivalente à CVM brasileira) instituiu rotação de 9 anos, porém cada período pode ser estendido por outros 3, somando 12 anos.
- Na França, o rodízio é mandatório somente para *publicly traded companies* no período de 10 anos, regra da União Europeia.

A importância de auditor independente é bastante sentida quando da sua colaboração na divulgação, seja ela voluntária ou involuntária. Conforme Batista, Pereira e Imoniana (2013), essas divulgações têm impactos nas negociações das principais bolsas.

Como questão norteadora de operacionalização, indaga-se:

Qual a importância e qual o papel da auditoria independente no mercado de capitais?

Os processos de avaliação de riscos aliam-se às concordâncias com os termos de auditoria citados anteriormente, que ajudam a fixar as responsabilidades pelos conteúdos, e a publicações das demonstrações contábeis. É comum solicitar da alta administração, ao término da auditoria, as cartas de representação que se coadunam com os pressupostos iniciais do início da auditoria, assinadas pelas governanças das empresas.

A ética na publicação das demonstrações financeiras ajuda a estruturar os serviços de auditoria independente de tal forma que os resultados de seu trabalho falem por si só.

Esses serviços, por sua vez, estão pautados nas normas internacionais de auditoria, geralmente conhecidas por ISA (*International Standards on Auditing*), que se dividem em três principais blocos: o primeiro fixa a pessoa do auditor para os serviços, conforme a ISA 200 – Objetivos gerais do auditor independente e a condução em conformidade com normas de auditoria; o segundo trata da execução do serviços conforme ISA 300 –

Planejamento da auditoria de demonstrações contábeis e ISA 500 – Evidenciação de auditoria; e o terceiro aborda a comunicação do relatório para interessados, conforme ISA 700 – Formação de opinião.

Contudo, a regularidade dos relatórios mostra que sua divulgação compreende todos os aspectos relevantes das normas vigentes que merecem ser destacados.

Ademais, vale salientar o monitoramento do mercado por meio dos organismos de *compliance* como CVM, SEC americana, PCAOB, entre outros, que visam sustentar a veracidade das informações divulgadas pelas empresas.

Assim, pode-se inferir a significativa importância dos relatórios de auditoria independente, visto que existe uma indicação de que a publicação dos pareceres de auditoria influencia o rendimento das ações.

1.6 Credenciamento profissional do auditor na perspectiva global

Os credenciamentos profissionais da pessoa do auditor em âmbito global são primordialmente feitos por meio das diferentes Comissões de Valores Mobiliários (CVM), as chamadas *Securities & Exchange Commissions* (SECs). As CVMs normalmente se reportam ao Ministério da Fazenda de cada país, pois são regidas por políticas monetárias nacionais.

Basicamente, no caso brasileiro, após formação universitária em contabilidade, obtém-se o registro profissional por meio de prova de suficiência promovida pelo Conselho Federal de Contabilidade. Depois disso, o auditor fará também o credenciamento no CNAI – Cadastro Nacional de Auditores.

Para atuar nas seguradoras, além do credenciamento citado acima, o auditor fará outro credenciamento na SUSEP – Superintendência de Seguros Privados. Ao atuar nas instituições financeiras, ele se credencia também junto ao Banco Central.

Globalmente, como pré-requisito para esse credenciamento, exige-se qualificação básica junto aos órgãos de classe que qualificam o profissional, tais como:

- *Institute of Public Accountants of Australia* (CPA);
- *American Institute of Certified Public Accountants* (CPA);
- *Association of Chartered Certified Accountants* (ACCA);
- *Institute of Certified Public Accountants of Nigeria* (CPA);
- *Association of National Accountants of Nigeria* (ANAN);

- *Institute of Chartered Accountants of Scotland;*
- *Institute of Chartered Accountants of England and Wales;*
- *Institute of Chartered Accountants of Nigeria;*
- *Institute of Chartered Accountants of Pakistan;*
- *Institute of Chartered Accountants of India.*

Vale ressaltar que nos países que foram colônias britânicas não são exigidas formações universitárias para atuar como contador e/ou auditor. As qualificações que consagram os títulos das instituições citadas acima, considerando suas exigências, já são suficientes para atuação como auditor.

Na França, o equivalente ao CFC é a *Autorité des Normes Comptables* (ANC) e o da CVM é a *Autorité des Marchés Financiers* (AMF).

Existe, também, o *Haut Conseil du Commissariat aux Comptes* (H3C), que é a autoridade que regulamenta as firmas de auditores independentes, lá chamados *Commissaires Aux Comptes* (CAC). O H3C exerce, entre outras, as funções de: proceder a inscrições dos CAC; adotar as normas éticas e morais que regem o comportamento dos CAC; investigar e sancionar sua atuação; além de acompanhar as evoluções da auditoria.

As certificações exigidas internacionalmente, como a CPA em alguns países, acabam se estendendo culturalmente para outros países como o Brasil. As firmas de auditoria mantêm um nível de educação continuada muito elevada e homogeneizada globalmente, sobretudo em virtude da globalização e de exigências das empresas multinacionais.

Vale ressaltar que existem as associações de vários organismos já citados para promover padrões mundiais por meio da IFAC – *International Federation of Accountants,* que têm contribuído para a harmonização dos padrões contábeis no mundo. Também vale citar a padronização das normas de auditoria ISA pelo IAASB – *The International Auditing and Assurance Standards Board.*

O credenciamento dos auditores, entretanto, tem passado por transformação recentemente devido às novas regulamentações que trouxeram alguns obstáculos, entre os quais:

- custo de manutenção do registro;
- cenários com preparos profissionais baixos;
- rotatividade de equipe muito alta;

- competitividade alta, inclusive das pequenas empresas de auditoria disputando com as *big four*;
- serviços com honorários baixos e dificuldade de atender às qualidades esperadas; e
- riscos de fraudes que não eram primariamente o foco da auditoria independente.

Ainda como complicação a esse quadro, para ser auditor de uma instituição financeira, por exemplo, é necessário se cadastrar e prestar três provas:

a) prova do CNAI – Cadastro Nacional dos Auditores;

b) prova do Banco Central do Brasil; e

c) prova instituída em 2016 para novos auditores pela CVM.

Ademais, o Banco Central pede para os auditores antigos uma comprovação de que nos últimos três anos eles tenham efetuado auditoria de instituição financeira para continuar mantendo credenciamento, se não poderão perdê-lo.

Ressalta-se que, além das comprovações de educação continuada para todos, a SUSEP pede comprovação anual de exercício de auditoria nas seguradoras para manter o credenciamento.

Além disso, o cenário é preocupante, tanto que o registro do CNAI apresenta atualmente 250 registradas para efetivamente atuar como auditor nas instituições financeiras. É possível inferir de que o futuro próximo vai acabar deixando a auditoria das instituições financeiras para as grandes empresas de auditoria independentes que conseguem cumprir as regras de credenciamento.

Como perspectiva global, vale ressaltar que os credenciamentos sofrerão vigilância constante. Um exemplo é a criação do PCAOB – *Public Company Accounting Oversight Board* (Conselho de Supervisão Contábil de Companhias Abertas.

O PCAOB foi instituído pela Lei Sarbanes-Oxley de 2002 (motivada por escândalos financeiros corporativos, como o da Enron), que visa garantir mecanismos de auditoria e segurança confiáveis, o que inclui a criação de comitês encarregados de supervisionar atividades e operações. É uma organização sem fins lucrativos com objetivo de inspecionar as auditorias de empresas públicas e dos corretores e intermediários, incluindo relatórios de *compliance*. Publica relatórios de auditoria informativos, precisos e independentes.

A instituição do organismo visa garantir a segurança e proteção de investidores e do interesse público. A missão e a visão do PCAOB se resumem em buscar se tornar um modelo de organização reguladora, utilizando ferramentas efetivas e com vistas a melhorar a qualidade da auditoria. Ademais, objetiva reduzir riscos de falhas de auditoria no mercado dos EUA e fora dele e promover confiança pública em reportes financeiros e na profissão do auditor.

A SEC tem autoridade de supervisão sobre o PCAOB, o que inclui a aprovação de regras, normas e orçamento, tendo poder de nomear o conselho composto de cinco membros. Além do conselho, o PCAOB conta também com aproximadamente outros 45 membros em seu *staff*, que se dividem entre conselheiros diretos do *board*, um centro de análises econômicas, duas divisões especializadas em investigações, registros e inspeções e outros funcionários com papéis como os de relações internacionais e públicas, relações com o governo, pesquisa, análise, entre outros.

Conforme Defond (2010), como os auditores são também auditados, levanta-se a comparação de ações de AICPA e PCAOB e conclui-se pelo efeito positivo de minimizar erros grosseiros dos auditores após sua instituição. E isso se expande para todos os países onde haja participantes da NYSE (bolsa de valores de Nova York) e os auditores sejam avaliados pelo PCAOB.

Enfim, pode-se concluir pela similaridade de *enforcement* pelo credenciamento dos auditores independentes em nível mundial, visto que as exigências são comuns, principalmente motivadas pelos mercados globalizados.

Exercícios

1. O objetivo principal do auditor independente é:
   a) Expressar uma opinião acerca de existência de fraude, roubo ou irregularidades.
   b) Expressar uma opinião sobre se as demonstrações contábeis foram elaboradas, em todos os aspectos relevantes.
   c) Emitir um relatório sobre o controle interno.
   d) Melhorar a imagem da empresa.
2. O serviço de auditoria é importante e devidamente necessitado para:
   a) Asseguração razoável das demonstrações contábeis elaboradas pelas companhias abertas e as limitadas de grandes portes.
   b) Asseguração limitada de relatórios de sustentabilidade entre outros tipos de relatório que não sejam das demonstrações contábeis que necessitem de pronunciamento do auditor.

c) Prestar serviços de averiguação dos processos de controle interno das empresas.

d) Prestar serviços de investigação forense nos casos de contenciosos.

e) Todas as opções estão corretas.

3. O órgão em que o auditor independente deve ser registrado primariamente para auditar uma entidade contábil aberta no Brasil é:

a) ACPA – *American Institute of Certified Public Accountants.*

b) CVM – Comissão de Valores Mobiliarios.

c) BACEN – Banco Central do Brasil.

d) IBRACON – Instituto Brasileiro de Contadores.

4. Resgatando o ciclo do acrônimo **PDCA** (***Plan/Do/Check/Act***) proposto por William Edwards Deming, como você explicaria a influência da função de auditor nos processos de gestão empresarial?

Evolução da Auditoria

2

2.1 Conceitos na evolução da auditoria

Existem evidências de que a atividade de auditoria foi praticada em épocas antigas. O fato de que os reis ordenavam que fossem mantidos dois registros simultâneos e independentes de suas riquezas, como evidência para corroborar a exatidão dos lançamentos e evitar desfalques, já mostra a antiguidade da profissão de auditoria. A auditoria milenar é tecnologia de orientação acerca do *status* patrimonial e, pelo que indicam os sinais e registros arqueológicos, já era empregada na Suméria.

Foi, todavia, com o advento da Revolução Industrial, por volta de século XVIII, que a auditoria contábil se consagrou. As organizações multiplicavam-se e ganhavam notável complexidade, demandando a prática auditorial como meio de proteção ao patrimônio aziendal. Precisamente em 1862 a profissão ganhou reconhecimento no Reino Unido, quando iniciou certo processo de padronização das atividades. Entre 1862 e 1900, a profissão cresceu na Inglaterra, sendo introduzida nos Estados Unidos em 1900.

A evolução mostra que, nos anos iniciais dessa profissão, ensinou-se aos estudantes que os principais objetivos da auditoria são detecção e prevenção de fraudes. Logo, com o passar do tempo, as preocupações foram aumentado. Em 1900, a auditoria já começou a se preocupar com erros contábeis, como, por exemplo, omissão, compensação e duplicidade, entre outros. Vejamos mais detalhes no Quadro 2.1.

2.2 Histórico e evolução da auditoria

A partir de 1934, quando foi criada a *Security & Exchange Commission* (SEC), a comissão de valores mobiliários nos Estados Unidos, a profissão tomou outro significado, ganhando maior impulso para seu reconhecimento. Era nessa época que as empresas que tinham negócios nas Bolsas de Valores e em outros territórios continentais precisavam ver se as informações recebidas eram realmente verídicas, exigindo serviços de auditoria no tocante à asseguração de tais informações para que elas apresentassem caráter de fidedignidade.

A expansão das atividades de auditoria no Brasil está praticamente relacionada à exigência dos acionistas estrangeiros quanto aos mesmos motivos citados anteriormente. Os fatores críticos que impulsionaram as atividades de auditoria no Brasil trouxeram às grandes firmas de auditoria com suas representações:

- exigência dos investidores estrangeiros que queriam certificar informações recebidas sobre as operações de suas subsidiárias;
- exigência das entidades internacionais de financiamento de projetos de capitais;
- crescimento das empresas brasileiras com a intenção de fornecer informações transparentes para seus usuários, solicitadas do profissional independente;
- aumento das transações e complexidade dos mercados de capitais;
- criação das normas de auditoria, promulgadas pelo Banco Central do Brasil em 1972; e
- criação da Comissão de Valores Mobiliários e promulgação da Lei nº 6.404, das Sociedade Anônimas, em 1976.

Quadro 2.1 Evolução da profissão da auditoria

Ano	Acontecimento
1756	A Revolução Industrial na Inglaterra e a expansão do capitalismo propiciaram grande impulso para a profissão graças ao surgimento das primeiras fábricas com uso intensivo de capital.
1880	Criação da Associação dos Contadores Públicos Certificados na Inglaterra.
1887	Cria-se, nos EUA, a Associação dos Contadores Públicos Certificados.
1894	É criado o Instituto Holandês de Contabilidade Pública.
Início do século XX	Surgimento das grandes corporações americanas e rápida expansão do mercado de capitais.
1916	Surgimento do IPA (*Institute of Public Accountants*), que sucede a Associação supracitada, criada em 1887.
1917	Redenominação do IPA para AIA (*American Institute of Accountants*).
1929	*Crash* da Bolsa de Valores de Nova York.
Início da década de 1930	A AIA propõe ao Congresso norte-americano a regulamentação de normas e padrões contábeis por profissionais altamente capacitados.

Ano	Acontecimento
1934	A criação da SEC (*Security and Exchange Commission*), nos EUA, aumenta a importância da profissão do auditor como guardião da transparência das informações contábeis das organizações e de sua divulgação para o mercado de capitais.
1947	Declaração de Responsabilidade do auditor interno.
1957	Redenominação do AIA como AICPA (*American Institute of Certified Public Accountants*), instituto que teve importância decisiva para o desenvolvimento das práticas contábeis de de auditoria.
1971	Criação do IBRACON (Instituto Brasileiro de Contadores).
1973	Surgimento do FASB (*Financial Accounting Standards Board*), nos EUA, com o objetivo de determinar e aperfeiçoar os procedimentos, conceitos e normas contábeis.
1976	Com a Lei nº 6.404 – Lei das Sociedades por Ações –, normatizaram-se as práticas e os relatórios contábeis.
1976	Com a Lei nº 6.385, é criada a CVM (Comissão de Valores Mobiliários), que tem a responsabilidade de padronizar as normas contábeis e os trabalhos de auditoria das empresas de capital aberto, além de os fiscalizar.
1977	Surgimento da IFAC (*International Federation of Accountants*), que substituiu o *International Coordination Committee for the Accountancy Profession*, com a missão de emitir padrões profissionais e guias de recomendação, além de buscar a convergência internacional desses padrões.
2001	Surgimento do IASB (*International Accounting Standards Board*), com sede na Grã-Bretanha, que assume a responsabilidade de comitê internacional de padrões contábeis e tem o objetivo de harmonizá-los em âmbito mundial.
2010	Obrigatoriedade da implantação de IFRS (*International Financial Reporting Standards*) e das respectivas aplicações das CPCs juntamente com as normas de auditoria.

2.3 Responsabilidades profissionais do auditor e comitê de auditoria

A responsabilidade profissional do auditor independente é de assegurar a veracidade das informações econômicas e financeiras apresentadas nas demonstrações contábeis no período específico.

A administração da empresa é a responsável pela contratação da auditoria independente, e é importante que ela enfatize as responsabilidades de ambas as partes na carta de concordância com os termos do trabalho de auditoria que definem também os escopos.

É responsabilidade do auditor interno, individualmente, demonstrar competência profissional para orientação gerencial com vistas na consecução dos objetivos almejados pela empresa em que atua. A responsabilidade também abarca aspectos de monitoramento de *compliance* para as leis, normas e políticas, aplicando-se as técnicas atuais, avaliando as ações da administração, revendo a relevância e a significância dos eventuais desvios, recomendando métodos corretivos para as fraquezas de controles internos e ponderando as contingências com a alta administração.

A responsabilidade do auditor independente na questão de fraude se apoia na NBC TA 240, que se refere à fraude na auditoria de demonstrações contábeis. É importante que a governança e a administração se conscientizem sobre a prevenção da fraude para reduzir sua ocorrência e para que os indivíduos saibam que será maior a chance de detecção e punição. O auditor é responsável por obter segurança razoável de que as demonstrações contábeis não contêm distorções por erro ou fraude. Devido a limitações do profissional, porém, algumas podem não ser detectadas, até por serem decorrentes da administração, já que esta tem condições de manipular, direta ou indiretamente, os registros contábeis.

O objetivo do auditor quanto a essa norma é identificar, avaliar, obter evidências e responder adequadamente em face de fraude ou sua suspeita quanto às distorções das demonstrações contábeis. Ele deve aceitar os registros e os documentos como legítimos, mas, se durante a auditoria acreditar que um documento pode não ser autêntico, deve investigar o caso. Ele deve também fazer indagações aos responsáveis pela entidade, para determinar se eles têm conhecimento, suspeita ou indícios de fraude que afetem a entidade. Podemos citar alguns procedimentos aplicados, como testar a adequação dos lançamentos contábeis registrados no livro-razão e revisar estimativas contábeis em busca de vícios. Identificando uma distorção, ele deve avaliar se a distorção é indicadora de fraude.

Por meio do comitê de auditoria, há orientação para o conselho de administração ou conselho fiscal, quando disponível, a respeito de governança de uma empresa; executam-se os procedimentos de monitoramento a respeito de prestação de conta aos *stakeholders* e de averiguação dos procedimentos de controle interno e assessoramento quanto a riscos para o melhor andamento dos negócios; apoio no trabalho contínuo de orientação da gestão de auditoria interna; e também fiscalização das atividades de auditoria independentes com vistas a *compliance* e consistência com as leis.

O comitê de auditoria normalmente assume, em nome do conselho de administração, a responsabilidade por assegurar a integridade dos relatórios financeiros da companhia, ao supervisionar os controles internos inerentes, o processo de apresentação de relatórios financeiros e a conformidade com os assuntos normativos.

As responsabilidades específicas de cada comitê variam de acordo com as circunstâncias específicas da companhia. Entretanto, em geral, o comitê de auditoria apresenta responsabilidades quanto a:

- adequação e eficácia dos sistemas de gestão de risco, bem como dos controles internos da companhia e de como eles interferem na apresentação dos relatórios financeiros;
- adequação e eficácia do sistema para elaborar as informações financeiras divulgadas ao mercado, inclusive as demonstrações financeiras anuais, bem como os relatórios interinos ou periódicos;
- questionamento sobre o cumprimento de leis e regulamentações relevantes, assim como quaisquer assuntos legais, que possam causar impacto significativo nos relatórios financeiros da companhia;
- questionamento sobre o cumprimento de quaisquer códigos de conduta internos, o que inclui procedimentos para lidar com as denúncias dos funcionários e as reclamações recebidas pela companhia com relação aos assuntos contábeis e de auditoria, incluindo aspectos relacionados a fraudes.

Exercício

1. A evolução da auditoria tem sido debatida recentemente, visto que acompanha o dinamismo do mercado, e, evidentemente, torna-se mais crucial com forte uso de TI. Há prognósticos que remontam para total reformulação da profissão. Com base nas informações de sua evolução, discuta as perspectivas críticas da auditoria como braço forte de asseguração das informações contábeis.

Filosofia da Auditoria

3

3.1 Conceitos da filosofia da auditoria

Com base nos ensinamentos da filosofia, mostramos neste capítulo como a auditoria deve ser feita por meio do constante questionamento acerca da melhor forma de atender os usuários de informações contábeis.

Vivemos hoje no ambiente tumultuado de um mundo interconectado em redes e, com o advento da tecnologia de informação avançada, tais redes são interligadas e interatuantes. No entanto, essa nova era gerou um novo paradigma de desenho conceitual, uma nova visão da realidade, uma mudança fundamental da realidade de auditoria, como podemos constatar nas evoluções citadas anteriormente. Portanto, a filosofia desta profissão tem se baseado nos seguintes preceitos: (a) Evidência; (b) Diligência devida; (c) Fidedignidade da apresentação; (d) Independência; e (e) Ética profissional. A seguir, dissertamos melhor sobre eles.

3.2 Evidência

Deve-se tornar evidente, ou seja, mostrar com clareza, comprovar ou substanciar o senso de julgamento profissional, em forma de documentos ou situações comprobatórias. Por exemplo: uma empresa que divulga com mais clareza a situação de suas dívidas pode ter suas ações mais valorizadas que empresas com o mesmo nível de endividamento, as quais não revelam essa mesma transparência em suas demonstrações. Todos os trabalhos de auditoria devem evidenciar com clareza as provas e com substância todas as atividades das empresas que geraram os relatórios divulgados pela alta administração aos usuários internos e os interessados.

3.3 Diligência devida

Refere-se a devidos cuidados que o auditor deve ter. Como os ingleses afirmam, "*due professional care*". Objetiva a extensão dos testes a serem efetuados, ou seja, a razoabilidade dos testes para corroborar os fatos levantados. Uma vez que o aumento excessivo de trabalhos de auditoria pode ser custoso, esse item orienta o auditor quanto às informações que devem ser levantadas suficientemente, para se resguardar quanto à opinião a ser emitida.

3.4 Fidedignidade da apresentação

A apresentação das conclusões sobre auditoria deve ser feita sumarizando-se os papéis de trabalho e sem criar dupla intepretação no leitor, ou seja, não confundir o usuário das informações contábeis. Sendo informação a principal ferramenta para a tomada de decisão por parte de seus usuários, mais importante que isso é a forma como tais informações foram elaboradas e apresentadas.

3.5 Independência

Mostrando alguns sinônimos que podem ser encontrados nos dicionários, a independência significa liberdade, autarquia e autonomia nos atos e fatos levantados. A independência do auditor é importante para que ele possa trabalhar sem restrição e influência ou responsabilidade para com terceiros, vínculos empregatícios ou relações familiares. No jargão do dia a dia, não "ter rabo preso" com ninguém.

3.6 Ética profissional

Para o auditor, a ética não se negocia. É um dos calcanhares de Aquiles da profissão da auditoria.

Ser ético na profissão de auditoria é executar as tarefas seguindo os códigos de conduta do profissional corretamente. Para melhor esclarecimento desse assunto, adaptamos, a seguir, o Código de Ética Profissional do Contabilista como referência para os auditores também:

> "Capítulo I
>
> Do objetivo
>
> Art. 1º Este Código de Ética Profissional tem por objetivo fixar a forma pela qual se devem conduzir os contabilistas, quando no exercício profissional.

Capítulo II

Dos deveres e das proibições

Art. 2º São deveres do contabilista:

I – exercer a profissão com zelo, diligência e honestidade, observada a legislação vigente e resguardados os interesses de seus clientes e/ou empregadores, sem prejuízo da dignidade e independência profissionais;

II – guardar sigilo sobre o que souber em razão do exercício profissional lícito, inclusive no âmbito do serviço público, ressalvados os casos previstos em lei ou quando solicitado por autoridades competentes, entre estas os Conselhos Regionais de Contabilidade;

III – zelar pela sua competência exclusiva na orientação técnica dos serviços a seu cargo;

IV – comunicar, desde logo, ao cliente ou empregador, em documento reservado, eventual circunstância adversa que possa influir na decisão daquele que lhe formular consulta ou lhe confiar trabalho, estendendo-se a obrigação a sócios e executores;

V – inteirar-se de todas as circunstâncias, antes de emitir opinião sobre qualquer caso;

VI – renunciar às funções que exerce, logo que se positive falta de confiança por parte do cliente ou empregador, a quem deverá notificar com trinta dias de antecedência, zelando, contudo, para que os interesses dos mesmos não sejam prejudicados, evitando declarações públicas sobre os motivos da renúncia;

VII – se substituído em suas funções, informar ao substituto sobre fatos que devam chegar ao conhecimento desse, a fim de habilitá-lo para o bom desempenho das funções a serem exercidas;

VIII – manifestar, a qualquer tempo, a existência de impedimento para o exercício da profissão;

IX – ser solidário com os movimentos de defesa da dignidade profissional, seja propugnando por remuneração condigna, seja zelando por condições de trabalho compatíveis com o exercício ético-profissional da Contabilidade e seu aprimoramento técnico;

[...]

Art. 3º No desempenho de suas funções, é vedado ao contabilista:

I – anunciar, em qualquer modalidade ou veículo de comunicação, conteúdo que resulte na diminuição do colega, da Organização Contábil ou da classe, sendo sempre admitida a indicação de títulos, especializações, serviços oferecidos, trabalhos realizados e relação de clientes;

II – assumir, direta ou indiretamente, serviços de qualquer natureza, com prejuízo moral ou desprestígio para a classe;

III – auferir qualquer provento em função do exercício profissional que não decorra exclusivamente de sua prática lícita;

IV – assinar documentos ou peças contábeis elaborados por outrem, alheio a sua orientação, supervisão e fiscalização;

V – exercer a profissão, quando impedido, ou facilitar, por qualquer meio, o seu exercício aos não habilitados ou impedidos;

VI – manter Organização Contábil sob forma não autorizada pela legislação pertinente;

VII – valer-se de agenciador de serviços, mediante participação desse nos honorários a receber;

VIII – concorrer para a realização de ato contrário à legislação ou destinado a fraudá-la ou praticar, no exercício da profissão, ato definido como crime ou contravenção;

IX – solicitar ou receber do cliente ou empregador qualquer vantagem que saiba para aplicação ilícita;

X – prejudicar, culposa ou dolosamente, interesse confiado a sua responsabilidade profissional;

XI – recusar-se a prestar contas de quantias que lhe forem, comprovadamente, confiadas;

XII – reter abusivamente livros, papéis ou documentos, comprovadamente confiados a sua guarda;

XIII – aconselhar o cliente ou o empregador contra disposições expressas em lei ou contra os Princípios Fundamentais e as Normas Brasileiras de Contabilidade editadas pelo Conselho Federal de Contabilidade;

XIV – exercer atividade ou ligar o seu nome a empreendimentos com finalidades ilícitas;

XV – revelar negociação confidenciada pelo cliente ou empregador para acordo ou transação que, comprovadamente, tenha tido conhecimento;

XVI – emitir referência que identifique o cliente ou empregador, com quebra de sigilo profissional, em publicação em que haja menção a trabalho que tenha realizado ou orientado, salvo quando autorizado por eles;

XVII – iludir ou tentar iludir a boa-fé de cliente, empregador ou de terceiros, alterando ou deturpando o exato teor de documentos, bem como fornecendo falsas informações ou elaborando peças contábeis inidôneas;

XVIII – não cumprir, no prazo estabelecido, determinação dos Conselhos Regionais de Contabilidade, depois de regularmente notificado;

XIX – intitular-se com categoria profissional que não possua, na profissão contábil;

XX – elaborar demonstrações contábeis sem observância dos Princípios Fundamentais e das Normas Brasileiras de Contabilidade editadas pelo Conselho Federal de Contabilidade;

XXI – renunciar à liberdade profissional, devendo evitar quaisquer restrições ou imposições que possam prejudicar a eficácia e correção de seu trabalho;

XXII – publicar ou distribuir, em seu nome, trabalho científico ou técnico do qual não tenha participado;

[...]

Art. 4º O Contabilista poderá publicar relatório, parecer ou trabalho técnico-profissional, assinado e sob sua responsabilidade.

Art. 5º O Contador, quando perito, assistente técnico, auditor ou árbitro, deverá:

I – recusar sua indicação quando reconheça não se achar capacitado em face da especialização requerida;

II – abster-se de interpretações tendenciosas sobre a matéria que constitui objeto de perícia, mantendo absoluta independência moral e técnica na elaboração do respectivo laudo;

III – abster-se de expender argumentos ou dar a conhecer sua convicção pessoal sobre os direitos de quaisquer das partes interessadas, ou da justiça da causa em que estiver servindo, mantendo seu laudo no âmbito técnico e limitado aos quesitos propostos;

IV – considerar com imparcialidade o pensamento exposto em laudo submetido a sua apreciação;

V – mencionar obrigatoriamente fatos que conheça e repute em condições de exercer efeito sobre peças contábeis objeto de seu trabalho, respeitado o disposto no inciso II do Art. 2º;

VI – abster-se de dar parecer ou emitir opinião sem estar suficientemente informado e munido de documentos;

VII – assinalar equívocos ou divergências que encontrar no que concerne a aplicação dos Princípios Fundamentais e Normas Brasileiras de Contabilidade editadas pelo CFC;

VIII – considerar-se impedido para emitir parecer ou elaborar laudos sobre peças contábeis observando as restrições contidas nas Normas Brasileiras de Contabilidade editadas pelo Conselho Federal de Contabilidade;

IX – atender a Fiscalização dos Conselhos Regionais de Contabilidade e Conselho Federal de Contabilidade no sentido de colocar à disposição desses, sempre que solicitado, papéis de trabalho, relatórios e outros documentos que deram origem e orientaram a execução do seu trabalho.

Capítulo III

Do valor dos serviços profissionais

Art. 6º O Contabilista deve fixar previamente o valor dos serviços, por contrato escrito, considerados os elementos seguintes:

I – a relevância, o vulto, a complexidade e a dificuldade do serviço a executar;

II – o tempo que será consumido para a realização do trabalho;

III – a possibilidade de ficar impedido da realização de outros serviços;

IV – o resultado lícito favorável que para o contratante advirá com o serviço prestado;

V – a peculiaridade de tratar-se de cliente eventual, habitual ou permanente;

VI – o local em que o serviço será prestado.

Art. 7º O Contabilista poderá transferir o contrato de serviços a seu cargo a outro Contabilista, com a anuência do cliente, sempre por escrito.

Parágrafo Único. O Contabilista poderá transferir parcialmente a execução dos serviços a seu cargo a outro contabilista, mantendo sempre como sua a responsabilidade técnica.

Art. 8º É vedado ao Contabilista oferecer ou disputar serviços profissionais mediante aviltamento de honorários ou em concorrência desleal.

Capítulo IV

Dos deveres em relação aos colegas e à classe

Art. 9º A conduta do Contabilista com relação aos colegas deve ser pautada nos princípios de consideração, respeito, apreço e solidariedade, em consonância com os postulados de harmonia da classe.

Parágrafo Único. O espírito de solidariedade, mesmo na condição de empregado, não induz nem justifica a participação ou conivência com o erro ou com os atos infringentes de normas éticas ou legais que regem o exercício da profissão.

Art. 10. O Contabilista deve, em relação aos colegas, observar as seguintes normas de conduta:

I – abster-se de fazer referências prejudiciais ou de qualquer modo desabonadoras;

II – abster-se da aceitação de encargo profissional em substituição a colega que dele tenha desistido para preservar a dignidade ou os interesses da profissão ou da classe, desde que permaneçam as mesmas condições que ditaram o referido procedimento;

III – jamais apropriar-se de trabalhos, iniciativas ou de soluções encontradas por colegas que deles não tenha participado, apresentando-os como próprios;

IV – evitar desentendimentos com o colega a que vier a substituir no exercício profissional.

Art. 11. O Contabilista deve, com relação à classe, observar as seguintes normas de conduta:

I – prestar seu concurso moral, intelectual e material, salvo circunstâncias especiais que justifiquem a sua recusa;

II – zelar pelo prestígio da classe, pela dignidade profissional e pelo aperfeiçoamento de suas instituições;

III – aceitar o desempenho de cargo de dirigente nas entidades de classe, admitindo-se a justa recusa;

IV – acatar as resoluções votadas pela classe contábil, inclusive quanto a honorários profissionais;

V – zelar pelo cumprimento deste Código;

VI – não formular juízos depreciativos sobre a classe contábil;

VII – representar perante os órgãos competentes sobre irregularidades comprovadamente ocorridas na administração de entidade da classe contábil;

VIII – jamais utilizar-se de posição ocupada na direção de entidade de classe em benefício próprio ou para proveito pessoal.

Capítulo V

Das penalidades

Art. 12. A transgressão de preceito deste Código constitui infração ética, sancionada, segundo a gravidade, com a aplicação de uma das seguintes penalidades:

I – advertência reservada;

II – censura reservada;

III – censura pública.

Parágrafo Único. Na aplicação das sanções éticas são consideradas como atenuantes:

I – falta cometida em defesa de prerrogativa profissional;

II – ausência de punição ética anterior;

III – prestação de relevantes serviços à Contabilidade.

Art. 13. O julgamento das questões relacionadas à transgressão de preceitos do Código de Ética incumbe, originariamente, aos Conselhos Regionais de Contabilidade, que funcionarão como Tribunais Regionais de Ética, facultado recurso dotado de efeito suspensivo, interposto no prazo de trinta dias para o Conselho Federal de Contabilidade em sua condição de Tribunal Superior de Ética.

§ 1º O recurso voluntário somente será encaminhado ao Tribunal Superior de Ética se o Tribunal Regional de Ética respectivo mantiver ou reformar parcialmente a decisão.

§ 2º Na hipótese do inciso III, do art. 12, o Tribunal Regional de Ética Profissional deverá recorrer ex officio de sua própria decisão (aplicação de pena de Censura Pública).

§ 3º Quando se tratar de denúncia, o Conselho Regional de Contabilidade comunicará ao denunciante a instauração do processo até trinta dias após esgotado o prazo de defesa.

Art. 14. O Contabilista poderá requerer desagravo público ao Conselho Regional de Contabilidade, quando atingido, pública e injustamente, no exercício de sua profissão.

3.7 Julgamentos e tomada de decisão em auditoria

A tomada de decisão em auditoria e o consequente julgamento profissional são orientados por ceticismo que se desenvolve desde a formação do *trainee* até se constituir como sócio de auditoria. Aplica-se esse julgamento no início, no meio e até no final da auditoria. O auditor apoia-se nos dados consistentes levantando informações detalhadas para melhor compreensão de seu cliente, e enquadramento do problema com definição dos riscos aparentes e estratégicos. Efetua-se também o diagnóstico com planejamento detalhado, tomada de decisão com apontamento dos métodos indicando a materialidade e os enfoques de auditoria, além de avaliação das alternativas de busca de evidências, seja por meio de testes de controle, seja por testes substantivos, análise de sensibilidade e ponderação para fins de redação das opiniões e emissão de relatórios de administração.

Dalla (2009, p. 6) destaca que, ao longo da vida profissional, o gestor adquire experiência para perceber e interpretar os diversos fatores existentes no cenário, passando a considerar aspectos de natureza mais ampla, como os políticos, os de relações de poder, os de estrutura organizacional e outros de natureza temporal e/ou comportamental.

Todavia, a modelagem de decisão é bastante complexa. As decisões humanas são mais complexas do que os modelos propõem; sendo assim, os modelos nem sempre conseguem explicar a *caixa-preta* do conjunto de situações que podem influenciar a tomada de decisão. Daí a questão de complementaridade de métodos quantitativos e qualitativos na aplicação de julgamento e tomada de decisões em auditoria.

A decisão ocorre em duas fases: (a) durante edição, quando opções são organizadas e reformuladas para simplificar a avaliação, e (b) na fase de avaliação de resultados, para ponderar os impactos (TVERSKY, 1979, p. 273-276).

De tal modo, o julgamento profissional pelo auditor pode ser entendido como aplicação do treinamento, de conhecimento e experiências relevantes acumulados ao longo do tempo, dentro das circunstâncias dos trabalhos e do contexto fornecido pelas normas de auditoria, e da ética, na tomada de decisões informadas a respeito dos cursos de ação apropriados.

O que então vem a constituir a base de ceticismo profissional? Ceticismo profissional é a postura que implica uma mente questionadora, estando alerta para condições que possam indicar possível distorção devido a erro ou fraude, e uma avaliação crítica das evidências de auditoria.

O ceticismo profissional inclui alerta quanto a:

- evidências de auditoria que contradigam outras evidências obtidas;
- informações que coloquem em questão a confiabilidade dos documentos e respostas a indagações a serem usadas como evidências de auditoria;
- condições que possam indicar possível fraude; e
- circunstâncias que sugiram a necessidade de procedimentos de auditoria além dos exigidos pelas NBC TAs.

A manutenção do ceticismo profissional ao longo de toda a auditoria é necessária, por exemplo, para que o auditor reduza os riscos de:

- ignorância de circunstâncias não usuais;
- generalização excessiva ao tirar conclusões das observações de auditoria;
- uso inadequado de premissas ao determinar natureza, época e extensão dos procedimentos de auditoria e avaliar os resultados desses fatores.

Nesse sentido, vale ressaltar a questão de sedução moral e do julgamento profissional dos auditores depois dos escândalos, principalmente em relação a honorários. Talvez a característica mais notável hoje seja o efeito psicológico no auditor sobre conflito de interesse (serviços não auditoriais) e relação com independência, o que ocorre sem qualquer consciência e intenção de corrupção. Esse fato também explica por que pessoas aceitam persistentemente nas empresas as políticas que permitam conflitos de interesse sem se abalar.

Exercícios

1. A manutenção do ceticismo profissional ao longo de toda a auditoria é necessária, por exemplo, para que o auditor reduza todos os riscos a seguir, com exceção de:
   a) Ignorar circunstâncias não usuais.
   b) Uso inadequado de premissas ao determinar natureza, época e extensão.
   c) Generalização excessiva ao tirar conclusões das observações de auditoria.
   d) Aplicação de procedimento substantivo.
2. A filosofia da auditoria tem nos clareado a mente sobre a própria função. Entretanto, há carência de teorias consistentes, consequentemente, socorrem-se alguns princípios que norteiam atuação derivada da contabilidade; como por exemplo: *going-concern, accruals* etc., buscando respostas ao *modus operandi* da auditoria. Diante disso, qual das seguintes vertentes não caracteriza princípios da auditoria?
   a) Independência em atitude, essência e forma.
   b) Custo ou mercado, dos dois o menor.
   c) Competência sobre atos e fatos.
   d) Conformidade ao rigor exigido.
   e) Altruísmo à prestação de contas.
   f) Julgamento com base em ceticismo.
   g) Comunicação certa em tempo hábil.
   h) *Trade-off* de atuação.
3. Qual a melhor descrição de ceticismo profissional?
   a) Ceticismo profissional é definido como mente questionadora, alerta às condições que possam indicar possíveis distorções devido a erros ou fraudes.
   b) Ceticismo profissional tem um papel fundamental em auditoria e constitui parte integral das competências exigidas.
   c) Ceticismo profissional está intimamente relacionado com julgamento profissional na medida em que o auditor exerce sua habilidade de avaliação qualitativa.
   d) Ceticismo profissional questiona evidências contraditórias em relação aos anteriormente apresentados.
   e) Todas as descrições anteriores.

Classificação da Auditoria

4

4.1 Conceitos de classificação da auditoria

A classificação da auditoria como atividade das ciências sociais aplicadas do grupo da administração e subgrupo de contabilidade a consolida como a função de asseguração dos negócios. Essa função empresarial é concernente à verificação de como os eventos econômicos, financeiros, operacionais, entre todos aqueles que constituem cerne dos negócios de uma empresa, são registrados, avaliados e comunicados aos interessados.

Contudo, podemos ver auditoria envolvida em todos os processos de avaliação e revisão e das tecnologias, sejam elas as de próprio processo, de materiais, de produtos e de serviços, de informações e de gestão. Nesse sentido, observam-se vários grupos profissionais envolvidos na tarefa de conduzir uma auditoria que trabalham como equipe.

Devido a essa abrangência, pode-se, em termos gerais, classificar auditoria de três formas:

- auditoria interna;
- auditoria externa ou independente; e
- auditoria fiscal.

Na essência, os trabalhos executados são muito parecidos, porém diferem na amplitude, responsabilidade e grau de independência.

4.2 Auditoria interna

A auditoria interna tem o foco na disciplina dos processos gerenciais. Desde a Segunda Guerra Mundial, com maior complexidade de ambiente empresarial, a função primária de avaliar os processos dos negócios tem crescidos de forma extraordinária.

Nesse contexto, as políticas instituídas pela governança são avaliadas em termos de sua eficácia de implementação pelos gestores e eficiência em termos de melhoria de *status quo*, frisando se efetivamente as operações dos negócios cresceram ou diminuíram com a implementação das estratégias gerenciais.

4.2.1 Definição de auditoria interna

A auditoria interna consiste em avaliação sistemática de efetividade dos processos de controle no tocante às transações econômicas, financeiras e contábeis e às operações correlatas para certificar-se de sua exatidão, partindo da premissa de se ver de perto e julgar quão bem os processos contribuem para eficiência gerencial.

Normalmente, as entidades públicas têm departamentos de auditoria interna para averiguar os processos da gestão pública.

4.2.2 Orientação e escopo de auditoria interna

A auditoria interna assiste a alta administração na consecução de seus objetivos, por meio de avaliação de eficiência e eficácia com que as tarefas são executadas a fim de os direcionar no melhor rumo aos objetivos. Revisa a adequação da implementação dos procedimentos de controle interno de uma organização e, também, comprova se são efetivos.

A auditoria interna garante adesão às regras de atuação em todos os ramos da empresa. É a taxonomia de auditoria que enquadra a auditoria operacional ou auditoria de *performance*, que sustenta a estratégia de negócios da empresa. Tem finalidade de contribuir para a consecução dos objetivos e assegura a continuidade das operações (*going concern*).

Com foco primário em comprovar se objetivos dos sistemas de controle interno estão sendo atingidos, asseguram-se:

1) confiabilidade dos processos de controle interno;
2) cumprimento das políticas, normas e procedimentos internos;
3) conformidade com leis vigentes, regulamentos e contratos;
4) salvaguarda dos ativos;
5) economicidade das operações e custo-benefício dos recursos;
6) monitoramento dos processos operacionais e de gestão.

O escopo do trabalho do auditor interno cobre todas as áreas da organização sem exceção. Cabe ao auditor interno planejar e programar suas visitas para que as áreas relevantes aos objetivos dos negócios sejam avaliadas, considerando os recursos que estão a sua disposição. Consequentemente, poderão existir planos de rotação das visitas para as referidas áreas, haja vista a necessidade de investigação de denúncias de fraudes, que poderá sobrepor essas programações devidas a sua urgência de esclarecimentos.

A formação básica necessária para auditor interno é a de ciências contábeis, entretanto, como seu escopo se estende para todas as áreas operacionais das organizações, a atuação de auditor interno poder ser feita por economista, administrador, engenheiro, assistente social, psicólogo, entre outros que tenham preparo para essa função.

O auditor interno tem responsabilidade de linha de reporte para com a alta administração, de preferência com a governança corporativa, para que a medição de seu desempenho não enfrente obstáculos. Para isso, a função deve reportar periodicamente informações sobre os levantamentos efetuados em tempo oportuno.

4.2.3 Diferença entre auditorias interna, independente e de fiscalização

As principais diferenças que existem entre auditorias interna, independente e de fiscalização são relacionadas às naturezas de avaliação, épocas que se devem ser cobertas e extensão de testes.

A visão sintética apresentada no Quadro 4.1 nos ajudará a explanar tais diferenças, as quais são explicadas a seguir.

Quadro 4.1 Diferenças entre auditorias interna, independente e de fiscalização

	Auditoria interna	Auditoria independente	Auditoria de fiscalização
Objetivo	Assegurar eficácia de CI	Aderência aos PCGA	Conformidade de BC-SFN; CVM, PCAOB
Usuários	Administradores e colaboradores	Credores e investidores	Os próprios organismos
Produtos	Relatórios de recomendações	Parecer	Relatório e auto de infração
Procedimentos de execução	Plano integral e planos rotativos de testes	Amostragem	Usualmente, < 100% pode ser amostral
Impactos do desempenho < nos resultados	Avaliação de KPI	*Stop or go* no investimento	Avaliação de desempenho parte de indicadores de cumprimento das entidades

A auditoria interna tem o foco na verificação dos processos, em relação a sua eficácia e eficiência, e na veracidade das informações.

Os usuários do fruto de seu serviço são os administradores e outros colaboradores da empresa em que o auditor interno se instala.

Os produtos dos serviços de auditoria interna são variados, tais como: relatórios dos achados sobre os processos de investigação ou processos administrativos internos das organizações; relatórios sobre avaliação periódica dos processos de controle interno citando os pontos fortes e as fraquezas com sugestão de melhorias; avaliação dos sistemas de controle interno em implantação e pós-implantação.

Os procedimentos de execução seguem as melhores práticas de avaliação, até para fomentar aproveitamento dos auditores independentes. Geralmente, se estabelece plano de rotação após avaliação de riscos e priorização dos processos a serem avaliados atentando para os processos mais propensos a riscos de erros ou perdas financeiras que poderiam impactar mais os negócios.

A avaliação dos impactos dos desempenhos sobre os resultados de auditoria interna é sempre complexa. Pode-se dizer que somente a presença dos auditores nas empresas já basta para alertar que a perpetração de fraude pode ser evitada. No entanto, as recomendações periódicas podem dar rumo mais adequado para os negócios.

A auditoria independente tem natureza de asseguração de que a entidade está aderindo em todos os aspectos aos princípios contábeis geralmente aceitos e à legislação local.

4.3 Auditoria independente

4.3.1 Definições

Auditoria externa ou independente visa verificação das informações contábeis para determinar a integridade e a confiabilidade das demonstrações contábeis.

Também concerne à avaliação sistemática dos registros contábeis e às operações correlatas para determinar a aderência às normas contábeis, políticas empresariais prescritas e princípios que regem as operações das entidades contábeis.

4.3.2 Orientações

A auditoria independente é orientada ao risco. Ou seja, risco de distorções materiais nas demonstrações contábeis.

Considerando a natureza das transações, a época e a extensão afetas às demonstrações contábeis que o auditor deseja certificar, a orientação se torna muito relevante.

A auditoria independente tem como uma das principais funções a asseguração das demonstrações contábeis com vista em sua conformidade.

Normalmente executada pelos contadores certificados ou formados em ciências contábeis e registrados juntos à CVM com comprovada experiência profissional, constitui uma *expertise* para emissão de pareceres sobre a adequação com que as informações apresentadas pelas organizações representam a posição patrimonial e financeira da entidade contábil.

A auditoria independente, seguindo solicitação da alta administração, é responsável pela avaliação das demonstrações contábeis a fim de opinar sobre:

- *true and fair view* (definição britânica); e
- *presented fairly in all material respects* (definição norte-americana).

Conforme APB (1995), a auditoria é planejada para prover segurança razoável de que a demonstração contábil abrange todos os aspectos e está livre de distorções materiais.

Conforme o *International Professional Practices Framework (IPPF)* do *Institute of Internal Auditors* (IIA), a auditoria interna é uma atividade independente e objetiva de asseguração e de consultoria, concebida para adicionar valor e melhorar as operações de uma organização. Ela auxilia uma organização a realizar seus objetivos a partir da aplicação de uma abordagem sistemática e disciplinada para avaliar e melhorar a eficácia dos processos de gerenciamento de riscos, controle e governança.

Segundo Garcia (2015), a auditoria interna abrange a apreciação independente, por meio de exame e avaliação das atividades da organização, objetivando que os membros desempenhem eficazmente suas atividades, tudo convergindo para a melhora de *performance* organizacional.

Em termos de subordinação, ou seja, reporte, a auditoria independente deve reportar-se ao conselho de administração ou ao comitê de auditoria, atentando para publicação conforme demanda da CVM. Entretanto, há casos em que os auditores independentes reportam à própria administração, o que compromete a independência. No caso de auditoria interna, da mesma forma, o reporte direto ao CEO enfraqueceria o poder de influência de resultados da atividade e, consequentemente, do desempenho do auditor. Há autores que afirmam que, como esse processo é habitualmente realizado por unidade da própria instituição, para se resguardar a independência da auditoria interna, ela deverá ser subordinada ao órgão de maior nível. Sobre isso, concordo plenamente: tal procedimento ajuda a manter um trabalho de impacto da auditoria interna e até a tornar o auditor mais independente no caso de monitorar fraudes contábeis.

Como questão norteadora de operacionalização, indaga-se: quais as diferenças entre auditoria interna, independente e fiscalização?

4.3.3 Operacionalização

Os credores e os investidores são os principais usuários das demonstrações contábeis certificadas pelos auditores.

Como o auditor independente tem horas programadas e honorários orçados para execução dos trabalhos, ele executa os testes à base de amostragem. Ele deve atentar para a importância de ser criterioso no seu julgamento quando da adoção e análise dos resultados dessa amostragem, a fim de cobrir devidamente o escopo de diligência devido.

Importante ressaltar o impacto da divulgação dos relatórios contábeis para o mercado de capitais e para investidores potenciais. Eles podem orientar as decisões de *stop or go* de investimento, conforme interpretações do momento.

4.4 Auditoria de fiscalização e terceiro setor

A auditoria de fiscalização ou de setor público é a atividade de avaliação independente, de eficiência e eficácia dos sistemas de controles internos, verificando a observância à legislação vigente e visando assegurar a correta aplicação dos bens públicos ou recomendar ações que assegurem o direito coletivo.

A função de controle externo é exercida pelo Congresso Nacional, com auxílio do TCU, e pelo sistema de controle interno dos Poderes Legislativo, Executivo e Judiciário.

O auditor fiscal tem atribuição na qual pode ser chamado de auditor de Tesouro Nacional, inspetor fiscal ou auditor interno do Tribunal de Contas da União, do estado ou dos municípios. E, normalmente, o patrão é o governo por meio de suas diretrizes orçamentárias e diferentes departamentos ou agências.

Na maioria dos casos, os encargos dos auditores fiscais são de acompanhamento de conformidades com as leis estabelecidas e também investigação, seja em termos de contratos ou obras e finanças públicas. Abrangem o monitoramento de:

- legalidade – conformidade com as leis;
- economicidade – custos e benefícios das operações para fé pública;

- eficiência – competência com relação a aumento ou diminuição dos bens patrimoniais;
- efetividade – consistência e regularidade das operações com vistas no resultado; e
- equidade – dimensões políticas assistidas pelas operações em benefício da sociedade.

Em termos mundiais, as normas que regem as atividades de auditoria de fiscalização são globalmente orientadas pela INTOSAI (*International Organisation of Supreme Audit Institutions*, ou Organização Internacional de Entidades Fiscalizadoras Superiores). As normas divulgadas e distribuídas pela INTOSAI são adaptadas pelos departamentos de auditoria dos governos de vários países para seu uso próprio conforme as leis locais.

A auditoria de fiscalização, internacionalmente chamada de *government compliance audit*, também tem intenção de identificar quais melhores práticas ou normas os organismos reguladores do mercado estão divulgando para fins de emulação. Esses organismos são CVM, PCAOB, PCI, entre outros.

Para exercer a função de auditoria governamental, o profissional dever conhecer a legislação aplicável à área a ser auditada, assim como técnicas de auditoria aplicável, contabilidade pública e noções de direito.

Sobre o campo de atuação da auditoria governamental, o TCU (Tribunal de Contas da União) tem sua competência prevista pela Constituição Federal. Além disso, em razão do exercício das competências institucionais, outras incumbências foram-lhe atribuídas por lei. Essas competências são: (a) apreciar as contas anuais do Presidente da República; (b) julgar as contas dos administradores e demais responsáveis por dinheiro público; (c) apreciar a legalidade dos atos de admissão pessoal, concessão de aposentadoria, reformas e pensões civis e militares; (d) fiscalizar as contas nacionais de empresas supranacionais; e (e) fiscalizar a aplicação de recursos da União repassados a estados, ao Distrito Federal ou a municípios.

Em outras localidades, principalmente em países de língua inglesa, o principal cargo de responsabilidade pela auditoria governamental é exercido pelo *comptroller general*. No Brasil, é o ministro de TCU.

As regras quanto à fiscalização contábil, financeira, operacional e patrimonial da União e das entidades da administração direta e indireta foram determinadas pela Constituição Federal de 1988.

As técnicas de auditoria em geral também podem ser aplicadas. Ou seja: (a) aplicação de questionário detalhado para compreender uma unidade governamental; (b) indagação corroborativa; (c) observação; (d) exame documental, que pode englobar todos os itens de testes substantivos, ou seja, confirmação de saldo, conferência de saldo, correlação de saldo, inspeção física; e finalmente (e) reexecução da transações.

No tocante aos procedimentos aplicados, a instrução Normativa 009/1995 – TCU dispõe sobre inspeção, auditoria e acompanhamentos e define cada uma dessas ações. Elas são descritas a seguir:

- Inspeções – são procedimentos de fiscalização utilizados pelo TCU para suprir omissões e lacunas de informação, esclarecer dúvidas ou apurar denúncias quanto à legalidade e à legitimidade de fatos da administração e de atos administrativos praticados por qualquer responsável sujeito a sua jurisdição. Este procedimento pode ser realizado independentemente de inclusão em plano de auditoria, podendo ser determinadas pelo Plenário, pela Câmara, pelo relator ou por delegação deste, com base em proposta fundamentada, que demonstre os recursos humanos e materiais existentes na unidade e aqueles a serem mobilizados em sua execução.
- Auditoria – é o procedimento de fiscalização utilizado pelo TCU com a finalidade de subsidiar a instrução e o julgamento de processos de tomada e prestação de contas dos responsáveis pela aplicação de recursos públicos federais. Atende também a pedidos do Congresso Nacional ou de qualquer de suas Casas ou Comissões, e assegura a eficácia do controle de acordo com enfoques (como de natureza operacional, desempenho e de avaliação de programas) do escopo de natureza contábil, financeira, orçamentária e patrimonial quanto a aspectos técnicos de legalidade e de legitimidade da gestão dos responsáveis pelo órgão.
- Acompanhamento – observação permanente das atividades dos órgãos e entidades jurisdicionadas ao TCU por meio de diligência ou inspeção, de forma seletiva e concomitante. Geralmente, as ações de auditoria surgem mediante Plano Anual de Auditoria ou informações obtidas no *Diário Oficial da União*, nos editais de licitação, extratos de contratos, convênios e instrumentos congêneres; por meio de denúncias; ou nos expedientes normais.

Como em quaisquer tipos de auditoria praticados, este deve ter facilidade em obter e tratar dados, seja no ambiente de processos manuais ou computadorizados, adaptando-se às normas de auditoria (planejamento, execução dos trabalhos, tomada e prestação de contas, julgamento das contas publicas e relatórios), bem como na comunicação dos resultados obtidos.

Os próprios organismos programam as avaliações periódicas para verificar as conformidades das entidades escolhidas para auditoria. Normalmente, por meio dos relatórios pode haver auto de infração como penalizações para descumprimento das regras preestabelecidas, para as quais as empesas costumam estabelecer estratégias de cumprir ou não cumprir.

Contudo, a auditoria de fiscalização também pode fazer seus testes com base em amostragem a fim de sentir quão bem estão sendo aplicadas as regras estabelecidas em base comum.

Ademais, avaliações de desempenho de auditoria de fiscalização não são facilmente percebidas. De vez em quando, os organismos de fiscalização publicam os processos administrativos e de infração ou, até, de descredenciamento devido a descumprimento quando for o caso das entidades.

No caso da perícia, ela é regida pela Lei nº 5.869, de 1973, que instituiu o Código de Processo Civil. Conforme o art. 212 dessa lei, salvo o negócio a que se impõe forma especial, o fato jurídico pode ser provado mediante perícia. Quando a prova do fato depender de conhecimento técnico ou científico, o juiz será assistido por perito, conforme o disposto no art. 421.

Recentemente, num estudo publicado por Aquino e Imoniana (2016) sobre contabilidade forense e perícia contábil com foco no estudo fenomenográfico, os autores concluíram que há semelhanças entre contabilidade forense e a perícia contábil. Esse mesmo estudo inferiu que há diferenças entre o perito e o contador forense nos quesitos de experiência exigida e grau de *expertise*, sendo esta mais acentuada para o perito.

Efetivamente, o resultado do trabalho do perito é caracterizado por emissão de laudo que permita ao juiz decidir com respeito o caso.

Contudo, quando for o caso, espera-se que o perito contábil ajude o juiz nos casos que necessitem de arbitragem e questões contábeis. No passado, era possível ao perito executar os testes por meio de amostragem; hoje, com uso de tecnologia da informação e de Analytics, os testes de peritos têm que ser feitos totalmente com uso dos enfoques de testes substantivos.

Assim sendo, é possível concluir que as funções de auditoria interna, independente e de fiscalização têm impactado significativamente a sociedade, tanto que é profissão mais solicitada hoje para elucidar casos de discordância em negócios por meio de *forensic accounting* e a arbitragem tem apoio de enfoques de auditoria.

Contudo, pode-se inferir que as contribuições dos auditores e peritos contábeis poderão ser significativas, essencialmente, se, de um lado, sua função ajudar os usuários de informações a decidirem inteligentemente no mundo competitivo, e, de outro lado, o juiz receber do perito contábil o laudo que o ajude a arbitrar adequadamente em serviços à sociedade.

Em suma, o auditor governamental, ao término de avaliação de uma unidade governamental, deve usar sua experiência e ceticismo profissional para confirmar os atributos achados no processo de auditoria. Geralmente, tais atributos envolvem ponderações no tocante a: (a) condição – se os padrões e principalmente as normas internacionais foram obedecidos; (b) critérios – disposições legais, regulamentos, manuais e procedimentos, além de instruções normativas; (c) causas – falta de conhecimentos/treinamentos, comunicação, supervisão, esforços, honestidade; e (d) efeitos – uso antieconômico, perdas de receita e desmoralização de serviços públicos.

4.5 Auditoria social e asseguração de sustentabilidade

Auditoria social e de sustentabilidade, geralmente apresentada como relatório de asseguração de sustentabilidade (*sustainability assurance*), é uma verificação feita tanto pelo auditor independente como pelo consultor de asseguração para certificar que as operações das organizações foram efetuadas com responsabilidade ambiental, economicamente e de forma sustentável. Veja ao final do capítulo um exemplo de relatório de asseguração de sustentabilidade.

Geralmente, as assegurações definem responsabilidades do auditor e do cliente; independência da empresa que elaborou os relatórios também contempla competência do auditor. Inserem-se, ainda, no âmbito do envolvimento, aspectos de materialidade e os objetivos alcançados, indicando se há nível de asseguração limitada ou razoável. Em geral, conclui-se em todos os aspectos relevantes conforme os tipos de padrão adotados individualmente ou em conjunto com outros para elaboração e verificação do relatório de auditoria, tais como:

- AA1000AS somente (*Accountability Assurance Standards 2008*).
- ISAE3000 somente (*International Standard on Assurance Engagements ISAE 3000 Assurance Engagements*).
- GRI somente (*Global Reporting Initiatives*).
- CFC (Conselho Federal de Contabilidade).

O relatório de asseguração emprega as técnicas de auditoria para fins de avaliação de controles internos e testes substantivos. Estes também dizem respeito à apuração e certificação acerca da fidelidade das informações relativas a receitas, gastos, investimentos e aplicações globais de cunho econômico, social e ambiental além de tecnológico das empresas no processo de desenvolvimento sustentável.

Vale ressaltar o uso de procedimentos analíticos que complementam os testes de detalhes que são também adotados nesse processo. Adota-se análise de informações qualitativas e quantitativas que são relacionados com indicadores GRI, por exemplo.

Citando as empresas que constam nos Indicadores de Sustentabilidade Empresarial (ISE) que consideram investimentos socialmente responsáveis (SRI), a agenda sustentável tem sido relacionada com conceitos de auditoria social, contabilidade social e balanço social (ampliar evidenciação para incluir elementos não financeiros das demonstrações contábeis) desde os anos 1970. Também é associada a capital intelectual, contabilidade ambiental (*green accounting*) e prestação de contas sustentável, considerando os preceitos de *tripple bottom line* dos anos 1990 que vão até as versões de *Global Reporting Initiatives* (GRI) de 2007. E, recentemente, algumas empresas têm aproveitamento de crédito de carbono na contabilidade sustentável para manter o *status quo.*

Difundida nos Estados Unidos da América e em alguns países da América Central, a auditoria social está dando os primeiros passos em solo brasileiro. Iniciativas como o Projeto PAF Social, executado entre 2011 e 2012, contribuem para o desenvolvimento dessa prática, bem como para a criação de um processo educativo com grande potencial de multiplicação.

No modelo de auditoria social praticado atualmente no Brasil nos organismos púbicos, o procedimento é norteado pela inclusão do cidadão no controle do gasto público, ou seja, orçamento participativo. Ela conta com a participação da sociedade para verificar, monitorar e controlar a gestão dessas despesas. Trata-se, portanto, de uma importante ferramenta para o desenvolvimento da cidadania e da participação popular, que tem como objetivos a transparência e a melhoria da eficiência administrativa.

Assim, quando as auditorias repensam os elementos das organizações de movimentos sociais, as unidades orçamentárias de acordo com as LDOs são capazes de enquadrá-las no contexto de desenvolvimento sustentável.

Efetivamente, os conceitos citados acima são considerados na revisão das contas públicas para os municípios que têm mais de 50.000 habitantes, dos quais é exigido o cumprimento da Lei da Responsabilidade Fiscal (LRF) de 2000.

No entanto, no cumprimento das LRF pelas auditorias de sustentabilidade dos municípios cobram-se aspectos de:

- plano diretor estratégico e de sustentabilidade;
- desenvolvimento e implementação de políticas de sustentabilidade;
- conscientização sobre o desenvolvimento sustentável;
- identificação de objetivos de sustentabilidade;
- documentação de orçamento participativo e as responsabilidades dos gestores;
- estabelecimento dos indicadores para monitoramento (receitas, despesas e compromissos financeiros como investimentos etc.);
- critérios de eficiência administrativa.

Ademais, as prefeituras do Brasil, na maioria, efetuam prestação de contas com base na LRF por obrigação, salvo poucas exceções que utilizam os mecanismos de governo eletrônico (*egovernment*) para se reportarem de forma voluntária.

Finalmente, uma nova modalidade de auditoria de sustentabilidade é a energética. A necessidade de reduzir os custos de energia é uma prática fundamental de negócios para as organizações sustentáveis, e as auditorias energéticas começaram a desempenhar um papel mais significativo na gestão de gastos com energia elétrica. As auditorias energéticas podem abranger uma variedade de técnicas de levantamento, mas mais comumente consistem em análise do uso de energia dentro de um edifício, ou uma instalação de seus equipamentos contidos nos processos empresariais.

A seguir, apresentamos exemplo elaborado para assegurar informações constantes em um relatório de sustentabilidade.

Caso:

Mcluminate & Mclean Auditores Independentes

Av. João Paulo Ablas, 1751
Bl. 1, Sala 3
São Paulo

Relatório de Asseguração Limitada dos Auditores Independentes do Relatório de Sustentabilidade

Aos Administradores e Acionistas da

Steel Energy S/A de São Paulo

Av. São João, 722

São Paulo

Introdução

Fomos contratados pela Steel Energy S/A de São Paulo para apresentar nosso relatório de asseguração limitada sobre as informações contidas no Relatório de Sustentabilidade relativo ao período de 31 de janeiro a 31 de dezembro de 2016.

Responsabilidade da Administração da Companhia

A administração da Steel Energy S/A de São Paulo é responsável pela elaboração e apresentação de forma coerente das informações constantes no Relatório de Sustentabilidade relativo ao período de 01 de janeiro a 31 de dezembro de 2016, de acordo com critérios, premissas e metodologias próprias e pelos controles internos que ela determinou necessários para permitir a elaboração desses dados livres de distorções relevantes, independentemente se causadas por fraude ou erro.

Reponsabilidades dos auditores independentes

Nossa responsabilidade é expressar conclusão sobre as informações constantes no Relatório de Sustentabilidade da Steel Energy S/A de São Paulo, relativo ao período de 01 de janeiro de 2016 a 31 de dezembro de 2016, com base no trabalho de asseguração limitada conduzido de acordo com o Comunicado Técnico do Ibracon (CT) nº 07/2012, aprovado pelo Conselho Federal de Contabilidade e elaborado tomando por base a NBC TO 3000 (Trabalhos de Asseguração Diferente de Auditoria e Revisão), emitida pelo Conselho Federal de Contabilidade – CFC, que é equivalente à norma internacional ISAE 3000, pela Federação Internacional de Contadores, aplicáveis às informações não históricas. Essas normas requerem o cumprimento de exigências éticas, incluindo requisitos de independência e que o trabalho seja executado com o objetivo de obter segurança limitada de que o Relatório de Sustentabilidade da Steel Energy S/A de São Paulo, para o período de 01 de janeiro a 31 de dezembro de 2016, esteja livre de distorções relevantes.

Um trabalho de asseguração limitada conduzido de acordo com a NBC TO 3000 (ISAE 3000) consiste principalmente da revisão analítica na indagação a administração e outros profissionais da Companhia que foram envolvidos na elaboração do Relatório de Sustentabilidade, assim como da aplicação de procedimentos adicionais julgados necessários para obter evidências que nos possibilitem concluir na forma de asseguração limitada sobre o Relatório de Sustentabilidade. Um trabalho de asseguração limitada requer, também, a execução de procedimentos adicionais, quando o auditor independente tomar conhecimento de assuntos que o levem a acreditar que as informações constantes no Relatório de Sustentabilidade podem apresentar distorções relevantes.

Os procedimentos selecionados basearam-se na nossa compreensão dos aspectos relativos à compilação e apresentação das informações constantes no Relatório de Sustentabilidade de acordo com critérios, premissas e metodologias próprias da Steel Energy S/A de São Paulo. Os procedimentos compreenderam: (a) o planejamento dos trabalhos, considerados a relevância, o volume de informações qualitativas e quantitativas e os controles internos que serviram de base para a elaboração do Relatório de Sustentabilidade da Steel Energy de São Paulo para o período de 01 de janeiro a 31 de dezembro de 2016; (b) o entendimento da metodologia de cálculos e dos procedimentos para a preparação e compilação do Relatório de Sustentabilidade por meio de entrevistas com os gestores responsáveis pela elaboração das informações; e (c) a verificação amostral de determinadas evidências que suportam os dados utilizados para a elaboração do Relatório de Sustentabilidade.

Acreditamos que as evidências obtidas em nosso trabalho foram suficientes e apropriadas para fundamentar nossa conclusão na forma limitada.

Alcance e limitações

Os procedimentos aplicados em um trabalho de asseguração limitada são substancialmente menos extensos do que aqueles aplicados em um trabalho de asseguração, que tem por objetivo emitir uma opinião sobre o Relatório de Sustentabilidade. Consequentemente, não nos possibilitam obter segurança de que tomamos conhecimento de todos os assuntos que seriam identificados em um trabalho de asseguração, cujo objetivo é emitir uma opinião. Caso tivéssemos executado um trabalho com objetivo de emitir uma opinião, poderíamos ter identificado outros assuntos ou eventuais distorções nas informações constantes no Relatório de Sustentabilidade da Steel Energy de São Paulo. Dessa forma, não expressamos uma opinião sobre essas informações.

Os dados não financeiros estão sujeitos a mais limitações inerentes do que os dados financeiros, devido a natureza e a diversidade dos métodos utilizados para determinar, calcular ou estimar esses dados. Interpretações qualitativas de materialidade, relevância e precisão estão sujeitas a pressupostos individuais e a julgamentos.

Conclusão

Com base nos procedimentos realizados, descritos neste relatório, nada chegou ao nosso conhecimento que nos leve a acreditar que as informações constantes no Relatório de Sustentabilidade, no período de 01 de janeiro a 31 de dezembro de 2016, não tenham sido elaboradas, em todos os aspectos relevantes, de acordo com critérios, premissas e metodologias para elaboração do Relatório de Sustentabilidade da Steel Energy S/A de São Paulo.

São Paulo, 20 de março de 2017
Mcluminate & Mclean
Auditores Independentes
CRC 2SP-014.299/O-7

BernadeteDaSylva	*LydonVonJohn*
Bernadete Sylva	**Lyndon John**
CRC 1SP255.999/O-9	**CRC 1SP226.888/O-9**

Exercícios

1. Qual das seguintes expressões não caracteriza auditor interno?
   a) Tem foco no apoio gerencial.
   b) Principais usuários de seus relatórios são os credores e investidores.
   c) Tem ênfase na eficiência gerencial.
   d) Funcionário ou contratado para auditoria interna.
   e) Principais usuários de seus relatórios são os administradores.

2. A auditoria interna tem foco único em cobertura de todas as áreas da empresa, sem exceção. Consequentemente, é natural não ter competência detalhada de auditoria de algumas dessas áreas. Qual das seguintes competências não é imprescindível para as funções de auditoria interna?

   a) Regulamentação de leis e suas implicações.

   b) Proficiência nos princípios contábeis.

   c) Compreensão dos princípios gerenciais.

   d) Proficiência nos sistemas de informações contábeis e banco de dados.

   e) Perícia contábil.

3. Os auditores internos devem assegurar a extensão em que a administração estabeleceu critérios adequados para avaliar se metas e objetivos foram cumpridos. Qual das seguintes ações pode ser apropriada?

   I. Analisar se metas e objetivos operacionais e de programas estão em conformidade com aqueles da organização

   II. Revisar as operações para assegurar a extensão em que os resultados são consistentes com as metas e os objetivos estabelecidos.

   III. Trabalhar com a administração para desenvolver critérios apropriados de avaliação de controles.

   a) Somente I.

   b) Somente I e II.

   c) I, II e III aplicáveis.

   d) Somente II.

4. Qual a melhor resposta à preocupação de auditoria do TCU para a área da saúde a partir dos enunciados a seguir?

   A partir do ano 2000, os dispêndios governamentais com o benefício de auxílio-doença tiveram aumento expressivo. Por isso, para assegurar a prestação de serviços com qualidade e coibir o desperdício de recursos públicos, é importante investigar a adequação dos mecanismos de controle do INSS para gerenciar a concessão e manutenção desse benefício, bem como avaliar a contribuição dos serviços de reabilitação profissional dos beneficiários, visando redução de custos.

a) Os controles internos sobre o auxílio-doença e a atividade de concessão são adequados para garantir, com razoável segurança, o pagamento desses benefícios.

b) Os controles internos sobre as atividades de manutenção dos benefícios de auxílio-doença são adequados para garantir, com razoável segurança, o pagamento desses benefícios.

c) Verificar qual a cobertura de atendimento do serviço de reabilitação profissional e o seu impacto econômico nos gastos com o benefício.

d) A estrutura física do serviço e o número de servidores alocados são suficientes para o atendimento da demanda por reabilitação profissional.

e) Verificar qual economia o serviço de reabilitação possibilita e o seu potencial de crescimento.

f) Todas as opções estão corretas.

Parte II

NORMAS PROFISSIONAIS E METODOLOGIAS DE AUDITORIA

Normas Internacionais de Auditoria Independente

5

5.1 Conceitos de normas internacionais de auditoria independente

As normas compreendem as regras básicas que norteiam a atuação dos profissionais da área de auditoria; e aqui focamos a auditoria independente.

Considera-se que as normas estão em constante evolução e têm crescente importância para auditorias que exigem atualização e aprimoramento de modo a manter permanentemente a justaposição e o ajustamento entre o trabalho a ser realizado, o modo do processo de realização e a forma de reporte. Também é observado que esse exaustivo trabalho do auditor, no qual se destaca empenho em afastar divergências e compor convergências, seja orientado pela norma editada por instituição legalmente incumbida de fiscalizar o exercício da profissão.

5.2 Relevância das normas internacionais de auditoria

A compreensão dessas normas é condição *sine qua non* para a atividade de auditoria realizada pelas equipes e também pelas entidades fiscalizadoras.

As normas têm relevância fundamental tanto para os requerentes dos trabalhos de auditoria (os administradores) quanto para os certificadores das demonstrações contábeis (auditores) e os usuários de forma geral (*stakeholders*). Entre os pontos de relevância, podem-se citar:

- O auditor certifica as demonstrações contábeis afirmando *true and fair view*.
- Mostra-se que a entidade cumpriu as normas contábeis para o período em revisão de forma consistente.
- O auditor concorda com a aplicação dos padrões após avaliar a natureza das operações, delimita a época de testes e conclui a respeito da extensão; quaisquer desvios são divulgados ou, quando não, aceitam-se como não relevantes.

- Indica-se que as demonstrações foram apresentadas em conformidade com as normas e considerando todos os aspectos relevantes.

5.3 Emissão das normas internacionais de auditoria

O gatilho para emitir as normas é o mercado. A orientação para isso vem das instituições no Brasil (IBRACON) e no exterior (IFAC) que congregam várias outras instituições de pesquisas, as quais auxiliam nos debates exaustivos e nas recomendações para organismos, tais como CFC, CVM, BACEN, SEC entre outros encarregados de emitir normas.

As normas internacionais de auditoria (*International Standards on Auditing*) são emitidas pela *International Federation of Accountnts* (IFAC) por meio do *International Auditing and Assurance Standards Board* (IAASB).

Geralmente, nomeiam-se vários comitês com competências específicas, e suas contribuições resultam nos pronunciamentos (*white papers*). Depois de serem acatados pelo colegiado maior, esses pronunciamentos convertem-se nas normas que são divulgadas mundialmente.

Embora essas deliberações feitas pelos comitês específicos sejam interessantes, a demora na sua publicação deixa de acompanhar o mercado, assim perdem a sintonia com este e acabam não chegando em tempo oportuno. Essa questão tem sido mencionada quando da contribuição dos organismos reguladores no acompanhamento do dinamismo do mercado. Acontece que os membros dos comitês que deliberam essas normas no seu estado cru, sejam eles professores, profissionais do mercado ou de entidades governamentais, normalmente trabalham voluntariamente, e a frequência de seus encontros requer certo espaço para não comprometer suas atividades normais.

Para situarmos de onde viemos, vale levantar a contribuição do *Auditing Practices Board* (APB).

Em 1991, o *Auditing Practices Board*, por meio de seu Comitê Consultivo, emitiu a *Statement of Auditing Standards*, que foi distribuída em seis principais blocos. Para fins didáticos, sumarizamos esses blocos em três, referentes a:

a) Pessoa do auditor;

b) Execução dos trabalhos do auditor; e

c) Emissão dos relatórios.

Estes, por sua vez, são desdobrados nos seis principais blocos:

a) Responsabilidade;

b) Planejamento, controle;

c) Contabilidade e sistemas de controle interno e avaliação de riscos;
d) Evidenciação;
e) Utilização de trabalho dos especialistas; e
f) Reporte.

Para fins analíticos, suas subcategorias são apresentadas a seguir:

a) Responsabilidade – a pessoa do auditor:
   - Objetivos e princípios gerais;
   - Fraudes;
   - Consideração sobre regulamentos;
   - *Going concern*;
   - *Engagement letter*;
   - Atuações subsequentes.

b) Planejamento, controle – a execução dos trabalhos:
   - Planejamento de auditoria;
   - Compreensão dos negócios;
   - Materialidade da auditoria;
   - Papéis de trabalho;
   - Revisão/controle de qualidade.

c) Sistemas de controle interno e avaliação de riscos:
   - Avaliação de controles internos;
   - Avaliação de riscos.

d) Evidenciação:
   - Evidência em auditoria;
   - Procedimentos analíticos;
   - Estimativa contábil;
   - Amostragem estatística;
   - Composição de *lead schedule* (razão).

e) Utilização de trabalho dos especialistas e consideração do trabalho de auditor interno:

- Utilização de especialistas, tais como atuários (previdência), engenheiros (mineração, construção civil etc.), tributaristas (impostos diretos e indiretos).

f) Divulgação – reporte

- Relatórios de auditoria (*management letters*); e
- Pareceres de auditoria.

5.4 Ambiente brasileiro de normas de auditoria

O Brasil sempre seguiu a evolução da indústria com as inovações tanto por parte dos processos de auditoria como também pelas normas e regulamentações. Desde a Revolução Industrial, com a vinda das empresas multinacionais, veio também a necessidade de certificação das demonstrações contábeis com as exigências dos investidores e *stakeholders*, daí que as grandes empresas de auditoria da época também foram convidadas a ter filiais de suas empresas no Brasil. Consequentemente, com a instalação dessas principais firmas de auditoria da época, chegou a atividade de auditoria. Em termos operacionais, a primeira empresa de auditoria independente a se estabelecer no Brasil foi a Deloitte Haskins+Sell, que instalou seu primeiro escritório, no Rio de Janeiro, em 1911.

Algumas ações propulsoras de atividades de auditoria no mundo foram, em 1880, a criação da Associação dos Contadores Públicos Certificados, na Inglaterra, e, em 1887, a fundação, nos EUA, da Associação dos Contadores Públicos Certificados.

No Brasil, a atividade de auditoria notavelmente foi iniciada com a da São Paulo Tramway Light & Power Co., relativa ao período compreendido entre junho de 1899 e dezembro de 1902, e foi certificada pela empresa canadense de auditoria Clarkson & Cross – atualmente, Ernst & Young.

O aspecto legal de formação profissional, os conceitos e técnicas de auditoria foram formalmente introduzidos no ensino universitário por força do Decreto-lei nº 7.988, de 22 de dezembro de 1945, o qual regulamentava a educação superior nos cursos de Economia, Contabilidade e Ciências Atuariais.

A orientação para a profissão de auditoria no Brasil se deu por meio da criação do IBRACON – Instituto dos Auditores Independentes do Brasil, entidade de suporte a pesquisa e inovação para a atividade de auditoria e principalmente para as normas de contabilidade e auditoria, em 13 de dezembro de 1971.

As normas de auditoria independente seguem as regras apresentadas pela CVM, cuja criação se deu em 1976, por meio da Lei nº 6.385 para confortar os usuários de informações. A CVM tem a responsabilidade de regulamentar o processo de evidenciação e divulgação das informações econômicas e financeiras.

Recentemente, contudo, com a internacionalização do ambiente contábil vigente em 2010, houve consequência direta na auditoria independente, que se viu também impelida a harmonizar suas normas. Conforme o CFC, as Normas Brasileiras de Contabilidade Técnicas de Auditoria (NBC TA) apresentam a Estrutura Conceitual para Trabalhos de Asseguração e outros aspectos referentes à auditoria independente. O CFC segue fielmente as estruturas dos padrões internacionais de auditoria (ISA) que entraram em vigor em 2010.

5.5 Componentes das normas internacionais de auditoria independente

Os principais componentes da estrutura de normas internacionais, conforme listados na NBC TA de auditoria independente, são apresentados a seguir:

- 200 – Objetivos Gerais do Auditor Independente e a Condução da Auditoria em Conformidade com Normas de Auditoria;
- 210 – Concordância com os Termos do Trabalho de Auditoria;
- 205 – Controle de Qualidade da Auditoria de Demonstrações Contábeis;
- 230 – Documentações de Auditoria;
- 240 – Responsabilidade do Auditor em Relação a Fraude, no Contexto da Auditoria de Demonstrações Contábeis;
- 250 – Considerações de Leis e Regulamentos na Auditoria de Demonstrações;
- 260 – Comunicações com os Responsáveis pela Governança;
- 265 – Comunicações de Deficiências de Controle Interno ISA;
- 300 – Planejamentos da Auditoria de Demonstrações Contábeis;
- 315 – Identificação e Avaliação dos Riscos de Distorção Relevante por meio do Entendimento da Entidade e do seu Ambiente;
- 320 – Materialidade no Planejamento e na Execução da Auditoria;
- 330 – Resposta do Auditor aos Riscos Avaliados;
- 450 – Avaliação das Distorções Identificadas durante a Auditoria;
- 500 – Evidência de Auditoria;
- 530 – Amostragem Estatística em Auditoria;
- 610 – Utilização do Trabalho de Auditoria Interna;
- 620 – Utilização dos Serviços de Especialistas;
- 700 – Formação de Opinião.

Hoje, as normas internacionais de auditoria, geralmente conhecidas por ISA, têm três grandes taxonomias: (a) normas referente à pessoa do auditor; (b) normas referente à execução da auditoria; e (c) normas referentes a apresentação e reporte.

Além disso, há subdivisões para a melhor implementação, incluídas nos blocos principais: fixação do auditor com asseguração dos serviços conforme ISA 200 – Objetivos gerais do auditor independente e a condução da auditora em conformidade com as normas de auditoria; com execução de serviços conforme ISA 300 – Planejamento da auditoria de demonstrações contábeis e ISA 500 – Evidenciação de auditoria; comunicação de relatórios para interessados conforme ISA 700 – Formação de opinião. As demais normas vêm complementando essas peças conforme a ordem de importância da estrutura lógica das normas.

A fim de orientar discussões das peças envolvidas, como questão norteadora de operacionalização, indaga-se: Quais as normas internacionais de auditoria e como se relacionam?

Numa visão global (*high-level*), as normas da ISA são classificadas em grupos de objetivos gerais de auditoria e asseguração, execução (*performance*) e emissão de relatórios. A seguir, detalhamos essa abordagem.

a) Sobre objetivos gerais de asseguração

- Concordância com os termos de auditoria (*Engagement Charter* que defina escopo da auditoria).
- Independência (restrições quanto a forma ou atos).
- Expectativa razoável (*Reasonable expectation*).
- Considerações das leis e regulamentos da época.
- Diligência devida (*Due professional care*).
- Proficiência e conhecimento necessário (qualificação).

b) Sobre execução (*performance*)

- Planejamento de auditoria das demonstrações contábeis.
- Avaliação de riscos e planos de respostas.
- Supervisão dos serviços para manter a qualidade exigida.
- Materialidade no planejamento e na execução, inclusive com adoção de amostragem.
- Assertivas (hipóteses de testes quanto a integridade, *cut-off*, existência, valorização, validade, consistência).

- Evidência razoável.
- Utilização de especialista em trabalhos dos auditores internos.
- Fraudes, irregularidades e atos ilícitos.

c) Sobre reporte, pareceres e relatórios de auditoria

- *Management letters.*
- Carta de representação.
- Pareceres de auditoria.

Vale ressaltar que, sobre utilização dos serviços de especialistas, hoje, com a integração da equipe atentando para demanda das empresas com vistas a oferecer serviços que excedam as expectativa do cliente, tem-se falado em integrar esses especialistas na equipe para atender o cliente por indústria.

Grosso modo, os auditores independentes também apresentam os relatórios para fins gerenciais (*management letter*). Isso serve para corrigir os rumos das empresas, principalmente em termos de controles internos.

O parecer de auditoria independente tem seu foco externo, o qual pode ser limpo, ou seja, sem ressalvas; com ressalvas; com negativa de opinião; ou com abstenção.

Vale ressaltar que, devido ao ambiente em que vivemos, em que o cliente tem uma vantagem sobre o auditor, salvo atuação dos organismos de *compliance*, os casos de negativas de opinião ou com abstenção são os menos comuns. Estes também geram mais desgaste para auditores no momento de fechamento dos relatórios. Normalmente as representações da alta administração ajudam a amenizar esses conflitos de divulgação.

É importante frisar que, dependendo do público-alvo a que se dirige, o relatório ganha mais detalhes para atender a objetivos particulares. Se a auditoria é limitada com emissão de parecer não obrigatória, essa questão de modelagem de relatório por cliente é muito mais comum. A título de exemplo, pode-se citar relatório para fins de *due diligence* que alimenta as M&A (*Merger and Acquisitions*).

Contudo, sempre haverá necessidade de customização de relatórios, e os auditores normalmente terão abordagens para atender seus clientes de forma personalizada.

A globalização desse relatório tem sido assunto discutido recentemente para amenizar retrabalhos. Isso originou outras formas de reporte, com a implementação de Edgard Reporting, pelos Estados Unidos, e também com a adoção de XBRL – *eXtensible Business Reporting Language*. Os mercados mundiais, tomando como exemplo os EUA, estão avançado com a implementação de XBRL; no Brasil, estamos na fase de definição de taxonomias.

5.6 Uso do trabalho de terceiros pelo auditor independente: virtudes e defeitos

O trabalho de terceiro no processo de auditoria independente suscita a premissa de que esse terceiro, tendo executado alguma ação que poderá influenciar positivamente o julgamento do auditor, poderá também apresentar a essência que apoia a razoabilidade do trabalho do auditor. Consequentemente, a responsabilidade de tais trabalhos é exclusivamente do sócio de auditoria responsável pelo serviço.

O uso do trabalho de terceiros pelo auditor independente, basicamente, compreende a necessidade de *expertise* que o auditor não tem e é necessária para se examinar a razoabilidade das demonstrações contábeis. Sem tal *expertise*, o auditor independente poderá ser responsabilizado e o processo culminará na incompletude do processo de auditoria.

Alternativamente, o trabalho de terceiro como auditor interno poderá ser utilizado se a natureza dos testes for consistente com a metodologia adotada pelo auditor independente, a época coincidir e a extensão for razoável. Essa razoabilidade dos testes precisa ser avaliada pelo auditor independente, pois este assumirá os riscos de aceitação dos serviços já feitos.

Em suma, a ISA 620 – Utilização do trabalho de especialista enfoca o aproveitamento dos recursos cuja *expertise* ele não possui.

Como questão norteadora de operacionalização, indaga-se: quais as virtudes e os defeitos do uso do trabalho de terceiros pelo auditor independente?

5.6.1 Operacionalização

O sócio de auditoria independente responsável pelo serviço planeja, juntamente com o especialista a ser necessitado no trabalho, a natureza, a época e a extensão de testes que esse especialista irá executar.

De forma comum, as áreas de auditoria de sistemas de informação, os setores de impostos diretos e indiretos e as áreas jurídicas da firma de auditoria são solicitados para assistir como especialistas na auditoria independente. Hoje, os engenheiros são solicitados para avaliar a vida útil dos maquinários nas questões de teste de recuperabilidade de ativos (*impairment*) – CPC 01, equivalente ao IAS 36 (IFRS).

Portanto, dependendo do escopo, o auditor independente avalia a qualificação do auditor interno, para depois avaliar também os trabalhos efetuados em profundidade; com efeito, para aceitar os trabalhos realizados por ele.

Normalmente, efetuam-se trabalhos complementares para melhor posicionamento em relação aos trabalhos feitos pelos auditores internos.

No que tange à utilização de serviços de terceiros, pode-se ainda designar especialista da própria empresa de auditoria independente para ajudar o auditor contábil.

Conforme a ISA 620, especialistas como auditores de sistemas de informação e especialistas em impostos, entre outros, se inserem nesse quadro.

Assim como no caso da utilização dos resultados dos trabalhos de auditores internos, o sócio de auditoria independente também tem a plena responsabilidade pelos trabalhos efetuados.

Tal questão geralmente é analisada no momento do planejamento de auditoria, no qual se contempla e define o escopo de auditoria de sistemas e outras atividades de especialistas que serão exigidas para o *engagement.*

No Quadro 5.1, visualisam-se algumas virtudes e defeitos da utilização de especialistas.

Quadro 5.1 Virtudes e defeitos do uso de especialistas em *engagement* de auditoria

Virtudes	Defeitos
O auditor contábil não precisa dominar *expertises* necessárias para auditar áreas que ele não domina.	A responsabilidade é muito grande e cabe ao sócio responsável pela auditoria.
a) O auditor contábil não precisa se preocupar tanto com as inovações advindas dos *updates* da área ou indústria que ele audita.	Geralmente, o sócio responsável não tem capacidade de examinar a profundidade dos testes dos especialistas.
b) O especialista soma-se à equipe e oferece solução integrada para o cliente.	Geralmente, o sócio responsável não tem capacidade de medir o desempenho do especialista.
c) O *engagement* adere perfeitamente às normas internacionais de auditoria necessárias para cada indústria e seus colaboradores.	A aderência é questionada quando as horas disponíveis precisam ser divididas com auditoria contábil.

Contudo, conforme a ISA 610, embora o auditor independente aproveite os trabalhos efetuados pelo auditor interno, quando necessário ele pode aumentar a extensão dos testes a partir de testes já aplicados pela auditoria. Por exemplo: se o auditor interno aplicar uma amostragem aleatória para seleção dos itens para testes, os auditores independentes poderão decidir aplicar amostragem estratificada quando a amostra o permitir, a fim de selecionar os itens para testes substantivos.

Como áreas de especialista numa firma de auditoria independente pertencem a sócios diferentes, costumam existir disputas por honorários que normalmente prejudicam a aplicação dessas especialidades nos trabalhos de auditoria das demonstrações contábeis. Esses prejuízos culminam com a redução de escopo, ou até programação de profissional com qualificação baixa para executar o trabalho. Isso acaba prejudicando a qualidade do trabalho quando se requer um profissional com conhecimento pouco elevado e, consequentemente, o honorário se eleva também.

Ademais, a visão atual exige integração de especialistas nessas equipes, uma vez que o cliente agora requer solução integrada de equipe de auditoria por indústria e somente enxerga a equipe como um todo.

Enfim, o que os autores chamam de *overriding* pode ser perigoso para as equipes de auditoria: estas poderão infringir as regras de conformidade da ISA 620, o que resultará no problema de completude do processo de auditoria que requer utilização de serviços de especialistas, haja vista as punições que o PCAOB tem aplicado às empresas de auditoria independente por falta de aplicação consistente das normas e guias de auditoria.

5.7 Principais mudanças nas normas recentes

A exigência recente de divulgação mais prioritária, em 2016, entretanto, requer implementação de novo modelo de parecer para atender aos anseios de nível informacional das divulgações. Consequentemente, os pareceres emitidos em 2016 já vieram com novo formato que deve contemplar, entre outros, os seguintes itens:

- informações sobre independência dos auditores, que devem ser mais abrangentes;
- apresentação de informações sobre *going concern* da entidade;
- declaração integral das chamadas *Key-Audit-Matters* (KAM). Essas KAM podem envolver aspectos de tecnologia de informação, principalmente hoje, quando temos fraudes por meio cibernético; realização de receitas; e as mensurações contábeis.
- atividades de *follow-up* que coroam esforços dos auditores, principalmente com respeito às contribuições para o cliente, tornam-se importantes.

Ademais, as principais empresas de auditoria, como as chamadas *Big Four* (Deloitte, PricewaterhouseCoopers, Ernst & Young e KPMG), fazem suas interpretações dessas normas por meio de metodologias próprias. Estas, por sua vez, são distribuídas para as equipes de auditoria para melhor representação junto a seus clientes.

Enfim, considerando tratar-se de orientação para desempenho adequado de auditoria, seu maior grau de aplicação tende a reduzir os riscos de distorções materiais nas demonstrações contábeis.

Exercícios

1. Sara é a gerente de auditoria independente da *Alumaco S/A*, que deseja publicar suas demonstrações contábeis para o período findo em 31 de dezembro de 2017. A *Alumaco* está na bolsa, pois se especializou na indústria de estaleiros, construindo navios de grande porte do tipo intercontinental. Seus sistemas de informações contábeis estão em Oracle Financial, que está instalado em ambiente de significativa complexidade de TI, a fim de atender aos objetivos dos negócios.

   Quais são as ISAs (*International Standards on Auditing*) que os auditores devem observar nessa auditoria?

   a) 200, 300, 500, 620 e 700.

   b) 630, 850, 900, 925 e 950.

   c) 800, 850, 860, 870 e 890.

   d) 200, 620, 870, 890 e 950.

2. De acordo com a ISA 620, o auditor externo poderia solicitar serviços dos especialistas nos procedimentos de:

   1. Revisão analítica de inventários.

   2. *Valuation* de terras, maquinários e construções.

   3. Opiniões legais sobre litígios.

   4. Verificação de transações financeiras da alta administração.

   5. Avaliação de sistemas, tecnologia de informação e comunicação.

   Estão corretas as alternativas:

   a) 1, 2 e 3.

   b) 2, 3 e 4.

   c) 2, 3 e 5

   d) 1, 3 e 4.

Metodologia de Auditoria

6

6.1 Conceitos de metodologia de auditoria

Como vimos no capítulo anterior, sobre normas de auditoria, as empresas de auditoria naturalmente desenham seus enfoques para criar vantagem competitiva; daí a invenção da metodologia para fazer auditoria de forma diferente com estilo próprio.

A lógica de auditoria, metodologicamente, em geral, deriva das *expertises* e julgamentos do auditor em cumprimento das normas. Em todos os aspectos, espera-se que qualquer um no seu estado normal possa chegar às mesmas conclusões ou ao mesmo ponto, pois se opera no mesmo ambiente regido pelos mesmos organismos e se utilizam as mesmas normas.

Uma firma de auditoria que pretenda crescer e ter destaque mundialmente precisa pensar grande, e é imprescindível que tenha uma metodologia própria de auditoria. Ser identificada por tal foco é o que a distingue das demais empresas.

6.2 Definição da metodologia de auditoria

Metodologia de auditoria compreende um grupo de procedimentos documentados, desenhados para fomentar o alcance de objetivos.

A metodologia sumariza guias práticos de implementação dos procedimentos de auditoria com enfoque global, que podem ser ajustados às necessidades e contextos locais.

Consiste de:

- declaração de escopos de auditoria ou concordância com os termos (*engagement charter*);
- objetivos a alcançar;

- programas de auditoria:
  - sistematicamente desenvolvidos e aprovados pelos gestores; e
  - divulgados a toda a equipe de auditoria.

6.3 Benefícios da metodologia de auditoria

Os benefícios da metodologia são inúmeros. Entre eles, podemos citar:

- planejar e executar as auditorias que tragam base adequada para expressar opinião sobre as demonstrações contábeis;
- identificar e adequadamente mitigar os riscos relevantes ao *engagement*, ao cliente e a grupos de contas contábeis;
- executar auditoria de maneira eficaz e eficientemente;
- determinar de forma adequada as necessidades do cliente, as expectativas e necessidades profissionais para o serviço;
- fazer, preparar e executar auditoria de forma consciente;
- prover ao cliente *insight* que faça sentido para seu negócio sobre as condições dos negócios de modo que possa sempre exceder suas expectativas;
- executar auditorias multilocais de forma consistente em base mundial, ajudando assim seus clientes a perceber a empresa como uma empresa global;
- comunicar de forma a agregar aos negócios do cliente;
- transferir as equipes com menor dificuldade possível;
- ter uma base comum de compartilhamento de tecnologia e treinamento, inclusive dos materiais, documentações e *softwares* de auditoria.

6.4 Política do uso da metodologia

A política do uso da metodologia pelas firmas que decidem se projetar por meio de uma bandeira consiste em utilizá-la para planejar e executar a auditoria para os períodos fiscais de sua introdução.

Em caso de a metodologia mundialmente utilizada não ser atendida integralmente pela firma – por exemplo,os países islâmicos têm seus enfoques diferenciados devido à *Sharia* –, normalmente um enfoque complementar deveria ser desenvolvido para atender aos anseios locais.

6.5 Documentação comum

Em atendimento às normas de auditoria, o padrão de documentação escolhido deve ser aplicado homogeneamente por todos. Os formatos e estruturas dos *working papers* padrão devem ser utilizados quando da customização da metodologia para as circunstâncias dos clientes e até para atender a fins legais.

6.6 Metodologia baseada em risco

As metodologias de auditoria adotadas pelas firmas reconhecem que devem basear-se na gestão de risco, uma vez entendido que o cliente deve ser tratado como único.

A premissa primordial da auditoria baseada em risco é que os auditores devam dedicar mais recursos a contas que sejam suscetíveis a distorções materiais e menos recursos para aquelas que tenham menos probabilidade de serem incorretas.

Isso começa desde a compreensão do cliente em seus negócios, dos sistemas de controles internos e do balanço, além dos levantamentos dos primeiros testes analíticos.

6.7 Componentes da metodologia de auditoria

Os componentes da metodologia de auditoria são muito numerosos, visto que contemplam tudo que deve ser feito para atender todos os interessados nos relatórios a serem publicados. Itens que devem contemplar a metodologia aparecem sinteticamente no Quadro 6.1.

Quadro 6.1 Componentes da metodologia de auditoria

1. Visão Global
   a. Preâmbulos sobre a metodologia
   b. Gerenciamento do *engagement*
2. Atividades prévias de auditoria
   a. Avaliação e respostas aos riscos do *engagement*
   b. Seleção de equipe
   c. Consolidação de acordo no **nível do serviço**
3. Planejamento preliminar
   a. Compreender negócios do cliente
   b. Compreender ambientes de controles

c. Compreender os processos contábeis
d. Executar procedimentos analíticos preliminares
e. Determinar materialidade de planejamento
f. Comunicar ao cliente os planos de serviços

4. Planejamento detalhado
    a. Avaliação de riscos no **nível de contas e erros potenciais**
    b. Planejar enfoque de auditoria de testes de controle e testes substantivos
    c. Sumarizar e comunicar os planos
5. Execução das atividades
    a. Executar testes de controle
    b. Executar testes substantivos e procedimentos analíticos
    c. Executar testes de detalhes
    d. Avaliar os resultados de testes substantivos
    e. Avaliar a demonstração contábil
6. Conclusão e reporte
    a. Avaliar eventos subsequentes
    b. Obter carta de representação da administração
    c. Preparar sumários e memorando de auditoria
    d. Documentação de WP – Preparar, revisar, e arquivar os WP
    e. Reporte de *engagement*
7. Atividades pós-auditoria
    a. Avaliar a qualidade do *engagement*

Exercícios

1. Os seguintes passos são contemplados no processo de auditoria, exceto:
    a) Planejamento e preparação de escopos e objetivos da auditoria.
    b) Descrição/ou *walkthrough* dos processos das áreas auditadas.
    c) Programas da auditoria.
    d) Procedimentos executados e evidências coligidas nos *working papers*.
    e) Elaboração do laudo e entrega ao juiz.

2. Assinale a resposta mais correta possível.

   a) A metodologia é um agrupamento de procedimentos de auditoria documentados e desenhados visando a nortear o alcance de objetivo de auditoria previamente planejado.

   b) Os principais componentes da metodologia de auditoria podem incluir, entre outros, os enunciados dos escopos, os objetivos e os programas de auditoria.

   c) As metodologias normalmente apresentam detalhes sobre os processos de controles internos e procedimentos substantivos de várias indústrias das especialidades das firmas de auditoria apontando os principais riscos, as assertivas e os testes atenuantes.

   d) As metodologias devem ser desenvolvidas e aprovadas pelos gestores de equipes de auditoria, para que, quando aplicadas, possam garantir consistência na abordagem da auditoria escolhida.

   e) Todos os itens acima.

3. Sabemos que todas as firmas de auditoria disputam o mesmo mercado nos fatores preços, qualidade, prazos e versatilidade. Empenham-se em prestar serviços de nível que exceda as expectativas dos clientes, contanto que apliquem as mesmas normas e tenham aderência às mesmas regras dos organismos reguladores. Assim, a principal função da metodologia para as firmas de auditoria é servir como ferramenta para serem:

   a) Agressivas no mercado.

   b) Competitivas no mercado.

   c) Líderes no mercado.

   d) Espelho dos clientes prospectivos.

Parte III

EVIDÊNCIA DA AUDITORIA

Natureza, Época e Extensão de Testes

7

7.1 Conceitos de natureza, época e extensão de testes

As três decisões cruciais do auditor para obtenção das evidências dizem respeito à definição da natureza de testes, época e extensão dos exames. Essas decisões atraem a presença de toda a equipe da auditoria para que todos sejam cientes das expectativas do cliente e dos usuários como um todo.

Essas decisões e as consequentes interpelações dos auditores vão caracterizar sua qualidade percebida de trabalho e, portanto, seu desempenho. As demonstrações do âmbito dos trabalhos efetuados vão caracterizar as competências do auditor aplicado num serviço.

7.2 Limitação do escopo

Durante a fase de planejamento, primordialmente, atenta-se para a eficiência e a eficácia de uma auditoria, considerando o escopo, a equipe, *expertise*, horas disponíveis, que por sua vez influenciam substancialmente os julgamentos em vista da obtenção da evidência quanto a natureza, época de aplicação do cronograma dos procedimentos e extensão dos testes. Os padrões profissionais prescrevem que tais julgamentos respondam aos riscos inerentes e de controle do cliente e sejam adaptáveis às mudanças nos riscos ao longo do período (MOCK; WRIGHT, 993).

O questionamento que pode surgir é: quais as preocupações referentes às três decisões cruciais do auditor quanto à definição da natureza de testes, época e extensão dos exames de auditoria? Discutiremos tópicos específicos de natureza, época e extensão a seguir.

7.3 Natureza

Como analogia, o questionamento que se responde aqui é quanto a se dever avaliar as contas patrimoniais e dos resultados ou efetuar confirmação com os terceiros.

A operacionalização da natureza dos testes do auditor tem início em suas expectativas em relação àqueles. Daí que se aciona a análise de riscos que perpassa todo o trabalho, desde a assinatura de concordância com os termos de auditoria até a emissão do parecer. A materialidade se dá pela relevância, ou seja, a informação é material quando pode influenciar as decisões dos usuários das demonstrações contábeis – quanto maior o risco, menor materialidade e vice-versa.

Quando eu comparo dois balanços anteriores ao período em análise considerando o cenário econômico, consigo estabelecer uma expectativa com relação às contas contábeis.

Contudo, a *expectation gap* de auditoria refere-se à diferença entre (1) o que o público e o que outros usuários das demonstrações contábeis consideram ser as responsabilidades dos auditores e (2) o que os auditores acreditam que seja de sua responsabilidade.

7.4 Época

A época se insere no período sob análise no quadro de auditoria planejado pela equipe. Esses períodos são divididos em visitas para coligir evidências.

Geralmente, uma auditoria considera a cobertura de período fiscal no qual o auditor deveria assegurar se as contas estão razoáveis.

Essas visitas são: Preliminares – para coleta de dados preliminares; Ínterim – para execução dos procedimentos de testes de controle internos; e Finais – para se efetuarem testes substantivos e de detalhes.

Se decidirmos confiar nos controles, naturalmente a época em que o auditor deve testar os controles internos será anterior ao encerramento do exercício.

Importante frisar que os procedimentos analíticos podem ser aplicados em todas as épocas apontadas.

7.5 Extensão de testes

No tocante à determinação de extensões de testes, com base nos riscos identificados, por sua vez, define-se a extensão de testes orientados pelas materialidades. Quanto maior o risco, menor a materialidade e consequentemente mais significativa seria a extensão de testes.

Ou seja, define-se o volume dos serviços que os auditores irão executar. Se a expectativa se encontrar dentro do esperado em termos de efetividade de procedimentos de controle interno, mais testes de controle serão realizados de forma que se possa aliviar a equipe de auditoria de um extenso teste substantivo (em outras palavras, queima do orçamento com tesses detalhes). Se as expectativas são elevadas, a fim de corroborar os saldos e confirmar as assertivas, há necessidade de realizar maior número de testes substantivos e detalhados.

Ademais, a direção de alguns testes deve ser a favor das estratégias para suportar as expectativas, questionando se os planos de evidência são suficientemente adaptáveis às mudanças nos riscos do cliente.

Enfim, a extensão parece ser o principal mecanismo utilizado para abordar as diferenças de risco. Embora o teste de auditoria tenha mudado pouco ao longo do tempo, as diferenças na extensão são naturalmente relacionadas a transformações em um número limitado de riscos, assertivas e procedimentos atenuantes.

Exercícios

1. De acordo com a natureza das operações das empresas, geralmente os auditores fazem visitas em três períodos no ano. O que não caracteriza visita de auditoria independente é:

   a) Visita durante o ano (*auditoria interim*).

   b) Visita no final do ano.

   c) Visita pós-final do ano (*auditoria final*).

   d) Visita de *Walkthrough*.

2. Qual é a tarefa executada durante a visita *interim* da auditoria independente?

   a) Compreensão dos sistemas de informações contábeis e controles internos.

   b) Levantamento de transações significativas, os diagramas dos fluxos de relacionamentos e métodos de tratamentos.

   c) Avaliação aparente de controles internos dos SIC.

   d) Conclusão a respeito de confiança nos controles internos.

   e) Busca de evidência da existência dos procedimentos substantivos.

   f) Se possível, execução dos procedimentos substantivos de teste de detalhes nas contas do balanço.

   g) Todos os itens acima.

Assertivas de Auditoria

8

8.1 Conceitos de assertivas de auditoria

Assertivas de auditoria (*audit assertions*) são afirmações ou suposições implícitas ou explícitas sobre reconhecimento, mensuração, apresentação e divulgação dos vários elementos das demonstrações contábeis. Na prática, são pressupostos que regem os trabalhos dos auditores contemplados no momento do planejamento para obtenção das evidências.

Expressamos assertivas relativas aos procedimentos de controle interno e substantivo para os sistemas contábeis e também aquelas sobre os saldos contábeis por uma questão de teste (essas suposições são passíveis de confirmação ou de serem refutadas).

Como qualquer processo de verificação ou de investigação, é necessário que se tenha um ponto de partida de compreensão dos cenários a serem testados. Nesse sentido se apresenta uma assertiva de auditoria, ou seja, no jargão de pesquisa científica, apresentam-se hipóteses ou pressupostos para nortear a investigação da questão de pesquisa.

8.2 Significado de assertiva de auditoria

Uma assertiva é uma afirmação asseguradamente declarada, porém sem provas.

É pressuposto que se levanta sobre um conjunto de informações que a gerência fornece para fins de asseguração. Na Figura 8.1, apresentamos as assertivas relacionadas a controles internos ou a contas de um balanço.

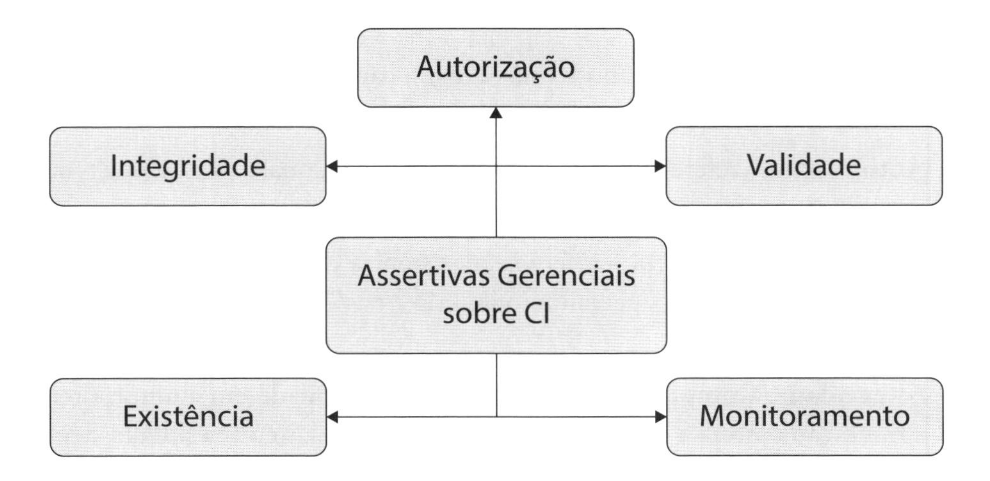

Figura 8.1 Assertivas sobre controles internos.

Também podem-se levantar as assertivas em nível de contas contábeis do balanço, apresentadas na Figura 8.2.

Figura 8.2 Assertivas gerenciais de grupos de contas do balanço.

8.3 Tipos de assertivas

Para melhor compreensão, abordamos a seguir cada tipo de assertivas normalmente consideradas pelos auditores:

- **Autorização** – refere-se à atividade de controle na qual a pessoa que tem o poder de aprovar a transação exerceu sua função.
- **Existência/Ocorrência** – refere-se à existência de tudo aquilo que está registrado no ativo, passivo, patrimônio líquido e nas contas de resultado. Se existe, significa que ocorreu.
- **Integridade/Completude** – a essência de integridade em auditoria refere-se a transação correta e completa. Os itens patrimoniais e de resultado devem ter sido registrados em sua completude – e sumarizados corretamente; tudo que existe ou ocorreu deve ter sido registrado.
- **Validade** – a afirmação de validade fecha o ciclo de integridade. Uma transação é completa se, na sua essência, é válida para uma organização; ou seja, quem tem *accountability* assina embaixo.
- ***Cut-off*** – diz respeito a acumulação, tratamento ou registro contábil de uma transação num período contábil correto.
- **Direitos e Obrigações** – constata-se que a organização controla ou possui direito sobre seus ativos e se suas obrigações (passivos) são realmente direitos de terceiros.
- **Avaliação/Alocação/Mensuração** – diz respeito à forma como a entidade mensurou seus itens patrimoniais e de resultado. Eles devem ter sidos avaliados e ajustados conforme as práticas contábeis no que se refere ao ajuste a valor realizável, cálculo de depreciação e cálculo de equivalência patrimonial.
- **Apresentação/Divulgação** – diz respeito à disseminação das informações relevantes nas demonstrações financeiras, em particular nas notas explicativas, observando as normas contábeis e assegurando que as transações estejam esclarecidas para os *stakeholders*.

Vale ressaltar que o PCAOB concentra sua avaliação naqueles que ele considera os principais: Existência, Direitos e Obrigações, Avaliação e Divulgação.

Ademais, nos trabalhos de Hayes, Dassen et al. (2005) e de Gramling, Rittenberg e Johnstone (2012), informações complementares sobre o uso de *audit assertions* também podem ser obtidas.

8.4 Exemplo prático

A assertiva em nível de conta contábil de demonstrações contábeis (DC) é naturalmente verificada no procedimento analítico ou nos testes de detalhes, ambos substantivos. Assim, tomemos como exemplo contas a receber (CR) no valor de R$ 5.000.000. O auditor precisaria atenuar as assertivas de:

- Existência: todas a CR existem;
- (2) Integridade (Completo e Correto): registradas corretamente;
- (3) Avaliação/Valorização: computado pelo valor líquido de realização;
- (4) Direitos e Obrigações: entidade tem direitos de recebíveis;
- (5) Apresentado (*Disclosure*) corretamente pelas regras pertinentes.

Vejamos os objetivos de auditoria e procedimentos executados a seguir:

- **Assertiva** – Transações de cartão-presente de todos os clientes são registrados integralmente.
- **Objetivo** – Verificar se existem todos os passivos do cartão-presente.

Os procedimentos de auditoria são os seguintes:

- Efetuar *vouching* de clientes (cartão-presente) para Notas Fiscais/Receitas de cartão.
- Começar a olhar pelo sistema/relatório que resume todos os passivos registrados. Escolher uma amostra de passivos registrados e trabalhar para trás, a fim de combinar detalhes do relatório para cada item na amostra; confrontar as vendas físicas ou NF eletrônicas/registro.

São os objetivos de auditoria:

- 1: Verificar se o presente não resgatado e os cartões abandonados são reconhecidos como receita, e não receita diferida.
- 2: Verificar se todos os saldos de cartões-presente são registrados.

A seguir, elencamos os procedimentos de auditoria:

- P1: Selecionar uma amostra de NF e Cliente ou GL (Razão) para garantir que a venda foi registrada.

- P2: Examinar análise retrospectiva/de gestão e monitoramento de abandono. Testar uma amostra de saldos de cartão-presente (Cliente) para o cumprimento de bens não reclamados.
- P3: Selecionar uma amostra de NF e confrontar Cliente ou Razão para garantir que a venda foi registrada na conta adequada.

Exercício

Criativamente, monte um cenário que envolva a constituição de contas a receber de uma empresa de sua escolha, assinalando as assertivas que mitigam os riscos aparentes:

a) Defina duas assertivas para testes de controle.

b) Defina duas assertivas para testes de grupos de contas contábeis.

Parte IV

PLANEJAMENTO DA AUDITORIA

Auditoria das Estimativas Contábeis

9

9.1 Beneficiários das estimativas contábeis

Os investidores são os maiores beneficiários das demonstrações contábeis, e os relatórios de auditoria são o meio de divulgação para os usuários.

Desde os anos 1940, os relatórios de auditoria não tiveram grandes transformações. Mas, em decorrência das mudanças no ambiente empresarial e nos cenários econômicos mundiais, há hoje um movimento para exigir relatórios de auditoria mais detalhados. Consequentemente, com os novos padrões de auditoria promulgados, os relatórios de auditoria dos exercícios de 30 de junho de 2019 acrescentarão uma nova seção de assuntos críticos de auditoria. Ou seja, os auditores devem fornecer mais informações sobre os assuntos críticos (por exemplo: continuidade dos negócios) para os usuários dos relatórios.

Por isso, a asseguração das estimativas contábeis deve ser feita conforme as normas de auditoria, senão a objetividade da própria auditoria pode ser comprometida, se os devidos padrões e procedimentos necessários para minimizar os riscos de distorções materiais não forem observados.

9.2 Responsabilidades da administração

A alta administração é responsável por fazer as mensurações e divulgações do valor justo incluídas nas demonstrações financeiras. Como parte do cumprimento de suas responsabilidades, a administração precisa estabelecer um processo de registro contábil e financeiro para determinar as mensurações e divulgações do valor justo, selecionar métodos apropriados de valorização, identificar e suportar adequadamente quaisquer premissas significativas usadas, preparar a valorização e assegurar que a apresentação e a divulgação das mensurações do valor justo estejam de acordo com as normas de auditoria.

9.3 Quem elabora as estimativas contábeis

Os especialistas da companhia e os especialistas da firma de auditoria devem elaborar as estimativas contábeis. Os especialistas da própria companhia, apoiando os administradores, preparam suas estimativas conforme mandam as políticas contábeis e regidos pela governança corporativa para poder atender a sua divulgação, e os auditores independentes podem optar por usá-las após corroborá-las. Os auditores independentes podem elaborar suas próprias estimativas atentando para seus enfoques de auditoria e as normas vigentes.

9.4 Guias para auditoria das estimativas contábeis

Embora uma seção específica dos padrões de auditoria comece com guia para auditoria da mensuração de valor justo e divulgação, as evidências obtidas de outras fontes de procedimentos de evidências de auditoria podem ser relevantes para mensuração e divulgação de valor justo. Por exemplo: na execução do procedimento de constatação *in loco* para verificar a assertiva de existência de um ativo mensurado a valor justo, este deve prover evidência relevante sobre a valorização e parte da condição física do bem.

As normas GAAP, FASB e *Statement of Financial Accounting Concepts nº 7, Using Cash Flow Information and Present Value in Accounting Measurements,* definem valor justo como valor que um ativo (passivo) que pode ser adquirido (incorrido) ou vendido (acordado) numa transação entre pares, diferente das da liquidação forçada.

Os itens cujo valor de mercado observáveis não estejam disponíveis são inerentemente imprecisos. Assim, os valores justos podem ser baseados nas assunções das condições futuras, ou eventos incertos, portanto, sujeitos a mudanças com o passar do tempo. Os auditores baseiam suas assunções nas informações a sua disposição na época da auditoria e, neste caso, as imprecisões também podem existir, pois pode ser difícil prever ações dos gestores a respeito de certas assunções relacionadas com valor justo de um ativo e, consequentemente, sua divulgação.

9.5 Exemplo de auditoria das estimativas contábeis

Este exemplo envolve auditoria de estimativas contábeis incluindo mensuração a valor justo.

O primeiro procedimento para avaliar a estimativa é o entendimento das principais premissas utilizadas pela administração por meio de entrevistas aos seus responsáveis.

Suponhamos que o auditor deva auditar um fluxo de caixa não descontado para avaliação de *impairment* do ágio de uma entidade que reporta. O auditor deve realizar o entendimento do **processo** completo de elaboração da estimativa.

Identifica-se no mapeamento do processo quem é o responsável por coletar as premissas e quais são as fontes. Isso é importante para comprovar a validade e a confiabilidade das fontes das informações. Vejamos algumas projeções:

- A projeção de receitas do fluxo de caixa, por exemplo, será elaborada com base em uma capacidade de produção e venda que o auditor compara com a atual e com dados históricos.
- A quantidade de vendas projetada é multiplicada pelo preço médio projetado. Então o auditor a compara com o preço atual dos produtos, busca informações sobre projeções de terceiros (crescimento do PIB, inflação projetada, tendências do setor e do mercado etc.) e a compara com a projeção utilizada nos modelos aplicáveis pela alta administração.
- Os custos são projetados pela administração considerando a margem operacional histórica. Então o auditor compara a margem projetada com as margens calculadas com base nas informações históricas auditadas em exercícios anteriores.

Também cabe ao auditor acompanhar o processo de elaboração e comprovação das projeções. Pode atender a renúncias da administração para discussão das projeções, quem aprova o plano e como o aprovador exercita sua revisão. O auditor obtém evidência por meio de atas das reuniões realizadas e das revisões e aprovações.

Contudo, o auditor evidencia e revisa a estratégia de confiança nos controles por meio das seguintes etapas:

a) condução de entrevista;

b) revisão de documentos;

c) descrição e participação nas reuniões;

d) avaliação de como os relatórios de controles internos são endereçados;

e) Separação dos papéis de trabalho a fim de documentar as evidências coligidas.

Nessa avaliação, o auditor considera o envolvimento de especialistas. Por exemplo:

- **TI** – para avaliação dos controles automatizados para mineração de dados por meio dos bancos de dados das empresas que fomentam captura e geração dos relatórios-chave, fontes das premissas que são utilizadas para elaboração das estimativas.

- ***Valuation*** – para avaliar se o método utilizado (fluxo de caixa não descontado) está adequado com base nas melhores práticas utilizadas pelo mercado e contemplar todos os componentes relevantes, como, por exemplo:
  - custo de pessoal;
  - custo dos ativos contributivos;
  - taxa de desconto; e
  - período de desconto.

Enfim, a eficiência com qual a administração estabelece as estimativas de um ano para outro pode ser medida. Se houve distanciamento em relação ao ano anterior, podemos confiar ou não; aliás, isso gera dúvidas a serem sanadas.

A princípio, os gestores podem navegar entre os patamares de estimativas, sejam elas altas ou baixas. Estando entre os *thresholds*, o auditor não deve levantar questionamentos adicionais.

Exercícios

1. Assinale a afirmativa correta sobre estimativas contábeis, de acordo com a NBC TA 540 – Auditoria de Estimativas Contábeis.

   a) O auditor deve revisar o desfecho das estimativas contábeis incluídas nas demonstrações contábeis do período anterior, de modo a questionar os julgamentos feitos nesse período.

   b) A diferença entre o desfecho da estimativa contábil e o valor originalmente reconhecido ou divulgado nas demonstrações contábeis representa uma distorção.

   c) O potencial para tendenciosidade da administração intencional é inerente em decisões subjetivas, que são, muitas vezes, necessárias na elaboração de estimativa contábil.

   d) O auditor deve revisar as estimativas contábeis para identificar se há indicadores de possível tendenciosidade da administração, de modo a concluir sobre a razoabilidade de estimativas contábeis individuais.

   e) As estimativas contábeis do valor justo, para as quais é usado modelo especializado desenvolvido para a entidade, envolvem pequena incerteza e podem gerar riscos mais baixos de distorção relevante.

2. Assinale a afirmação mais apropriada sobre estimativas contábeis:

   a) Estimativas contábeis precisam ser feitas em todas as áreas cuja precisão monetária é problemática ou talvez impossível, por exemplo: contingências, litígios etc.

   b) A responsabilidade das estimativas é da alta administração e da governança que exerce monitoramento sobre elas.

   c) O auditor deve obter apropriada evidência da razoabilidade das estimativas.

   d) Ao final da auditoria, se o auditor considerar as estimativas impróprias, deve propor ajustes e, se não forem acatados, deve reportar distorções materiais nas demonstrações contábeis.

   e) Todas as afirmações acima.

Planejamento da Auditoria

10

10.1 Conceitos de planejamento da auditoria

A atividade de planejamento é fundamental no processo de auditoria. Os responsáveis pela consecução dos objetivos desta têm várias preocupações, além daquelas referentes aos riscos, as quais citamos:

- valorizar oportunidade dada à equipe de auditoria para executar serviços profissionais e sempre objetivar *insights* que agreguem valor aos negócios de seu cliente;
- desenvolver atividade com menor custo possível sem perder a qualidade exigida;
- atender ao *break-even* daquele serviço, ou seja, controlar a relação entre custo e benefício na obtenção de evidências comprobatórias (adicionais), para substanciar fatos sob avaliação, sem acarretar quaisquer custos (incrementais) ao cliente;
- aumentar suas atividades (escopo) se for necessário, sempre com o consentimento de seu cliente, executando testes que atenuem riscos identificados; e
- distribuir relatórios, em tempo hábil, que contribuam para o sucesso de seu cliente.

Para que essas preocupações sejam atendidas, preliminarmente devem ser levantadas: (i) informações gerais sobre a empresa; (ii) informações sobre negócios da empresa; e (iii) informações sobre as políticas financeiras e contábeis

10.1.1 Informações gerais sobre a empresa

No processo de planejamento, devemos nos assegurar de que os seguintes assuntos sejam discutidos com as informações levantadas:

- eventos especiais e significativos que afetam as operações da empresa;
- unidades e filiais de negócios ou subsidiárias recentemente adquiridas ou vendidas;
- novo ramo de negócios ou produtos agregados à empresa;
- natureza da estrutura operacional e administrativa;
- informações sobre contingências ou incertezas em geral;
- localização e organograma funcional;
- informações específicas que afetem o ramo de negócios;
- situação econômica e política e seu efeito sobre a operação;
- flutuação de mercado e sua penetração;
- fontes de competição e avanços tecnológicos;
- relação vendas/inventários/pedidos e margem de lucros;
- exposição a riscos de moedas estrangeiras.

10.1.2 Informações sobre negócios da empresa

No contexto de negócios da empresa, para facilitar a identificação de fatores críticos de sucesso (FCS), que denomina chances de crescimento ou encolhimento das operações, as seguintes informações são imprescindíveis no processo de planejamento:

- características de produtos e serviços oferecidos;
- características de clientes e o processo de seu atendimento;
- filosofia de marketing, fatia do mercado e prospecção de novos mercados;
- políticas de preços e de ajustamento às tendências de mercado;
- política de flexibilização ou endurecimento da facilidade de crédito;
- processo fabril e de serviços pós-vendas;
- processo de distribuição e de estocagem;
- características de matéria-prima ou serviços e sua volatilidade de custos;
- características de fornecedores e sua localização;
- intensidade de mão de obra e localização de força de trabalho;

- plano de remuneração diferenciada para a categoria ou plano de participação nos resultados;
- natureza de benefícios para os empregados, tais como assistência médica, plano de complementação para aposentadoria, restaurante subsidiado etc.;
- natureza de investimentos em ativo fixo e em tecnologia;
- natureza e extensão de projetos de pesquisa e desenvolvimento de novos produtos, processos ou matéria-prima;
- característica de impostos diretos e indiretos;
- relevância de transações intercompanhias ou com terceiros.

10.1.3 Informações de políticas financeiras e contábeis

Na busca de informações preliminares para o processo de planejamento, levantam-se as seguintes informações contábeis:

- grau de integração de sistemas de informações contábeis;
- procedimentos assumidos a partir das práticas de gerenciamento de caixa, seja na sua falta ou no tratamento do excedente;
- políticas de investimentos, políticas de créditos e os objetivos empresariais;
- grau de alavancagem financeira e a utilização de capital próprio;
- métodos de balanceamento de fluxo de caixa operacional, financiamentos e de investimentos;
- aplicação de ACC e ACE;
- políticas de dividendos;
- políticas orçamentárias; e
- procedimentos de planejamento tributário.

10.2 Materialidade no planejamento de auditoria

No processo de planejamento, é imprescindível que seja determinado o valor aceitável de erros de desvio, julgados como material nas demonstrações financeiras que o auditor estará atestando. O conceito de materialidade é inerente ao trabalho do auditor, uma vez que irá obter bases sólidas para sustentar seu parecer, com relação aos itens mais significativos e mais suscetíveis e/ou sujeitos a erros.

Informação é material, uma vez que ela pode influenciar nas decisões dos usuários das demonstrações financeiras. É o menor nível agregado de erro contábil, que pode ser considerado relevante para um ou mais componentes que integram as demonstrações financeiras.

A determinação da materialidade de planejamento é muito complexa e requer um senso de julgamento profissional avançado do próprio auditor. O referido julgamento pode mudar de empresa para empresa e, também, reflete a respeito dos dados qualitativos, da situação operacional e das atividades da empresa sob análise.

Os principais objetivos da determinação de materialidade de planejamento são:

- estimar, em níveis toleráveis, os erros de desvio dos números transferidos de razão geral para as demonstrações financeiras;
- auxiliar na determinação dos escopos de trabalho; e
- auxiliar na avaliação de efeitos dos erros e de desvio sobre as demonstrações financeiras.

Geralmente, podemos definir a materialidade de planejamento utilizando um dos seguintes critérios:

- 2% de ativos circulantes ou de patrimônio líquido;
- 10% de lucro líquido de outros exercícios; e
- 0,5% até 3% da receita líquida.

10.3 Fundamentos de riscos no planejamento de auditoria

O conhecimento de risco de auditoria é fator preponderante no processo de planejamento e, também, para se exercer melhor prestação de serviços profissionais sob medida, uma vez que, com a diversidade de ambientes de negócios e com seus problemas peculiares, não podemos generalizar os riscos que podem aparecer. Conforme Simunic e Stein (1990), há que se sugerir que auditores utilizem enfoque de administração de portfólios para gerenciar riscos de auditoria.

Geralmente, dividimos em dois os tipos de riscos que os auditores esperam nas organizações. São os riscos inerentes e os riscos de controle.

Os riscos inerentes são aqueles que surgem no decorrer do desenvolvimento dos negócios e produtos, incluindo a integridade dos sócios e da administração, a equipe que implementa as estratégias para diferenciar uns do outros e os fatores que influenciam no sucesso das organizações. O risco inerente é a suscetibilidade de um saldo de conta ou do tipo de transação à falha material originada dos sócios, da estratégia de negócios da empresa e dos produtos, antes de se considerar a eficiência dos controles internos.

Os riscos de controle interno dependem da eficiência gerencial. Eles são preocupantes caso deixem de detectar um erro igual ou maior que o erro tolerável, para os dados contábeis que estão sendo testados. Em outras palavras, é o risco de que os controles internos não sejam efetivos ou deixem de prevenir ou detectar erros materiais em tempo hábil. Dizem respeito à possibilidade de descumprimento das normas contábeis, dos procedimentos operacionais e das políticas empresariais.

Todavia, enquadramos uma empresa no modelo demonstrado na Tabela 10.1 para uma visão fotográfica e decisão sobre o enfoque de trabalho a ser tomado.

Tabela 10.1 Modelo de segurança de auditoria

Fontes	(a)	(b)	(c)	(d)
Inerente	0,0	0,0	1,0	1,0
Controle Interno	2,3	0,0	1,3	0,0
Testes Substantivos	0,7	3,0	0,7	2,0
Total	**3,0**	**3,0**	**3,0**	**3,0**

No entanto, com o pressuposto de riscos específicos identificados, em (a) podemos decidir confiar nos controles e executar um nível básico de testes substantivos e em (b), não confiar nos controles e executar testes substantivos dirigidos. Num pressuposto de havermos identificado riscos específicos, em (c) podemos decidir confiar nos controles e executar um nível básico de testes substantivos, e em (d) não confiar nos controles e executar um nível intermediário de testes substantivos.

Consequentemente, tomando como base essas decisões expostas em (a), (b), (c) e (d), estaremos decidindo com bases de confiança e níveis de segurança, como demonstra a Tabela 10.2.

Tabela 10.2 Confiança e segurança depositada nos controles internos

R (Confiança)	S (Segurança)
0,7	50%
1,0	63%
1,3	74%
2,0	86%
2,3	90%
3,0	95%

10.3.1 Avaliação de riscos e erros potenciais

A avaliação do risco (aparente) de controle interno, no processo de planejamento de auditoria, tem finalidade primordial para orientar os auditores quanto à preocupação dos gestores da empresa. Auxilia na definição dos procedimentos de controle a serem testados, para mitigar prováveis riscos de erros. Isso também regerá a extensão dos testes substantivos que devem ser feitos posteriormente. Geralmente, numa avaliação global, informações preliminares sobre os seguintes itens devem ser colhidas para tomada de decisão inicial sobre a empresa em processo de auditoria:

- compreender o ambiente de controle;
- compreender as características da administração, sua filosofia, estilo de operação e compromissos com relatórios financeiros corretos;
- compreender o ambiente de negócios e a cultura organizacional;
- compreender o compromisso da administração para projetar e manter sistemas contábeis confiáveis;
- compreender a habilidade da administração para controlar o negócio;
- estrutura organizacional;
- métodos para designar autoridade e responsabilidades;
- supervisão e monitoramento;
- métodos de controle da alta administração;
- consideração das atividades da diretoria; e
- documentação dos processos operacionais.

Adicionalmente, se decidirmos avaliar o risco em nível de contas contábeis e apontar os erros potenciais a que as referidas contas são suscetíveis, devemos classificá-los em erros potenciais, relacionados com transações contábeis, e erros relacionados com a preparação e a divulgação das demonstrações financeiras. Esses fundamentos podem ser vistos no Quadro 10.1.

Quadro 10.1 Erros potenciais relacionados a transações e às demonstrações financeiras e suas interpretações

Erros potenciais relacionados a transações	
INTEGRIDADE	Preocupação de que as transações não são registradas. Todas as transações (integridade de créditos) válidas que realmente ocorreram deverão ser contabilizadas nos livros contábeis.
VALIDADE	As transações registradas não são válidas. Débitos registrados (validade de débitos) deverão representar transações que realmente ocorreram ou ativos que existem.
REGISTRO	As transações são registradas de forma inexata (valor, classificação, resumos). Os créditos (registro a menor de créditos) deverão ser contabilizados e sumarizados em valores que não sejam menores do que os valores apropriados.
CUT-OFF	As transações são registradas nas contas no período incorreto. Todas as transações (antecipação de créditos ou postecipação de débitos) que ocorreram no período corrente deverão ser registradas neste, e não no período subsequente.
Erros potenciais relacionados às demonstrações financeiras	
VALORIZAÇÃO	Ativos e passivos estão valorizados incorretamente.
APRESENTAÇÃO	O saldo das contas de balanço é apresentado de forma enganosa ou não revela todas as informações necessárias a uma interpretação adequada.

Os riscos aos quais os sistemas e/ou transações contábeis são expostos podem ser internos e externos. A probabilidade de ocorrência é estimada para que possamos quantificar os riscos de um sistema como alto, moderado ou baixo. Ao inferirmos sobre a existência de riscos, preocupamo-nos com os seguintes itens:

- Registros contábeis incorretos – transações são registradas de forma incorreta, por valor inexato, classificadas incorretamente ou registradas nas contas contábeis no período incorreto.

- Falta de padrões contábeis – aplicação dos padrões contábeis geralmente não aceitos ou apresentação das informações sem cumprimento dos padrões profissionais e exigências legais.
- Paralisação de negócios – paradas prolongadas que ameaçam as operações da empresa e até a sua continuidade.
- Decisões gerenciais incorretas – decisões tomadas a partir de relatórios gerenciais incorretos ou incompletos, podendo causar erros de julgamento.
- Fraudes e desfalques – sonegação de verbas e utilização de informações para vantagens próprias.
- Litígios fiscais e trabalhistas – penalidades (contingências) decorrentes do não atendimento a exigências fiscais e trabalhistas.
- Aumento excessivo de custos – custos ou despesas desnecessários.
- Perda ou destruição de ativos – perdas não intencionais de ativos ou informações sigilosas.
- Desvantagem competitiva – incapacidade de uma organização atender, efetivamente, às exigências do mercado e a desafios tecnológicos, utilizando seus recursos como vantagem competitiva.

10.3.2 Avaliação de risco aparente dos sistemas aplicativos

Para exercitar o processo de avaliação dos riscos citados acima, tomamos como analogia o *controller* de uma empresa, que tem preocupação sobre todos os sistemas aplicativos da área de controladoria. Como restrição para controle de custos da área, ele não quer auditar todos os referidos sistemas. No entanto, os auditores podem avaliar risco aparente dos sistemas aplicativos e apresentar, em forma de prioridade, quais sistemas apresentam maiores riscos e quais não geram preocupação para que iniciem a auditoria.

Nesse sentido, a partir dessa avaliação, os auditores podem proceder ao planejamento detalhado dos trabalhos para os sistemas que apresentam maiores riscos de controle. A princípio, são estes sistemas que poderiam comprometer os objetivos da controladoria e, sem sombra de dúvidas, a missão da empresa como um todo.

Como exemplo, identificamos, mediante os critérios de modelo sugerido pelo *Institute of Internal Auditors* – IIA (Altamonte Springs, Flórida, EUA) constante na Tabela 10.3, a avaliação de risco do sistema aplicativo de contas a pagar. Nesta avaliação, suponhamos que a exposição ao risco dessa aplicação para todos os itens de avaliação sejam baixos. Como consequência, o somatório obtido durante a avaliação é de 9,3. Neste contexto, os auditores não iriam auditar o sistema, uma vez que os controles são efetivos.

Tabela 10.3 Avaliação de risco do sistema aplicativo de contas a pagar – pressuposto de risco baixo

Exposição ao risco	Baixo	Médio	Alto	Peso	Nota
Registros contábeis incorretos	1 0,3	3 0,5	5 0,	1	0,3
Falta de padrões contábeis	1 0,3	3 0,5	5 0,8	1	0,3
Paralisação de negócios	**1** **0,3**	**3** **0,5**	**5** **0,8**	**5**	**1,5**
Decisões gerenciais incorretas	**1** **0,3**	**3** **0,5**	**5** **0,8**	**5**	**1,5**
Fraudes e desfalques	1 0,3	3 0,5	5 0,8	3	0,9
Litígios fiscais e trabalhistas	1 0,3	3 0,5	5 0,8	3	0,9
Aumento excessivo de custos	**1** **0,3**	**3** **0,5**	**5** **0,8**	**5**	**1,5**
Perda ou destruição de ativos	1 0,3	3 0,5	5 0,8	3	0,9
Desvantagem competitiva	1 0,3	3 0,5	5 0,8	5	1,5
				Total	9,3

Na Tabela 10.4, continuamos com a avaliação de risco do sistema aplicativo de contas a pagar. Nesta avaliação, ficamos com o pressuposto de que a exposição ao risco dessa aplicação para todos os itens de avaliação sejam médios. Como consequência, o somatório obtido durante a avaliação é de 46,5. Neste contexto, os auditores não iriam discutir a necessidade de se auditar o sistema, uma vez que os controles são moderadamente efetivos.

Tabela 10.4 Avaliação de risco do sistema aplicativo de contas a pagar – pressuposto de risco médio

Exposição ao risco	Baixo	Médio	Alto	Peso	Nota
Registros contábeis incorretos	1 0,	3 0,5	5 0,8	1	1,5
Falta de padrões contábeis	1 0,3	3 0,5	5 0,8	1	1,5
Paralisação de negócios	**1** **0,3**	**3** **0,5**	**5** **0,8**	**5**	**7,5**
Decisões gerenciais incorretas	**1** **0,3**	**3** **0,5**	**5** **0,8**	**5**	**7,5**
Fraudes e desfalques	1 0,3	3 0,5	5 0,8	3	4,5
Litígios fiscais e trabalhistas	1 0,3	3 0,5	5 0,8	3	4,5
Aumento excessivo de custos	**1** **0,3**	**3** **0,5**	**5** **0,8**	**5**	**7,5**
Perda ou destruição de ativos	1 0,3	3 0,5	5 0,8	3	4,5
Desvantagem competitiva	1 0,3	3 0,5	5 0,8	5	7,5
				Total	46,5

Na Tabela 10.5, continuamos, também, com a avaliação de risco do sistema aplicativo de contas a pagar. Nesta avaliação, ficamos com o pressuposto de que a exposição ao risco da aplicação para todos os itens de avaliação sejam altos. Como consequência, o somatório obtido durante a avaliação é de 124. Neste contexto, os auditores, indiscutivelmente, iriam auditar o sistema, uma vez que os controles não são efetivos.

Tabela 10.5 Avaliação de risco do sistema aplicativo de contas a pagar – pressuposto de risco alto

Exposição ao risco	Baixo	Médio	Alto	Peso	Nota
Registros contábeis incorretos	1 0,3	3 0,5	5 0,8	1	4,0
Falta de padrões contábeis	1 0,3	3 0,5	5 0,8	1	4,0
Paralisação de negócios	**1** **0,3**	**3** **0,5**	**5** **0,8**	**5**	**20,0**
Decisões gerenciais incorretas	**1** **0,3**	**3** **0,5**	**5** **0,8**	**5**	**20,0**
Fraudes e desfalques	1 0,3	3 0,5	5 0,8	3	12,0
Litígios fiscais e trabalhistas	1 0,3	3 0,5	5 0,8	3	12,0
Aumento excessivo de custos	**1** **0,3**	**3** **0,5**	**5** **0,8**	**5**	**20,0**
Perda ou destruição de ativos	1 0,3	3 0,5	5 0,8	3	12,0
Desvantagem competitiva	1 0,3	3 0,5	5 0,8	5	20,0
				Total	124,0

Exercícios

1. Na equipe de auditoria, ao discutir a estratégia e os padrões aplicados à indústria de seu cliente, a primeira tarefa do auditor durante o planejamento é:

    a) Definir os *trade-offs*.

    b) Definir a estratégia de confiança nos controles.

    c) Desenvolver estratégia de amostragem estatística.

    d) Compreender os ambientes dos negócios do cliente e os objetivos.

2. A abordagem que o auditor deve adotar para planejar a busca de evidências corroborativas deve-se basear principalmente em:
   a) Risco.
   b) Materialidade.
   c) Ceticismo profissional.
   d) Suficiência da evidência.
3. Considere o seguinte cenário: durante o planejamento de auditoria, o auditor estabelece nível de risco aceitável e providencia avaliação de risco inerente e de controles internos. Assim, ao iniciar os testes dos controles independentes, o auditor percebe que está abaixo das expectativas e decide aumentar o nível de risco de controles internos. O que acontece se o auditor decide manter inalterado o nível de risco de detecção já planejado anteriormente?
   a) O auditor não atingirá o nível aceitável do risco de auditoria.
   b) A fim de compensar sua decisão, a estratégia da auditoria mudará, visando ao aumento de evidências.
   c) A fim de compensar sua decisão, a estratégia da auditoria mudará, visando à redução de evidências.
   d) O auditor irá baixar o nível de risco inerente avaliado.
   e) O auditor irá aumentar o nível de risco aceitável na auditoria.

Controle de Qualidade de Auditoria

11

11.1 Conceitos de controle de qualidade de auditoria

Controlar a qualidade de auditoria é assegurar que os processos de auditoria inspirem a confiabilidade razoável, que as atividades de auditoria foram executadas em conformidade com as normas de auditoria e seguindo os códigos de ética profissional.

A qualidade é um grau de excelência, valor, características, atributos de um homem, dada uma proposição para um objeto. As características afirmativas ou negativas atribuídas à nobreza sinalizam sua qualidade. Por exemplo: a qualidade de vida é o padrão básico para uma vida moderna satisfatória e não ameaçada pela sociedade de consumo. A partir disso, derivamos várias fases de qualidade em objetos, bens ou serviços.

Associar uma qualidade a um objeto é dar um valor relativo. Seus atributos podem ser medidos qualitativa ou quantitativamente. De acordo com um notório autor, Philip Crosby, a qualidade está em conformidade com os pré-requisitos. Ainda sobre o tema, a ASQC (*American Society for Quality Control* – Sociedade Americana de Controle de Qualidade) afirma que a qualidade é a totalidade de requisitos e características de um produto ou serviço, o que estabelece capacidade para satisfazer a uma necessidade determinada. A ISO – Organização Internacional de Padronização define a qualidade como a totalidade das características de uma entidade que lhe confere capacidade para satisfazer uma necessidade implícita e explícita.

De acordo com os Padrões de Auditoria Geralmente Aceitos do Brasil (14.1.1.2 da NBC T 14), a qualidade de auditoria é medida pelo cumprimento dos padrões técnicos e profissionais estabelecidos pela Federação Brasileira de Contadores e, de outra forma, por meio dos pronunciamentos do Instituto dos Auditores Independentes do Brasil (IBRACON) e, eventualmente, por meio das normas emitidas pelos órgãos reguladores.

Historicamente, a revisão da qualidade foi vista como um processo de autoavaliação que é bem-vinda por todos os parceiros e equipes de trabalho, particularmente porque cultura e consciência de controle são disseminadas entre as empresas. Também as empresas de auditoria de segundo nível seguem esses exemplos das maiores firmas de auditoria independentes. Não há dúvida de que isso continua a se expandir; a demanda como preocupação com a minimização do risco por meio de testes dos controles atenuantes e a qualidade da auditoria são confrontadas com abordagens questionáveis que funcionam em desacordo com os padrões de auditoria geralmente aceitos.

11.2 Questões que regem qualidade

Alguns pontos que merecem reflexão são debatidos quando se fala na revisão de qualidade do auditor e, em nível extremo, na auditoria do auditor feita por outro auditor. São eles:

- As inspeções influenciariam o comportamento do auditor?
- Haveria impacto na qualidade da auditoria?
- Haveria razões essenciais para sair da indústria?
- Isso resultaria na consolidação do mercado de auditoria?
- A qualidade do relatório financeiro melhorou após a SOX (Lei Sarbanes-Oxley)?
- Os pontos fracos identificados pelas inspeções do PCAOB são representativas e/ou triviais?

11.3 Revisão de qualidade na equipe

Esse tipo de revisão de qualidade é inerente à estrutura da equipe da auditoria. O sócio que tem responsabilidade sobre toda a equipe revisa a qualidade desta como um todo. E, hierarquicamente, quando se desce na pirâmide, depara-se com responsabilidade de revisar o trabalho de um subordinado, passando sucessivamente por gerente, supervisor, sênior, semi-sênior, assistente e *trainee*.

A hierarquização da equipe de *engagement* no trabalho de auditoria, ou seja, a classificação de perfis de auditores em Parceiros, Gerentes, Supervisores, Seniores, Terceiros, Assistentes e Estagiários, delega responsabilidades de acordo com habilidades e experiências adquiridas ao longo de anos de prática profissional.

Assim, durante a execução dos trabalhos de auditoria, para cumprir o escopo dos trabalhos, o auditor anexa sua assinatura aos documentos de trabalho, para assegurar que os procedimentos existentes dos programas de auditoria foram executados e podem ser responsabilizados por qualquer equívoco derivado de documentação errada de atos e fatos contábeis. Além disso, quando os superiores atestam o trabalho realizado como analisado, também atuam em conjunto com o preparador, sem qualquer desculpa para falsas declarações errôneas. A conclusão de cada auditoria oferece uma oportunidade significativa para buscar e responder às percepções do cliente sobre a qualidade do nosso serviço.

É possível que se tenha também dois ou mais sócios envolvidos na revisão e acompanhamento dos serviços de alguns clientes; assim acabam os outros se caracterizando como sócios revisores no mesmo escritório.

Salienta-se que esse processo orienta as promoções que são frequentes nas empresas de auditoria.

11.4 Revisão de qualidade intrafirma

A revisão de qualidade entre escritórios da mesma firma, também conhecida por "*inter-office quality review*", é o processo de revisão de qualidade instituída pela mesma firma e consta como regra a ser obedecida na metodologia das firmas de auditoria.

Tem como principal objetivo avaliar se as expectativas de serviços dos principais clientes estão sendo alcançadas. Os clientes referendados normalmente aos "*fagship clients*", que nenhuma firma de auditoria gostaria de perder, costumam ter tratamento diferenciado de serviços aos clientes e de atendimentos aos padrões específicos.

Normalmente, por exemplo, desloca-se um sócio revisor de Turim, Itália, para escritórios de auditoria no Brasil a fim de verificar os papéis de trabalho da firma de auditoria no Brasil referentes à auditoria da Fiat. Outro exemplo pode vir de um sócio revisor de Detroit deslocado para São Paulo a fim de revisar os papéis de trabalho da firma de auditoria com vista na qualidade de auditoria na GM.

11.5 Revisão de qualidade de pares

Revisão de pares, como o nome sugere, é feita entre duas empresas de auditoria. A lei local, com sanção da CFC e da CVM, regulamenta a atribuição de auditores para fazer revisão de pares.

As empresas de mesmo nível, como as *Big Four* (PwC, Deloitte, KPMG e EW), se alternam entre si para fazer essas avaliações de qualidade.

Embora atraia a possibilidade de corporativismo questionada por alguns, o profissionalismo reina entre essas firmas e as responsabilidades éticas têm governado sua atuação.

A revisão entre as empresas de pequeno porte acaba sendo feita alternando-se entre regiões.

11.6 Revisão de qualidade de organismos reguladores

No Brasil, o Comitê Administrador do Programa de Revisão Externa de Qualidade, do Conselho Federal de Contabilidade (CFC), orienta essa revisão de qualidade.

Revisão de qualidade de organismos reguladores como o PCAOB é atividade de destaque bastante notória, que mostra a seriedade da atuação quanto à cobrança de qualidade.

É caracterizada por auditores que auditam os próprios auditores. Neste caso, com a instituição para lei americana de Sarbanes-Oxley, as penas são severas sobre a falta de qualidade de auditoria que venha a resultar nas distorções materiais das demonstrações contábeis.

Normalmente, as equipes de auditores do PCAOB são dirigidas de forma independente para avaliar alguns serviços selecionados aleatoriamente entre os vários serviços de uma firma de auditoria. Elas se planejam para avaliação da qualidade daquele serviço e reportam ao comitê superior aliado à SEC americana.

Exercício

1. Conforme Joseph M. Juran (1952), "qualidade é a adequação ao uso". Partindo dessa premissa, como você explicaria os processos que constituem qualidade das atividades de auditoria tomando como base a equipe constituída?

Modelo de Testes em Auditoria

12

12.1 Conceitos de modelo de testes em auditoria

Com base na visão geral de alto nível do negócio, as expectativas dos sistemas de controle interno e os saldos das contas contábeis irão orientar todos os testes que forem realizados. Com efeito, os procedimentos de testes de auditoria independentes devem incluir obrigatoriamente os testes de controle (observância) e substantivos.

O modelo de AUDTM da Figura 12.1 contribui para melhor entendimento.

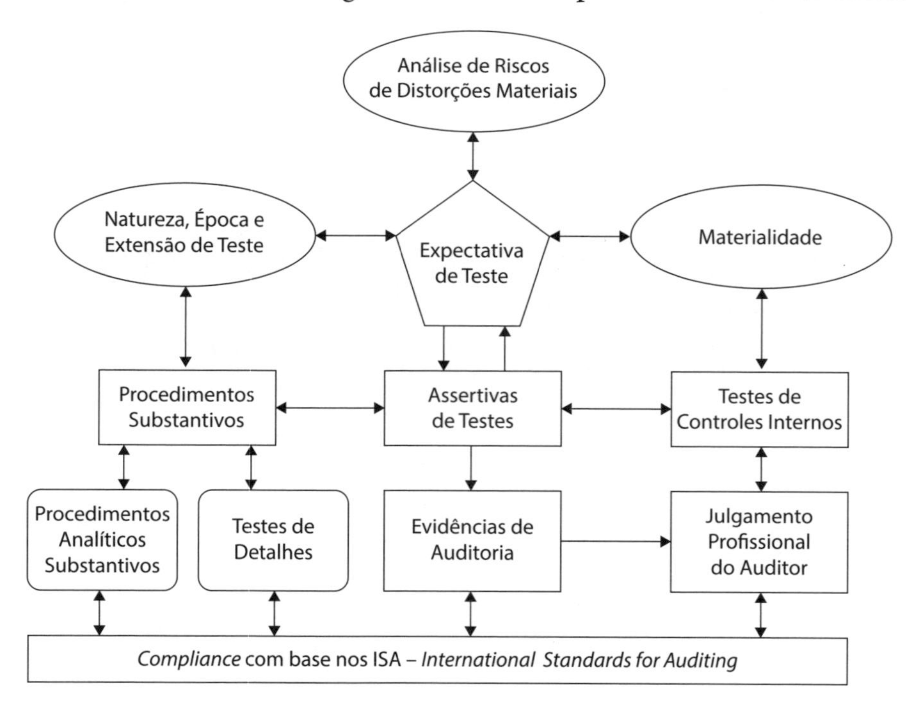

Figura 12.1 Modelo de teste de auditoria (AUDTM).

12.2 Expectativas de testes

Se a **expectativa** se encontrar dentro do esperado de efetividade de procedimentos de controles internos, mais teste de controle será realizado de forma que se possa aliviar a equipe de auditoria de um extenso teste substantivo – em outras palavras, queima do orçamento com testes de detalhes.

Se as expectativas são elevadas, a fim de corroborar os saldos e confirmar as assertivas, há a necessidade de realizar maior número de testes substantivos e detalhados. Dependendo das expectativas e das assertivas ou afirmações atribuídas, as pessoas são capazes de determinar a extensão dos testes. Por exemplo, o auditor pode ter uma expectativa de que as contas a receber possam oscilar em torno de 10% entre dois períodos. Assim, as afirmações seriam construídas para atender tal expectativa. Em outro aspecto, pode-se ter uma expectativa de que as despesas de manutenção cresçam 15% para as máquinas usadas por alguns funcionários que receberam maior número de horas de formação continuada, em comparação com aqueles que receberam número menor de formação, em especial para testar a eficácia do treinamento de funcionários.

As expectativas de auditoria são na sua maioria expressas por afirmações, seja no nível de controle interno ou nos saldos contábeis, cujo aspecto é quantitativo quanto à revisão e é operacionalizado com as afirmações que refletem os saldos contábeis de forma a realizar os testes substantivos e detalhados. Representam a tentativa de fornecer um serviço perspicaz, um relatório de alta qualidade e proteção da imagem da empresa de auditoria.

Os riscos são inúmeros no ambiente de negócios. São eles: de geopolítica, operacionais, financeiros, de crédito, sucessórios e legais. Outros são competitivos, ambientais e cibernéticos. Entre esses, os auditores analisam os riscos categorizados em *risco inerente* e *risco de controle interno*, de modo a determinar o nível de *risco de detecção*, assim, o risco de distorção é relevante nas demonstrações financeiras. Digno de nota que, apesar de a avaliação de risco ser muito enfatizada nas fases preliminares e de planejamento de auditoria, a avaliação de risco permeia todas as etapas de auditoria. Ou seja, desde aceitação e assinatura da carta de intenção (*engagement charter*) até a emissão de carta de representação, *wrap-up* e emissão de parecer de auditoria.

Quanto maior o risco, menor a **materialidade** que vai seguir em conjunto; em outras palavras, é inversamente proporcional. Além disso, quanto maior o risco, mais ampla a seleção da amostra necessária para cobrir a população sob revisão da razoabilidade.

Com materialidade baixa, o auditor geralmente precisa coletar mais **evidências** de auditoria, uma vez que teria de aumentar o volume de documentos a serem recolhidos. Um balde é usado no sentido figurativo como necessário para ser preenchido pelo auditor no processo de coleta de provas, a fim de o satisfazer: quando o balde enche, o auditor cessa de recolher evidência.

Durante o primeiro contato com os executivos, o auditor realiza o **procedimento analítico**, tentando avaliar a razoabilidade das demonstrações contábeis que estão sendo apresentadas para a certificação. Os procedimentos analíticos olham para as relações causais entre dados financeiros e não financeiros que podem levar à distorção. Isso normalmente é administrado por uma equipe de trabalho experiente.

Os **controles internos** são testados quanto à sua efetividade. Se não existirem os controles, não há como testá-los. Então, outros procedimentos precisam ser olhados, a fim de reduzir os riscos identificados. Para que a confiança nos controles exista, caso um controle testado não esteja a contento, outro controle compensatório deve ser testado para mitigar riscos. Entretanto, os testes de controle interno destacarão as sobreposições das funções gerenciais que levam à distorção.

O **Teste substantivo**, mesmo que também possa ser chamado de procedimento substantivo, na medida em que todos os testes realizados com exceção dos testes de controle interno são conhecidos por mérito de procedimentos substantivos, é muito rico e complementar.

Os **Testes de detalhes** preocupam-se com: somatória, reconciliações, análise de correspondência, correlações, investigação minuciosa dos saldos e verificação de entradas de diário por CAAT (*computer aided audit tools* – técnicas de auditoria auxiliadas por computador). Outros testes são as contagens físicas e de confirmação de terceiros.

A triangulação dessas variáveis, com certeza, retrataria o nível e a extensão dos testes que o auditor terá de executar.

Assertivas, também denominadas **afirmações**, são algumas suposições relativas aos procedimentos de controle interno e substantivo para os sistemas de contabilidade e também expressam os saldos contábeis por testes. Essas suposições são passíveis de confirmação ou de serem refutadas. Neste estudo, utilizaremos alternadamente esses conceitos para dizer o mesmo.

Se pudéssemos mergulhar na forma como esses elementos da estrutura de auditoria são correlacionados, seria imperativo afirmar que a avaliação preliminar pelo sócio de auditoria é um **procedimento analítico** que é inicialmente realizado com o primeiro contato com o cliente. Aqui, depois de receber a análise de demonstrações contábeis, realiza-se uma visão geral de alto nível, levantando, se houver, as *red flags* aparentes de forma qualitativa e assim desenhando um quadro inicial de risco de auditoria.

12.3 Julgamentos profissionais do auditor

A fim de resumir todos os atributos mencionados acima, é o **julgamento profissional** que alimenta todo o posicionamento do auditor. Na verdade, ele serve como uma vantagem competitiva do profissional.

Ele é cultivado juntamente com o desenvolvimento profissional na empresa. Daí que o sócio de auditoria e o *trainee* estão nos dois extremos da profissão de auditoria, mostrando a realidade da profissão. Um deles se encontra no nível de aconselhamento no vértice da pirâmide e o outro, na parte inferior e operacional, no início do desenvolvimento de nível de conhecimento técnico.

Geralmente, quando o auditor alcança o vértice cognitivo de julgamento profissional, ele atinge o seu nível mais alto de aconselhamento. No entanto, isso depende de sua maturidade em relação às questões relativas a governança, normas contábeis, finanças e negócios, operações, investimentos, prestação de contas e divulgação. Outras são questões relacionadas a impostos, infraestrutura, suborno e corrupção e, por último, burocracia.

Em conclusão sobre a estrutura, embora já tenhamos explicado alguns elementos desse modelo anteriormente, aqueles explicados neste capítulo podem não ser sequenciais, como mostrado no modelo, porque o processo de auditoria é recursivo e repetitivo até que evidências inseridas no *balde* que exemplificamos figurativamente começam a transbordar.

12.4 Riscos de auditoria

Os riscos de auditoria são aqueles que o auditor avalia em serviço de asseguração como da auditoria, quando ele aceita a incumbência de atestar a veracidade das demonstrações contábeis tomando três decisões cruciais envolvendo definição da natureza dos testes, a época e os exames a serem feitos.

Basicamente, antes de assinar a concordância com os termos de serviço ou *engagement charter*, ele já teria ponderado o risco de serviço que abarca o **risco ético**, o **risco moral** e o **risco de rentabilidade do serviço** do auditor. Haja vista a necessidade de manter o escritório de auditoria e também uma equipe qualificada e devidamente treinada.

O risco de auditoria é analisado em pormenor na fase de planejamento e, posteriormente, avalia-se como o processo de auditoria vai continuar. Assim, ele permeia cada etapa do processo executado pelo auditor. Uma visão geral de alto nível resume esses riscos em risco inerente, risco de controle interno e risco de detecção.

O **risco inerente** tem a ver com a estrutura física do negócio, os fatores que afetam o processo de produção e, finalmente, a estrutura de governança.

O **risco de controle interno** é o risco de que os procedimentos de controle interno possam não ser efetivos para evitar a ocorrência de erros e desvios materiais.

O **risco de detecção** é o risco de que o auditor possa não ser capaz de detectá-los no decurso de auditoria. É resultado de vários fatores, tais como fraudes, abordagens limitadas, metodologias enviesadas, para mencionar apenas alguns. Na auditoria baseada em risco, os recursos são alocados com prudência em contas que provavelmente apresentarão risco de desvios materiais. Entretanto, se os auditores não anteciparem essa estratégia e se a alta gestão tiver intenções de fraudar o balanço, conhecendo as estratégias de auditoria, tudo seria feito para frustrar o processo e assim aumentar o risco de detecção.

Como analogia, o auditor tem de se desdobrar inesperadamente com uma tentativa de determinar o nível de riscos associados às operações e às transações econômicas e financeiras no *engagement* e seus ambientes. Por exemplo, Imoniana e Gartner (2008) observam que um critério que mostra "o nível de risco de serviço irrelevante motiva maiores expectativas para a auditoria", como resultado dos seguintes atributos de risco:

- Risco inerente = irrelevante.
- Controle interno = moderado.
- Risco de detecção = baixo.

Esses mesmos autores indicam que a avaliação do risco de auditoria corporativa corrobora resultados anteriores ao mostrar o mesmo nível de risco irrelevante, como segue na Tabela 12.1, considerando a análise multicritério.

Tabela 12.1 Atributos de risco corporativo e de auditoria por multicritério.

Critério de Risco rc^j_i	Circunstâncias Padrão	Função do Valor $v\ (rc^j_i)$	Atributo de Risco
Risco Inerente $w^j_i = 0{,}682$ $v^j_i = \mathbf{5}$	1. Integridade da gerência duvidosa	1,00	Muito significante
	2. Natureza de negócios da entidade e constantes projetos de mudança tecnológica	0,75	Significante
	3. Pressões inusitadas influenciando gerência	0,50	Moderado
	4. Índice de rotatividade de gestores	0,25	Baixo
	5. Ajustes de planos de negócio para atender a cenários de mudanças sociais, econômicas e políticas	**0,00**	**Irrelevante**

Critério de Risco rc^j_i	Circunstâncias Padrão	Função do Valor $v\ (rc^j_i)$	Atributo de Risco
Risco de Controle Interno $w^j_i = 0{,}082$ $v^j_i = \mathbf{3}$	1. Implementação de habilidades gerenciais eficazes	1,00	Muito significante
	2. Falta de consciência de controle	0,75	Significante
	3. Ambiente de negócios e de controles desestrurado	**0,50**	**Moderado**
	4. Medidas punitivas flexíveis para transgressão e descumprimento de controles internos	0,25	Baixo
	5. Exercício de gestores eficaz no monitoramento de *compliance*	0,00	Irrelevante
Risco de Detecção $w^j_i = 0{,}236$ $v^j_i = \mathbf{4}$ $w^j = 0{,}167$	1. Ocultação de provas iminentes de distorção das demonstrações contábeis	1,00	Muito significante
	2. Obstáculos que influenciam a natureza, a época e a extensão dos procedimentos substantivos	0,75	Significante
	3. Competências para projeto e implementação de procedimentos analíticos e substantivos para rastrear transações incomuns	0,50	Moderado
	4. Revisão de metodologia de auditoria pela firma para mitigar esse risco	**0,25**	**Baixo**
	5. Assegurar carta de representação para prevenir abordagem de auditoria ineficaz	0,00	Irrelevante

Nível de Risco de Auditoria (SR) = 0,100 Irrelevante

Nível do Risco Corporativo de Auditoria (CAR) = 0,203 Irrelevante

Fonte: Imoniana e Gartner (2008).

12.5 Riscos de distorções materiais

As preocupações sobre risco de distorções materiais (RMM – *risk of material misstatement*) se estende para além dos procedimentos de controle interno que sejam fracos. Ou se prolongam na medida em que surjam os procedimentos substantivos que são, por sua vez, replicados em procedimentos analíticos e testes de detalhes. A análise da RMM permeia todos os procedimentos realizados pelo auditor desde o início da auditoria até o final.

Por exemplo, considere as analogias dos cenários expressos nos gráficos das Figuras 12.2 e 12.3, em que o treinamento foi concedido aos empregados em relação a um sistema de ERP implementado recentemente, cujas estatísticas de usabilidade foram prejudicadas com resultado fraco devido aos parcos conhecimentos do sistema, reduzindo assim o risco inerente de tal sistema colocado pelos sistemas legados que correram por quase 25 anos em formato independente. Essa medida corretiva sobre o risco inerente pode ter impacto sobre outros riscos.

Assim sendo, o sistema de contabilidade geral não foi integrado com os sistemas auxiliares, portanto, necessita de reentrada dos resultados do sistema de folha de pagamento, sistema de ativo fixo, sistema de custeio, sistema de compras, sistemas de faturamento, e assim por diante.

1º Tri.
2º Tri.
3º Tri.
4º Tri.
RMM
Níveis
Treinamento

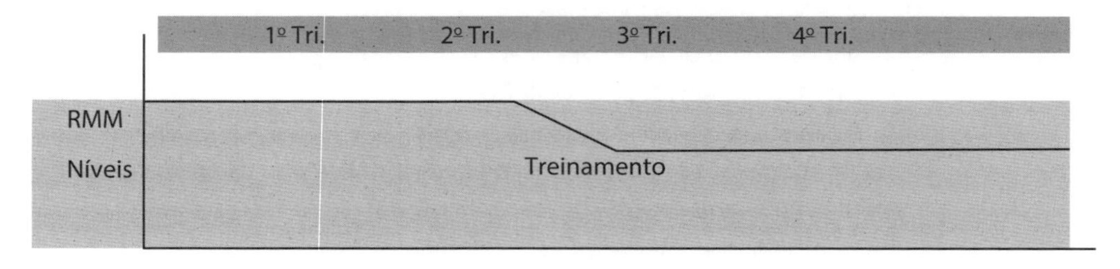

Figura 12.2 RMM após o treinamento.

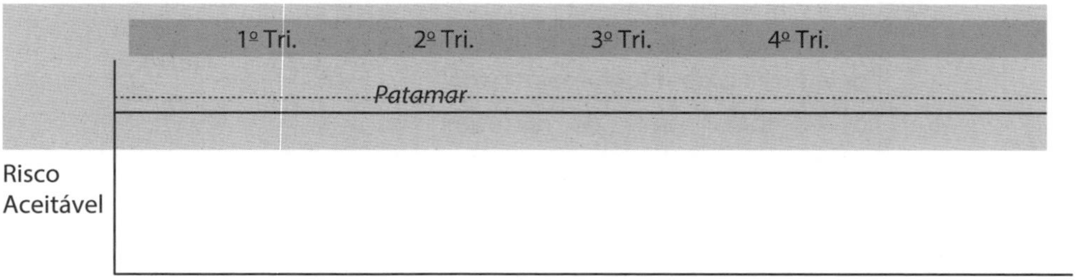

1º Tri.
2º Tri.
3º Tri.
4º Tri.
Patamar
Risco
Aceitável

Figura 12.3 Risco aceitável de auditoria.

Portanto, quando RMM aumenta, o auditor geralmente, deve planejar a coleta de mais evidências. Aqui, porém, o risco aceitável de auditoria (AAR) ou erro tolerável irá decrescer além do aumento de RMM, por isso o auditor deve elevar a evidência planejada de auditoria a um grau significativo.

Nessa situação, pode haver o risco de aceitação incorreta quando a análise é tendenciosa. Por exemplo, se em vez de adotar tamanhos de amostra com base em amostragem por unidade monetária (MUS), amostragem estratificada ou amostragem cumulativa, o auditor decide adotar uma amostragem aleatória simples, esse risco pode ser iminente.

Na verdade, poderia haver algo muito evidente, o risco de que um auditor chegasse a uma conclusão incorreta com base no desenho de uma amostra não representativa.

Isso poderia ser resultado de decisões tomadas com base em controle interno e teste substantivo. É expresso da seguinte forma nos dois tipos de teste mencionados a seguir:

Determinação de risco para o teste de controle:

O risco de que um auditor conclua, com base no exemplo, que um controle está operando de forma eficaz quando, na verdade, não está.

Portanto, é o risco de que um auditor confie excessivamente nos controles internos ou avalie o risco de controle como muito baixo.

Determinação do risco para os testes substantivos:

O risco de que o auditor conclua, com base em amostra, que uma conta contábil devidamente registrada não é materialmente distorcida quando, na verdade, é.

Assim, os auditores provavelmente gostariam de comparar a sua percepção do risco com a materialidade definida a fim de determinar a extensão dos testes. Em outras palavras, o tamanho da amostra, de forma a encontrar-se a garantia necessária. Na verdade, o que determinou isso foi o fator de risco expresso no Quadro 12.1.

Quadro 12.1 Os três fatores que determinam tamanho de amostra

Fator	Relação com o tamanho da amostra	Exemplos	
		Mudança no fator	Efeito no tamanho da amostra
Risco de aceitação incorreta	Inversa	Baixo	Aumenta
		Alto	Decresce
Erro tolerável	Inversa	Baixo	Aumenta
		Alto	Decresce
E Erro esperado	Direta	Baixo	Decresce
		Alto	Aumenta

Consequentemente, seria interessante estabelecer o seguinte prognóstico sobre o erro tolerável: quanto mais importante o atributo/controle, menor erro os usuários tolerariam (algo como materialidade, a evidência apropriada sendo reunida para encher o balde).

Portanto, quanto mais importante uma conta/assertiva para decisões dos usuários, menor seria o erro tolerado.

Exercícios

1. Fatores que devem ser considerados ao se avaliar o risco em uma área funcional incluem (CIA 1191 11-13):

   I. Volume de transações.

   II. Grau de integração de sistemas.

   III. Anos decorridos desde a última avaliação.

   IV. Alto índice de rotatividade da gerência.

   V. Valor do ativo exposto a risco (*value at risk*).

   VI. Valor médio de cada transação.

   VII. Resultado do último trabalho de auditoria.

   Assim, os fatores que melhor definem a significância do risco são:

   a) De I a VII.

   b) II, IV e VII.

   c) I, V e VI.

   d) III, IV e VI.

2. Qual dos seguintes é um fator que afeta o risco?

   a) Novos empregados.

   b) Sistemas de informação novos ou reformulados.

   c) Crescimento rápido dos negócios.

   d) Todas as respostas estão corretas.

3. A administração de uma organização percebe a necessidade de realizar mudanças significativas. Qual dos seguintes fatores é o menos provável de ser modificado pela gerência?

   a) Os membros da organização.

   b) A estrutura do organograma.

   c) O ambiente de controle da organização.

   d) A tecnologia da organização.

4. A abordagem que se aplica no planejamento para asseguração das demonstrações contábeis e, consequentemente, para cobertura do processo de auditoria deve basear-se em:

   a) Risco.

   b) Materialidade.

   c) Ceticismo profissional.

   d) Suficiência da evidência de auditoria.

5. A premissa básica da auditoria baseada em risco é que os auditores devam dedicar mais recursos a contas que sejam suscetíveis a distorções materiais e menos recursos para aquelas que têm menos probabilidade de serem incorretas. Verdadeiro ou Falso? Quando a materialidade diminui, o auditor geralmente necessitará coletar mais evidência de auditoria.

   a) Verdadeiro.

   b) Falso.

6. Em suma, os procedimentos de testes de auditoria independentes devem incluir obrigatoriamente:

   a) Exclusivamente a realização de testes de controle.

   b) Exclusivamente a realização de testes substantivos.

   c) A realização de testes de controle e testes substantivos.

   d) A realização de testes objetivos e subjetivos.

7. A *BankTechnologie* é uma das empresas do grupo Matarazzo paulista. Como as empresas Batista Santos, em Recife, entre outras, são conglomerados de empresas familiares que por muito tempo se prezaram de sua continuidade, tanto pela infraestrutura de negócios que gerava empregos, como também pelo reconhecimento da contribuição circular destas famílias na economia brasileira, zelando assim pela imagem e continuidade das missões dos negócios. O *BankTechnologie* foi criado em 1998, fruto da demanda para prestar serviços bancários de *ATM* (*Automatic Teller Machine*) para os bancos que desejavam transferir esta atividade, que não era o *core* de seus negócios, para terceiros. Ele desenvolve a tecnologia ATM tanto nos aspectos físicos como nos aspectos lógicos e inclusive nos aspectos de segurança de informações. Justos, CEO da empresa e neto de Matarazzo, acabou de concluir MBA na *Columbia College* e carece de experiência profissional para sustentar a liderança de uma empresa multinacional de

crescimento exponencial. Sabendo disso, indicou seu cunhado, Jean, que tem especialidade em TI pela formação na Faculdade de Tecnologia do Estado de São Paulo, para implementar um sistema ERP que ajudasse consolidar as operações e facilitasse a homogeneização da divulgação tanto das políticas, normas operacionais e procedimentos como também das regras de conformidades que regem as operações. Contudo, a implementação dos sistemas parece-nos enfrentar alguns gargalos de execução do projeto cujo caminho crítico está atrasado. Entretanto, percebe-se que com o crescimento dos negócios, não há tempo para experimentar a gestão por tentativa e erros. Um ano atrás, foi contratado Sanders, CFO que tem larga experiência em controladoria, tendo trabalhado também em uma das empresas dos *big four*. Acontece que à primeira vista parece existir conflito de interesses por não concordar com certas atitudes antiéticas praticadas pelas pessoas da família que atuam no quadro executivo da *BankTechnologie*. Na primeira semana de trabalho, o CFO foi gentil em nos convidar para jantar no Buffalo Grill, mas uma coisa inusitada acontece: ele aparece com seu Porsche e com sua esposa.

Com base no texto acima, responda:

1. Suponhamos que você seja sócio responsável pela auditoria seria do *BankTechnologie*. Explique sua percepção sobre os riscos inerentes para sua equipe. Explique sua base de julgamento sobre a classificação do risco.
2. Qual é a sua percepção da existência de risco no processo de controles internos?
3. Explique sua percepção sobre a existência de risco de detecção. Poderia ponderar esse risco?

Parte V

EXECUÇÃO DA AUDITORIA

Organização dos Papéis de Trabalho

13

13.1 Conceitos de papéis de trabalho

A partir do momento em que começamos a dar importância aos processos de conscientização na transmissão e recepção de informações que constituem elos para resolução de tarefas operacionais que não sejam feitos de forma verbal, principalmente para identificar responsabilidades, deu-se o balizamento das documentações em papel nas empresas. Portanto, as tarefas de auditoria como ferramenta para avaliar a aderência aos procedimentos, também, devem ser documentadas em papéis de forma padronizada.

Os conjuntos de dados sensíveis aglutinados nas diferentes pastas contidas nas folhas de trabalho, logicamente apresentados de forma inteligível para todos os auditores que queiram ver, são da propriedade do auditor. Eles devem ficar em poder do auditor mesmo após o término da auditoria.

Quanto mais papéis os auditores conseguirem colher e juntar como evidência, melhor será o alcance do objetivo daquela auditoria. Todavia, essa colocação não é mais verdade na auditoria moderna, uma vez que alguns papéis são guardados em forma eletrônica.

O auditor utiliza como subsídio para indicação dos exames realizados sinais explícitos e objetivos, letras e notas explicativas. Assim, com o avanço da tecnologia, o auditor, no exercício de sua profissão, leva consigo a máquina e os programas já estruturados e tudo é feito via processamento eletrônico de dados.

A auditoria é exercida sem colocar barreiras e limites em seus trabalhos. O contador, no exercício da auditoria, é obrigado a usar sua cultura geral e encetar trabalhos de outras espécies, em face da aplicação de técnicas e ciências. Às vezes, ele se vê obrigado a utilizar, para a prática de seus conhecimentos, outras disciplinas que se apresentam como meios para atingir o fim principal.

Dentro da auditoria, é notável a importância dos papéis de trabalho para o registro dos planejamentos, natureza, definição de prazos para execução das tarefas e a extensão para busca de evidências corroborativas. Adicionalmente, documentam-se as conclusões e as deduções do auditor a partir das evidências obtidas no decorrer da auditoria.

Os papéis de trabalho são definidos como ferramentas para a execução do trabalho do auditor, pois neles estão destacados os procedimentos adotados durante todo o exame. Dessa forma, transformam-se, após sua finalização, em um instrumento a ser utilizado nos futuros trabalhos de auditoria e ainda servem para representar, em caso de ação na Justiça, as evidências do trabalho executado, além de acumular todas as provas necessárias para sustentar o parecer.

Com o desenvolvimento da tecnologia, os papéis de trabalho assumem um novo enfoque. Este não se baseia na utilização dos mesmos procedimentos com auxílio da informática, mas na modernização dos procedimentos com a informatização. Com isso, o trabalho de auditoria passa a ter uma economia de custos e, ainda, a alternativa de executar testes extensivos, proporcionando um compartilhamento das informações com distintas localidades.

13.2 Fundamentos de papéis de trabalho

Os papéis de trabalho constituem um conjunto de formulários, preenchidos logicamente com seus anexos que evidenciem os fatos relatados. Contêm as informações coligidas durante o teste, os procedimentos executados e as opiniões formadas sobre o objeto de auditoria. São utilizados para registrar as descobertas e comprovar o trabalho. A propriedade dos papéis é exclusiva do auditor. São de natureza confidencial, por revelar afirmações obtidas que não podem ser utilizadas em benefício próprio ou de outrem.

O conjunto das informações contidas nos papéis de trabalho demonstra que o auditor cumpriu as normas de auditoria. Uma das normas internacionais de auditoria refere-se à documentação, no contexto da auditoria das demonstrações financeiras. Esta norma esclarece que o auditor deve documentar questões que forem importantes para proporcionar evidência de modo a fundamentar a opinião de auditoria e evidenciar que o trabalho foi executado de acordo com as Normas Internacionais de Auditoria.

Entende-se que, como conjunto de formulários e documentos que contém as informações e apontamentos coligidos pelo auditor no decurso do exame, as provas por ele realizadas e, em muitos casos, a descrição dessas provas constituem o testemunho do trabalho executado e o fundamento de sua opinião. Por essa razão, embora a empresa concorra para sua obtenção, os papéis de trabalho são de propriedade exclusiva e confidencial do auditor.

Os papéis de trabalho, por natureza, devem ser autossuficientes e não devem necessitar, subsequentemente, de explicações verbais e adicionais do preparador, evidenciando assim:

- critérios contábeis adotados pela empresa;
- descrição de cada uma das fases do procedimento de auditoria (escopo do trabalho efetuado);
- fontes de informações; e
- observações, comentários e conclusões obtidas.

13.3 Finalidades dos papéis de trabalho

Os papéis de trabalho têm por finalidade:

- atender às normas de auditoria geralmente aceitas;
- evidenciar o trabalho feito e as conclusões alcançadas, acumulando as provas necessárias para suportar o parecer do auditor;
- constituir um registro que possibilite consultas posteriores, auxiliando no trabalho da próxima auditoria (se bem preparados, servem de guia ao serviço seguinte, fazendo com que este seja conduzido de forma mais eficiente);
- servir de suporte para emissão de relatórios que orientem a gerência;
- servir como ferramenta de treinamento de outros auditores;
- facilitar a revisão, por parte do auditor responsável, a fim de assegurá-lo de que o serviço foi efetuado de maneira correta;
- representar na justiça as evidências do trabalho executado (havendo ação contra o auditor ou contra a firma);
- servir como subsídio para avaliação de desempenho do auditor que executou os passos dos programas de auditoria, além de espelhar características do auditor como:
  - grau de conhecimento em contabilidade, auditoria e impostos;
  - bom senso;
  - imaginação;

– capacidade de nitidez, clareza e organização;

– hábito de limpeza;

– boa redação.

13.4 Cuidados exigidos na preparação dos papéis de trabalho

Os papéis de trabalho devem ser delineados e completados de tal maneira que constituam: (1) evidência do trabalho feito e das conclusões alcançadas, que serviram de base aos relatórios ou pareceres da firma, sobre as demonstrações financeiras. Representam o atendimento a uma das normas de auditoria, chamada Norma de Campo; (2) um registro que se possa consultar para obter detalhes de saldos de contas, das demonstrações financeiras ou outros dados relativos à auditoria; e (3) um meio de revisão da qualidade da auditoria

Dessa forma, podem-se destacar como aspectos fundamentais dos papéis de trabalho:

13.4.1 Completude

Os papéis de trabalho devem ser completos, atendendo aos requisitos de integridade. Portanto, já que são o sustentáculo da opinião do auditor, devem apresentar a completude das informações necessárias para concretização do serviço.

13.4.2 Objetividade

As informações devem ser apresentadas quando consideradas realmente necessárias, registrando apenas os pontos materiais vitais para o entendimento, não sendo sucintas demais, mas registrando a quantidade e a qualidade certa. Mesmo em contato com as mais variadas fontes e documentos, o auditor só informa, nos papéis de trabalho, o necessário e considerado relevante ou vital para o entendimento.

É recomendável, portanto, que seja objetivo, registrando a quantidade e a qualidade certas.

13.4.3 Concisão

Com artifícios de cruzamento de fatos apresentados, os papéis de trabalho devem ser concisos. No entanto, qualquer pessoa que revisar os papéis de trabalho, mesmo sem participação direta na equipe de auditoria, deve compreender seu conteúdo sem explicações verbais adicionais do profissional que os preparou.

13.4.4 Lógica

Para facilitar o entendimento do leitor ou revisor dos papéis de trabalho, eles devem ser elaborados segundo o raciocínio lógico, apresentando a sequência natural dos fatos e o objetivo a ser atingido. Essa característica dos papéis orienta quanto à eliminação de qualquer impressão que impeça a clareza dos fatos apresentados.

13.4.5 Limpeza

As imperfeições na preparação dos papéis de trabalho devem ser eliminadas. Por conseguinte, recomendamos os papéis inteiros e do mesmo tamanho. Devem-se dobrar os papéis com bastante cuidado. Por exemplo: os papéis de tamanho pequeno são utilizados como evidências, devem ser colados nos papéis do tamanho adotado pela equipe e referenciados adequadamente.

13.5 Natureza e divisão dos papéis de trabalho

Os papéis de trabalho podem ser apresentados na forma que o auditor deseja. É apenas necessária uma padronização pela equipe de auditoria, para facilitar o entendimento, o acompanhamento do arquivo e a avaliação da evidência levantada durante o exame. Essas etapas são idealizadas de forma ágil e flexível, adaptável segundo as circunstâncias.

As grandes empresas de auditoria independentes, normalmente, preparam os programas-padrão, a serem preenchidos pelos auditores de sua equipe, para todas as áreas das demonstrações financeiras e para outros assuntos relacionados com a auditoria. Os papéis de trabalho, elaborados pelo auditor, são preparados à medida que ele analisa as diversas contas do razão geral da contabilidade, com o objetivo de ter um registro de serviço executado.

O memorando é um modelo que serve para relatar os procedimentos adotados pela empresa e critérios empregados por ele e pela empresa. Subsidia as tarefas realizadas pelo auditor, com um resumo ou com uma sequência mais longa, de acordo com as circunstâncias necessárias nessa ocasião.

O balancete de trabalho, denominado balancete do razão, de alguma forma relaciona-se com os demais papéis de trabalho, sendo mais sintético que estes.

Os tipos variam de acordo com as circunstâncias e as necessidades e traduzem uma estrutura de fácil composição e entendimento.

Trazem, obrigatoriamente, espaços que determinem o nome da unidade, departamento, empresa ou área a que se refere, codificação do papel de trabalho, evidenciação de quem o preparou, revisou, aprovou e as datas de preparação. Geralmente, os papéis de trabalho podem ser de natureza permanente ou corrente.

13.5.1 Papéis de trabalho de natureza permanente

As pastas de natureza permanente contêm informações de caráter contínuo e podem ser requeridas para o uso em mais de um exercício social. Entre outros documentos constantes nessas pastas, citamos:

- Estatuto social ou contrato social que inclui ou exclui sócios. Também devem ser incluídos nesta seção documentos referente às modificações da razão social após fusão, cisão ou incorporação de novas entidades.
- Leis e decretos específicos do setor no qual atua a empresa. Por exemplo: regulamento da Anatel para área de telefonia, TV a cabo e telecomunicação. Não seria necessário arquivar as Leis das Sociedades Anônimas, pois os auditores vivenciam isso diariamente. Podem ser arquivados, também, os documentos exigidos pelo regulamento da Comissão de Valores Mobiliários:

  – cópias de atas de assembleias;

  – endereços dos estabelecimentos que compõem a empresa e a breve descrição de atividades de negócios efetuadas nas localidades;

  – organograma estrutural descrevendo as funções dos principais cargos existentes. É importante incluir também o número dos funcionários (*headcount*) nos departamentos e os nomes dos funcionários responsáveis;

  – cópias de alçadas mais recentes da empresa;

  – breve histórico da empresa desde sua formação, incluindo fusão, cisão e incorporação, se houver;

  – descrição dos sistemas de informações contábeis e sistemas de informações gerenciais implantados;

  – manual dos procedimentos internos;

  – lista de principais ativos fixos e suas localizações;

– lista e nomes de consultores, advogados, bancos e seguradoras;

– cópias de contrato de financiamento a longo prazo; e

– cópias de contratos de assistência técnica etc.

13.5.2 Papéis de trabalho de natureza corrente

As pastas de natureza corrente contêm informações de caráter transitório e são utilizadas em apenas um exercício social. Entre outros documentos constantes nestas pastas, citamos:

- cópia de carta-comentário para a gerência;
- cópia de balancete que esteja sendo auditado;
- cópias de todas as demonstrações financeiras apresentadas para auditoria;
- descrição dos procedimentos de controles internos;
- programas de auditoria que foram aplicados, mostrando os passos planejados, os trabalhos efetuados e os resultados obtidos;
- *checklist* para o cumprimentos das legislações locais, em relação à evidenciação dos princípios contábeis, dos padrões contábeis e de auditoria;
- resoluções dos comitês de orçamento e de auditoria, entre outros;
- carta de representação.

13.6 Técnicas de elaboração e normas gerais para preenchimento de papéis de trabalho

13.6.1 Técnicas de elaboração

As técnicas básicas a serem observadas pelos auditores na elaboração dos papéis de trabalho são as seguintes:

- Na parte superior do papel de trabalho, devem ser colocados o nome da empresa auditada, a data-base e o título.
- Não deve ser utilizado o verso da folha do papel de trabalho.
- Os números e as informações devem ser colocados na parte superior do papel de trabalho; as explicações, na parte inferior.

- Os tiques ou símbolos são apostos ao lado do número auditado e explicados na parte inferior do papel de trabalho.
- O auditor deve evitar a utilização excessiva de tiques em uma mesma folha (até oito símbolos).
- Os tiques, as letras ou números dentro de círculos devem ser escriturados com lápis vermelho.
- O auditor pode utilizar o sistema de notas para dar explicações necessárias.
- Somente devem-se elaborar papéis de trabalho que tenham fim útil.
- As informações devem limitar-se aos dados necessários.
- Os comentários devem ser sucintos, com redação clara e compreensível.
- A forma de apresentação e o conteúdo dos papéis de trabalho devem ser concisos.
- Os papéis de trabalho devem indicar os resultados da avaliação.
- Os pontos não esclarecidos devem ser documentados na área dita "pendentes de solução".

13.6.2 Normas gerais para preenchimento dos papéis de trabalho

Sabe-se que a elaboração dos papéis de trabalho deve seguir um padrão definido e claro, pois eles devem ter condições de serem examinados e compreendidos por outro auditor, sem deixar dúvidas e sem necessitar de esclarecimentos adicionais.

Algumas normas básicas que devem ser observadas para alcançar bons resultados são as seguintes:

- Os papéis de trabalho devem evidenciar a obediência às normas de auditoria geralmente adotadas.
- As conclusões do exame de cada conta ou área guardarão conformidade com os princípios contábeis geralmente aceitos.
- Os procedimentos de auditoria adotados ficarão evidenciados na sua extensão e profundidade.
- Devem-se incluir todos os dados e informações pertinentes, excluídos os irrelevantes.

- Os papéis devem ser limpos, claros e corretos, sem erros de natureza matemática.
- Devem conter todos os elementos e informações que amparem o que se mencionar no parecer e nos relatórios.
- Devem conter todas as informações que possam ser úteis, ou necessárias, no futuro.
- Devem incluir os dados para fácil identificação da data em que foram elaborados, quem foi o encarregado e quem fez a revisão, assim como terão título e código que esclareçam a natureza do exame.
- Levar em conta que as recomendações para a próxima auditoria são mais importantes do que os comentários sobre as ocorrências do exercício anterior.
- Na data do término da auditoria, os papéis de trabalho devem estar prontos e em condições de serem arquivados.

13.7 Codificação dos papéis de trabalho

A codificação dos papéis de trabalho é feita utilizando-se letras maiúsculas, obedecendo uma sequência lógica e atendendo ao julgamento profissional do auditor. Devem-se agrupar os papéis relacionados com o mesmo assunto num jogo de papéis que em, seus contextos, representarão tarefas específicas constantes no programa de auditoria.

Geralmente, o papel de trabalho de resumo ou de sintetização é chamado mestre e os demais, que darão sempre maior suporte, são denominados subsidiários. Podem-se aumentar quanto quiser os subsidiários. Podemos usar como analogia a quantidade de raízes que uma árvore pode gerar.

Para demonstrar os procedimentos citados, deve-se, com base no último balanço ou balancete, abrir folhas mestras para todas as áreas. Para o Ativo, as letras devem ser simples e dobradas para o Passivo; por exemplo, *A* para Ativo e *AA* para Passivo. Para as despesas a letra deve ser *R* e para as receitas, *RR*. Todas as letras das folhas mestras devem ficar no rodapé à direita e dentro de um círculo.

As folhas mestras devem ser abertas em papel de 14 colunas e preenchidas da seguinte forma:

Listar todas as contas do grupo com base no último balanço e também com observância do último balancete (em muitas oportunidades, saldos que figuram no balanço foram extintos até a data do balancete e pode ter surgido novo tipo de operação, após a data do balanço). As contas devem ser relacionadas na ordem da disposição no balanço ou balancete, que geralmente é o plano de contas. Não se devem pular linhas, a não ser que haja dúvida quanto à inclusão de novas contas. Digamos que, no balanço hipotético, nossa codificação para os itens do ativo seja: (a) Ativo Circulante, A1; (b) Ativo Realizável a Longo Prazo, A2; e (c) Ativo Permanente, A3. Podemos demonstrar algumas codificações como segue:

Exemplo 1

Neste exemplo, escolhemos estoques como conta que vem logo após as disponibilidades e contas a receber no grupo de Ativo Circulante, sendo itens do plano de conta representados sinteticamente no balancete, no lado Ativo.

Codificação	Descrição	Determinação
BL	Balanço	Papel de trabalho mestre
A1	Ativo Circulante	Papel de trabalho mestre de Ativo Circulante, mas subsidiário do balanço
A1/3	Estoque	Papel de trabalho subsidiário da área de Ativo Circulante
A1/3-1	Listagem de Estoques filial de Manaus	Papel de trabalho subsidiário da área de Estoques
A1/3-1 1	Estoques em Poder de Terceiros da Região	Papel de trabalho subsidiário da área de Estoques.
A1/3-1 1-1	Resumo da contagem física realizada na Filial de Manaus	Papel de trabalho subsidiário da área de Estoques.

Exemplo 2

Neste segundo exemplo, escolhemos imobilizado como conta, que vem logo após os investimentos no grupo de Ativo Permanente, sendo os itens do plano de contas representados se forem sumarizados no balancete, no lado Ativo. Ressaltamos que o ativo permanente está com numeração A3, visto que a codificação A2 foi designada ao Ativo Realizável a Longo Prazo.

Codificação	Descrição	Determinação
BL	Balanço	Papel de trabalho mestre
A3	Ativo Permanente	Papel de trabalho mestre de Ativo Permanente, mas subsidiário do balanço
A3/2	Imobilizado	Papel de trabalho subsidiário da área de Ativo Permanente
A3/2-1	Listagem de Imobilizados Filial de Manaus	Papel de trabalho subsidiário da área de Imobilizados
A3/2-1 1	Benfeitoria em propriedades arrendadas	Papel de trabalho subsidiário da área de Imobilizados
A3/2-1 1-1	Amortização no período de Arrendamento	Papel de trabalho subsidiário da área de Imobilizados

13.8 Indicação dos exames

A indicação dos exames realizados pelo auditor é procedida com a utilização de três subsídios:

- Tiques explicativos: sinais peculiares, para indicar a fonte de obtenção de um valor ou a conferência com a documentação comprobatória, que devem ser explícitos e objetivos.
- Letras explicativas: utilização de letra minúscula do alfabeto, para explicação de uma informação recebida, ou algo mais que uma simples conferência documental.
- Notas explicativas: utilizadas, geralmente, para uma chamada de ordem geral, como, por exemplo, a definição de um escopo de trabalho realizado.

13.9 Sinais e símbolos utilizados nos papéis de trabalho

Sinais e símbolos são, normalmente, utilizados nos papéis de trabalhos para evidenciar as conferências e os cruzamentos realizados com valores constantes de outros documentos ou dos registros contábeis. São os sinais que demonstram quais os procedimentos de auditoria efetuados e seu real alcance.

Os sinais podem ser inventados, desde que seja devidamente esclarecido, no próprio papel de trabalho, qual o seu significado. Com a frequência da utilização, alguns símbolos e sinais já são de conhecimentos dos auditores. São eles:

¢ Somas conferidas

✓ Conferência com o razão

× Inspecionamos a contabilização

α Verificamos tabelas

β Verificamos ordem de fabricação

Λ Verificamos mapa de custo

γ Verificamos nota fiscal

As principais vantagens do uso de símbolos são:

- rapidez quanto à documentação dos trabalhos;
- eliminação de explicações repetidas;
- facilidade de revisão.

As regras a serem observadas no uso de símbolos são:

- usar símbolos claros e adequados;
- usar símbolos simples e fáceis para identificar;
- não usar tiques nos registros do cliente a não ser que ele autorize.

13.10 Cruzamento e amarração dos papéis de trabalho

Para proporcionar uma amarração adequada dos papéis de trabalho de uma mesma área, bem como evidenciar trabalhos realizados em uma área que tenha influência em outras áreas de trabalho, o auditor utiliza-se do artifício denominado referências cruzadas, que é a demonstração de onde os trabalhos foram realizados ou de onde os valores foram examinados, com a utilização das letras codificadoras dos papéis de trabalho.

O artifício das referências cruzadas é o meio mais simples de se localizar a evidência de realização dos trabalhos, bem como de qualquer problema que o auditor tenha encontrado no transcorrer de seu trabalho. Os cruzamentos das referências servem para: (a) ajudar o acompanhamento do fluxo de informações nos papéis de trabalho e identificação de relacionamentos importantes; (b) ajudar o entendimento pela pessoa que os revisa. Normalmente, o cruzamento deve ser feito nas duas direções (vem de e vai para).

13.11 Revisão dos papéis de trabalho

Para assegurar que os trabalhos foram planejados, supervisionados e executados atendendo a necessidades de qualidade, conforme as normas de auditoria geralmente aceitas, os papéis de trabalho devem ser preparados tendo-se em mente que outra pessoa sem participação direta no trabalho possa efetuar neles uma revisão, para determinar se o serviço feito foi adequado e efetivo, numa extensão suficiente para se poder chegar a uma conclusão.

Consideramos, sob o aspecto técnico, que a revisão dos papéis de trabalho é um dos pontos mais importantes e significativos, porque é atividade de monitoramento exercida pelos superiores e encarregados da equipe; estes atestam que os trabalhos programados foram efetuados. Isso deve ser feito antes da emissão do parecer.

O ciclo de revisão é o seguinte:

a) Preparação.

b) Apresentação ao nível superior.

c) Revisão pelo nível superior.

d) Devolução.

e) Complementação.

f) Reapresentação.

g) Revisão.

h) Apresentação ao próximo nível etc.

Esse processo deve acontecer em três fases, conforme os níveis hierárquicos, a saber:

- Assistente/Sênior.
- Sênior/Gerente.
- Gerentes/Sócios.

Os pontos levantados devem ser resolvidos e sua resolução documentada nos papéis de trabalho.

Os papéis de trabalho de auditoria devem ser preparados de tal forma que os gerentes e sócios possam revisar com efetividade a auditoria, com segurança de que:

- foi cumprido o programa de auditoria;
- o exame foi feito de acordo com as normas de auditoria geralmente aceitas, aplicáveis nas circunstâncias;
- as demonstrações financeiras foram preparadas de acordo com os princípios de contabilidade, aplicados uniformemente.

13.12 Controle, preservação e arquivamento

Os papéis de trabalho devem ser adequadamente controlados, no sentido de evitar que terceiros não autorizados tenham acesso. Esse controle é importante, ainda, por causa da relação auditor-cliente estabelecida pelo Código de Ética Profissional. Normalmente, as firmas de auditoria mantêm pessoas adequadamente treinadas para fazer seu manuseio. Elas fazem, sempre, registro de recebimento e liberação para aos auditores responsáveis. Evitam, também, que haja danos e impactos ambientais no seu conteúdo.

Os papéis de trabalho são propriedade do auditor e representam o registro do trabalho executado e a base para emissão do parecer.

O conteúdo dos papéis de trabalho pode ser designado ao pessoal do cliente, mas apenas quando absolutamente necessário. Normalmente isso é desaconselhável, porque:

- revela as bases dos testes e, assim, afeta sua objetividade e independência;
- pode permitir alteração de dados;
- pode divulgar dados confidenciais para aquele pessoal.

Todos os papéis de trabalho serão arquivados com base em um índice geral planejado; deve-se observar rigorosamente esse índice para o arquivamento dos papéis de trabalho, a fim de padronizar e facilitar consultas.

Caso os papéis de trabalho sejam tão numerosos a ponto de ser necessário usar mais do que uma pasta, para reduzir o volume das pastas individuais deverá ser feito um índice das diferentes pastas, o qual figurará na capa ou na primeira página da pasta principal.

Os papéis de trabalho devem ser conservados por três anos, contados a partir da data de publicação da ata que aprovou as demonstrações financeiras da companhia auditada.

13.13 Automatização dos papéis de trabalho

13.13.1 Fundamentos de automatização dos papéis de trabalho

Os papéis de trabalho, automatizados ou eletrônicos, viabilizam ao mínimo possível a utilização de papéis. Este procedimento é conhecido pelos profissionais da área como "auditoria sem papel" ou *paperless audit*. Compreende a migração do processo de auditoria para uma realidade sem papel. Está baseado numa estrutura de "infobase" (informações por meio de base de dados computadorizada), que recebe dados de processadores de texto, planilhas eletrônicas, base e bancos de dados, *scanners* etc. Arrumando e disciplinando esses dados de tal modo, que permitem um link (elo, nó, união, ligação, vinculação etc.) com qualquer produto de mercado" (João Carlos Ferreira Costa, Presidente da Câmara de Informática do Audibra, 1995).

Geralmente, os recursos de Microsoft Office são utilizados nesses processos pelos auditores. A maioria das empresas de auditoria de grande porte (por exemplo, PricewaterhouseCoopers, Deloitte Touche Tohmatsu, Ernst & Young, Arthur Andersen, KPMG, entre outros) possui sua própria metodologia de auditoria que contemple os *working papers* (WPs) eletrônicos.

O *paperless* não é auditoria de sistemas em processamento eletrônico de dados, mas trata-se do processo de automação da auditoria mediante a utilização de ferramentas informatizadas (*software*), desenvolvidas exclusivamente para tratar as informações e os procedimentos que envolvem o universo dos exames de auditoria, tornando o elenco de suas tarefas mais ágil e tirando dos equipamentos o máximo de produtividade.

O *paperless* não é apenas aplicado no processo de auditoria propriamente dito, mas também é colocado a serviço da administração da própria área.

Ele não traz um novo conceito de auditoria; trata-se apenas da utilização de novas ferramentas de trabalho, que facilitam a vida e agilizam em muito o trabalho dos auditores internos, acompanhando todo o processo desde o momento em que é definido até sua finalização.

O *paperless* auxilia a auditoria em cada etapa e permite verificar e comparar o trabalho que está sendo realizado com outros anteriores, desde que estejam no computador.

Uma vez instaladas as ferramentas, é necessário construir um banco de dados de referência, cadastrando as informações que moverão os trabalhos de auditoria.

13.13.2 Arquitetura de sistemas de *paperless audit*

A arquitetura de sistemas de *paperless audit* é dividido em dois grupos:

- **Monousuário** – um único usuário (apenas uma pessoa) detém todas as responsabilidades das atividades da auditoria. Um único computador (*desktop*) pode guardar todos os dados, informações e programas dos sistemas.
- **Multiusuário** – vários usuários; a organização do trabalho de auditoria é dividida entre diversos auditores. As informações são gerenciadas a partir de um computador "servidor de rede", interligado com diversos outros (*desktops* ou *laptops*), nos quais vários níveis de acesso aos dados e programas podem ser gerenciados.

Os "serviços de campo", normalmente, utilizam-se de equipamentos portáteis (*laptops*) interligados, via placa de rede ou modem, ao "servidor" da auditoria.

Quando os computadores da auditoria estão interligados entre si, o processo de verificação é *online* em tempo real, portanto as respostas e os relatórios são imediatos.

O auditor acaba de fazer o trabalho, uma etapa ou até mesmo um passo do programa de auditoria, o chefe já promove sua revisão e dá o seu ok ou não para o trabalho executado. O auditor não precisa mais se deslocar do ambiente em que se encontra até o escritório da auditoria, para discutir com a chefia os exames realizados, pois os resultados são automaticamente visualizados na tela do equipamento do gerente do departamento.

No *paperless,* o uso do computador é obrigatório e indispensável, como foram um dia a lapiseira, o lápis bicolor e os papéis colunados, para registrar as evidências e documentar os trabalhos executados. Recomenda-se, portanto, no mínimo um equipamento, de preferência portátil, para cada equipe de dois auditores. Contudo, o ideal é que cada auditor tenha o seu.

No *paperless,* quando aplicado na empresa onde atua auditoria interna, o departamento de auditoria interna é obrigatoriamente responsável pelo servidor no qual estejam depositadas todas as bases de dados, programas e sistemas que servem de infobase para os auditores.

Com o *paperless,* o foco da auditoria passa para o nível estratégico, pois, em função da rapidez das informações e da produtividade na execução dos trabalhos, pode-se realizar uma auditoria de acordo com metas estratégicas, aumentando a base de cobertura desse serviço. Devido à velocidade empregada, podem-se examinar 100% do universo da organização, sejam transações corriqueiras ou programas especiais e estratégicos.

Na auditoria sem papel, todo o processo é automático. Ao começarem os trabalhos, o sistema informatizado da auditoria traz tudo o que já foi realizado à tela do computador e todos os auditores têm acesso a essas informações ao mesmo tempo, ganhando com isso rapidez, produtividade e confiabilidade.

O uso de ferramentas automatizadas de auditoria não carece de treinamentos complexos e demorados, pois tais ferramentas são relativamente simples. Contudo, o auditor, para usá-las, deve dominar o manuseio dos sistemas básicos de informática (Windows, processadores de texto, planilhas, internet etc.).

Basicamente, no *paperless*, os auditores utilizam-se de ferramentas eletrônicas de apoio às atividades da auditoria, as chamadas CAATs (*computer assisted audit techniques*).

As CAATs dividem-se em duas grandes vertentes:

- *Workflow*: assistem os auditores e a gerência na condução de seus trabalhos, armazenamento e recuperação de programas de auditoria e evidências.
- Ferramentas de análise: dedicadas a extração e tratamento de dados, a auxiliar a execução de testes e passos do programa, no qual os dados a serem analisados estão em mídia eletrônica.

As CAATs para *workflow* devem acompanhar todo o processo de planejamento, elaboração de matriz de risco, execução dos trabalhos e *follow-up*, atuando como **ferramenta operacional** para o auditor. Ao mesmo tempo, estabelecem um forte apoio à gerência por meio da **supervisão remota** dos trabalhos, bem como de um enorme leque de opções de geração de mapas gerenciais e relatórios, relacionamento dos pontos levantados com riscos cobertos, impactos mensurados, demonstrativo previsto *versus* realizado etc.

Por sua vez, as ferramentas para extração e análise de dados devem apresentar a habilidade de acessar grandes volumes de dados, numa imensa variedade de plataformas e formatos (microinformática e grande porte).

Devem, também, efetuar as principais análises requeridas pelo auditor. Tudo de forma simples e concisa. Por outro lado, devem oferecer ao especialista uma linguagem de programação poderosa e robusta, capaz de automatizar uma série de passos repetitivos.

Além dessas ferramentas, no processo de *paperless*, utilizam-se também: processadores de textos; planilhas eletrônicas; gerenciadores de banco de dados; programas de apresentação; programas de navegação; correio eletrônico.

O processo de documentação por meio de recursos eletrônicos serve tanto para documentar os procedimentos de avaliação de controles internos como, também, para registrar os testes substantivos efetuados.

13.13.3 Convenções de *paperless audit*

Para viabilizar o papel de trabalho eletrônico, no entanto, as convenções para sua documentação devem ser seguidas, referenciando-se, todavia, os papéis, neste caso em formato eletrônico (arquivos), e utilizando-se recursos da Microsoft. São classificados e organizados em forma de árvores com graus de relacionamento definidos.

A seguir, demonstramos as convenções de nomeação de arquivos de *working papers* eletrônicos para auditoria de controles internos:

@LEIAME	Mostra informações fundamentais sobre a estrutura e formato dos papéis de trabalho eletrônicos.
INTERC*n*.DOC	Mostra cartas (relatórios) sobre os pontos de auditoria que requerem respostas da gerência. A letra *n* refere-se à numeração da carta emitida. Observe-se que carta interina diz respeito à carta-comentário a ser discutida com a gerência.
MEMO.DOC	Refere-se ao memorando dos pontos levantados, direcionados aos gerentes de áreas, cada um separadamente. Itens constantes neste memo são informações sobre fraquezas de pontos de controle que não geram erros monetários. Trata-se de falhas insignificantes, porém necessitam de conhecimentos dos gerentes de área (responsáveis) para promover sua correção. Esses pontos são apenas para seu conhecimento e não necessitam de respostas da gerência.
RASCUNHO.DOC	Refere-se ao rascunho preliminar do relatório corporativo, emitido pelo auditor. Esse relatório é emitido e entregue para revisão e comentário dos gestores.
CORP.DOC	Refere-se ao relatório corporativo apresentado em forma definitiva, já com os comentários da gerência, justificando as causas da existência de fraquezas apontadas, planos para solucionar os problemas e a definição de prazo. Esse relatório é emitido e entregue com uma carta de acompanhamento.
SUMÁRIO.XLS	Refere-se ao resumo de todos os trabalhos efetuados. Consolida todas as matrizes dos relatórios de exceções documentados durante os processos de auditoria.

Outros arquivos:

SEÇÃO A	Geral
A01.DOC	Índices dos *working papers*
A02.DOC	Organograma funcional
A03.DOC	Planejamento da auditoria
A04.DOC	Relatórios de acompanhamento da auditoria
A05.DOC	Relatórios de arquivos solicitados para CAAT
A06.DOC	Relatório de acompanhamento de entregas de evidências
A07.DOC	Relatórios de críticas
A*nn*.DOC	Documentação (informações adicionais sobre referência de WPs)
SEÇÃO B	Análise de riscos
B01.DOC	Visão global dos sistemas aplicativos e documentações
B02.DOC	Diagrama de fluxo das operações do sistema aplicativo/referência cruzada para pasta (arquivo) de pontos de auditoria (guia da revisão).
B03.DOC	Outras informações sobre a mensuração do sistema.
Bnn.XLS -	Matrizes de análise de riscos.

Seção C – Guia de revisão

Todos os arquivos desta área começam com a letra C, seguida por outro caráter tipográfico (alfa) que indica a subseção da guia da revisão. Ressaltamos que todos os arquivos desta seção possuem extensão de G (para guia) ou também DG (detalhes do guia), se o arquivo necessitar de papel de trabalho detalhado específico, para o ponto de controle em teste.

13.13.4 Alguns *softwares* utilizados nas empresas de auditoria independente

Os *softwares* de auditoria utilizados nas empresas de auditoria independente viabilizam o enfoque de *paperless audit*. As firmas seguem as diferentes metodologias de trabalho que são, na realidade, o diferencial para criar vantagens competitivas entre elas. A título de exemplo, citamos abaixo algumas:

PricewaterhouseCoopers

Teammate: *software* de auditoria totalmente sem papéis, com base de dados eletrônica. É possível compartilhar papéis de trabalho via modem, redes locais ou disquetes.

Class: *software* que permite aos membros da equipe de auditoria visualizar e atualizar arquivos de auditoria, concomitantemente.

Deloitte Touche

AuditSystem/2: *software* que integra a tecnologia da auditoria, com aplicativos da Microsoft.

Exercícios

1. A documentação da auditoria deverá incluir no mínimo os registros sobre:
   a) Planejamento e preparação de escopos e objetivos da auditoria.
   b) Descrição ou *walkthrough* dos processos das áreas auditadas.
   c) Programas da auditoria.
   d) Procedimentos executados e evidências coligidas.
   e) Uso de serviços de especialistas.
   f) Constatações, conclusões e recomendações.
   g) Todas estão corretas.
2. Os papéis de trabalho do auditor após o término da auditoria devem ficar em poder de quem?
   a) Do *controller* da empresa auditada.
   b) Do comitê de auditoria da empresa auditada.
   c) Do auditor.
   d) Da CVM.

Amostragem Estatística Aplicada à Auditoria

14

14.1 Conceitos de amostragem estatística aplicada à auditoria

A aplicação de amostragem estatística demonstra que a avaliação de 100% das transações contábeis não se faz necessária, devido a:

- **praticidade** – não é prática e, na era de redução do ciclo operacional, seria contraproducente;
- **economia** – não é econômica, o custo de auditoria torna-se muito caro;
- **tempo** – é demorada; como tempo é um dos componentes do custo operacional, questões de melhor aproveitamento de horas são muito importantes;
- **valor agregado** – não será relevante ao valor agregado, por avaliar as transações por sua totalidade; e
- **fator psicológico** – o efeito psicológico é muito negativo, uma vez que se torna cansativa e desgastante.

Nesse contexto, definimos amostragem em auditoria como aplicação de procedimentos de auditoria, em menos de 100% dos itens que compõem o saldo de uma conta ou classe de transações, com a finalidade de auxiliar a uma conclusão sobre a população. Ou seja, a aplicação a uma parte dos itens que compõem um saldo de conta ou classe de transações, a fim de avaliar alguma característica de todo o saldo ou classe de transações. O termo "amostragem em auditoria" é usado neste capítulo como sinônimo de teste representativo, uma vez que envolve o teste de uma amostra de itens considerados representativos do universo do qual foram selecionados.

14.2 Origem da amostragem estatística em auditoria

Em 1917, as primeiras publicações da American Association of Public Accountants em auditoria já mencionavam a seleção para exame de "uns tantos itens dos livros" e, até 1930, a extensão dos referidos exames raramente se relacionava a todos os itens.

Na década de 50, quando todas as atividades industriais estavam em seu pico de crescimento, os volumes dos trabalhos da auditoria também aumentaram junto e, ademais, era muito comum o auditor executar 100% dos testes necessários. No entanto, com o crescimento das atividades industriais e, sem dúvida, de outras atividades que as suportam, ficou evidente que a aplicação da amostragem estatística seria muito valiosa nas operações do dia a dia, tornando praticamente impraticável o exame completo de grande volume de números ou documentos comprobatórios. Daí a necessidade e a aceitação da seleção como base de amostragem e teste em auditoria.

O auditor, a princípio, somente examina números que lhe proporcionem a confiança nos volumes globais sob revisão, ou seja, aquele número de documentos que, após seu exame, garanta a confiabilidade sobre o universo como um todo.

Todavia, por falta de bases científicas para as conclusões extraídas nessa época, a utilização ficou prejudicada. Os exames eram deficientes, as amostras não eram escolhidas de forma aleatória, introduzindo erros nas conclusões sobre toda a população.

Atualmente, essa técnica é aplicada em grandes, pequenas e médias empresas, atendendo às normas de auditoria geralmente aceitas.

14.3 Fundamentos de amostragem estatística em auditoria

A auditoria utiliza a estatística para selecionar as amostras a serem testadas.

O vocábulo "amostragem", indica a utilização de um processo para a obtenção de informações sobre toda a população (universo), por meio do exame de uma parte (a "amostra"), desse todo.

Assim, cada aplicação de amostragem em auditoria deve ser estabelecida tendo-se em conta os seguintes aspectos:

- o que pretendemos conseguir (objetivos do teste);
- relação do procedimento considerado com outros procedimentos de auditoria aplicados, comparando o grau de satisfação conjunta que se pode obter;
- o que abrangerá o processo de amostragem (definição do universo e da unidade de amostragem);

- como se fará a amostragem (método de seleção, amostragem probabilística ou não probabilística e uso de programas de computador);
- quantos itens serão examinados no processo de amostragem (tamanho da amostra);
- significado do resultado obtido (avaliação e interpretação).

Geralmente, entre as aplicações se incluem:

- exame e/ou testes em auditoria para identificar possíveis omissões, duplicidades, compensações;
- proceder a estimativa de valores em contabilidade utilizando amostras, em vez de processar a totalidade (100%) dos números envolvidos;
- equalização das contas intercompanhias, por estimativa dos saldos envolvidos;
- controle dos saldos contábeis, ou seja, detecção de erros na contabilização;
- controle dos processos de custeio de produção;
- determinação dos valores de contingência, por meio do processo de amostragem das contingências trabalhistas, provisões para obsolescência dos itens do estoque e provisões para devedores duvidosos.

Conforme padrões de auditoria geralmente aceitos definidos pela AICPA, o grau de teste que o auditor deve executar quando da aplicação da amostragem deve revelar os mesmos erros, como se tivesse testado cem por cento (100%) de todos os documentos envolvidos.

Uma vez que nenhum ser humano é infalível, a habilidade de, efetivamente, julgar situações conforme circunstâncias pode mudar dia a dia. Amostragem estatística possibilita que independemente do auditor se chegue a uma única conclusão testando um mesmo universo. Isso significa que os objetivos da amostragem não importam para a pessoa que planeja a amostra, desde que haja as mesmas condições de trabalho e a disponibilidade das mesmas ferramentas, sejam elas computacionais ou não, permitindo, assim, obter as mesmas conclusões.

14.4 Objetivos da amostragem em auditoria

A amostragem começa após a revisão do controle interno, estabelecido e atuante em cada empresa.

O resultado da revisão do controle interno, o tipo de negócio, a qualidade de seu quadro funcional, a eficiência de seu desempenho e o fator ou fatores que se pretende testar poderão determinar o plano, as técnicas de amostragem e o volume das seleções a serem empregadas, de maneira "aleatória", utilizando-se as técnicas de "amostragem estatisticamente fundamentada".

A finalidade de teste em auditoria é avaliar, sobretudo, a razoabilidade dos registros contábeis que permitam ao auditor dar pareceres referentes às demonstrações financeiras e assegurar a conformidade com os princípios contábeis geralmente aceitos. Então ele precisa obter uma porção de evidências e testes de saldos (testes substantivos) suficiente para suportar sua opinião. No entanto, a amostragem estatística auxilia o auditor a selecionar o volume de registros e documentos, por meio dos quais, após serem testados, ele poderá comprovar que não existem erros relevantes no tocante a superavaliação ou subavaliação dos números.

Figura 14.1 Objetivos da amostragem em auditoria.

Em consideração aos fatos citados acima, podemos mencionar, a seguir, os principais objetivos da auditoria quando da aplicação da amostragem estatística:

- Obter evidência, no cumprimento de procedimentos de controle estabelecidos e testes da confiabilidade, dos fluxos das transações contábeis.

- Obter evidência direta da fidedignidade de operações, ou seja, a validade dos registros contábeis e a totalidade dos componentes do saldo da conta. Para se chegar a uma conclusão final sobre o saldo de uma conta ou classes de transações, as evidências obtidas nos testes que empregam amostragem devem ser consideradas juntamente com as provenientes de outras fontes.
- Obter evidência acerca da integridade dos saldos das contas contábeis, ou seja, assegurar que a soma das contas está correta e que também está completa.
- Teste para determinar se os saldos processados pertencem ao período contábil correto (*cut-off*) e que não haja problemas de superavaliação e subavaliação devidos a classificações errôneas e competências incorretas.

14.5 Vantagens da amostragem estatística

As vantages oriundas da aplicação da amostragem estatística em auditoria são:

- Amostragem em auditoria possibilita a consistência nos resultados. Independe do auditor e da metodologia aplicada no processo de auditoria, em quaisquer localidades, com ambientes de trabalho iguais, e os níveis de treinamento compatíveis com as tarefas devem alcançar resultados semelhantes testando o mesmo universo e utilizando os mesmos parâmetros.
- O uso da amostragem estatística reduz o tempo gasto no processo de teste, alcançando os resultados desejados sem comprometer o orçamento. Isso se dá pelo trabalho (teste) eficiente, utilizando uma amostra representativa no processo de auditoria. Ora, medir essa redução de custos somente é possível comparando-se as horas gastas nos períodos anteriores com as horas efetivamente gastas no período corrente.
- Amostragem estatística poderia auxiliar na melhor conclusão sobre um universo extremamente grande. Os universos em questão são normalmente difíceis de serem auditados e nos processos normais seria praticamente impossível concluir sobre tais universos. Por exemplo, obter a confiabilidade dos itens do estoque da montadora de automóveis (General Motors em unidade de São Caetano do Sul, por exemplo). Isso requer tempo, recursos humanos suficientes para fazer contagens, além de parar a linha de montagem por um bom tempo.
- Amostragem estatística atende à convenção da objetividade em contabilidade. Para sua aplicação, é necessário um número relevante para representar o universo sob revisão. Outrossim, as bases de testes de amostragem, além de serem objetivas (não subjetivas, por seguirem aos princípios estatísticos), podem ser

utilizadas para defender o ponto de vista de que uma amostra representativa, devidamente testada e com conclusão de que é confiável, representa o universo como um todo.

14.6 Etapas do processo de amostragem em auditoria

A Figura 14.2 apresenta as etapas de um procedimento de amostragem em auditoria.

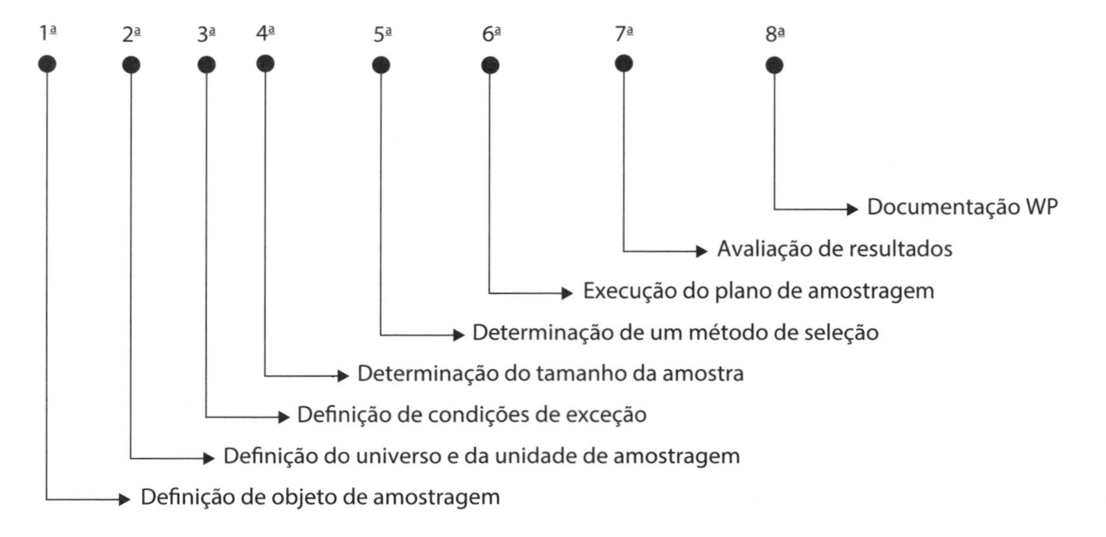

Figura 14.2 Etapas do processo de amostragem em auditoria.

Salientamos que essas etapas são de grande utilização pelos auditores, e serão detalhados a seguir.

14.7 Tipos de amostragem

14.7.1 Amostragem por atributos

A amostragem por atributos é utilizada para estimar a taxa (percentual) de ocorrência de um evento (frequência relativa), ou determinada característica dentro de um universo. Em auditoria, os atributos testados são geralmente os mesmos que a administração implementa para assegurar um nível de controle interno contábil adequado. Normalmente, os atributos testados são controles-chave implementados pela gerência para coibir erros monetários e são utilizados em relação a testes de cumprimento de normas internas, para avaliar o grau de observância dos procedimentos de controle interno. Independentemente da relevância, espera-se que os controles internos, por sua natureza, funcionem da mesma maneira, igualmente para todas as transações, a menos que, por definição do sistema, operações de determinado tipo ou tamanho sejam processadas de maneira diferente. Em razão da evidência de que um atributo de controle interno está ou não presente, não se atribui valor monetário aos resultados de um plano de amostragem de atributos.

Na determinação da extensão das amostras aplicáveis, levam-se em consideração:

- tamanho do universo;
- nível de confiabilidade desejável;
- índice de precisão escolhido; e
- taxa de ocorrência que se espera encontrar da característica sob prova.

Quando a auditoria utiliza amostragem para atributos qualificativos, seu objetivo com a prova é determinar se as operações, de acordo com o modelo preparado pelo auditor e que servirá de "papel de trabalho" da "prova", para ele são consistentes. Com isso, irá comparar os dados impressos com a comprovação respectiva, investigar, solucionar a razão e extensão das variações casualmente encontradas, avaliar seu efeito em relação aos objetivos da auditoria e preparar sua conclusão.

Determinação do objetivo da amostragem

Adotando amostragem de atributos como método, o objetivo geral é projetar a taxa de ocorrência ou não de um atributo particular no universo do qual os itens são selecionados.

Como analogia, considere-se o seguinte exemplo: um banco multinacional, como política de crédito, exige que todas as concessões de créditos ou aditamentos venham acompanhadas de um formulário de autorização de crédito, preenchido e aprovado por gerente de crédito, ou, se for o valor muito alto, submetido à apreciação de comitê de crédito. Podemos identificar o ato de aprovação como um controle-chave para permitir autorização do crédito. A extensão planejada do trabalho de controle do empréstimo pode estar baseada na suposição de que esse controle-chave será eficaz. A confiança neste pode ser uma maneira eficiente de acumular a evidência de auditoria necessária para permitir a autorização. Nosso objetivo seria inferir qual percentagem do universo total não tem a aprovação da inspeção de um subconjunto do universo de todos os formulários de autorização de crédito usados. Se a percentagem inferida estiver dentro dos limites considerados toleráveis, o controle será confiável.

Definição do universo e da unidade de amostragem

Ao definir as unidades amostrais para uma amostra de atributos, o auditor objetiva o universo sobre o qual é preciso chegar a uma conclusão. As unidades amostrais são elementos individuais do universo.

A definição do universo ou o conjunto de dados do qual se retira a amostra é a etapa seguinte à determinação do objetivo do teste.

Se o objetivo de um teste for determinar o grau de cumprimento dos procedimentos estabelecidos para autorização dos comprovantes de pagamento, por exemplo, o universo será formado por todos os comprovantes emitidos durante o período submetido a teste. Se o objetivo de um teste for determinar a razoabilidade do saldo das contas a receber em determinada data, o universo se definirá como todos os lançamentos que compõem o total de contas a receber nessa data, ou, ainda, se o objetivo for determinar a razoabilidade dos saldos a receber, excluindo-se os saldos menores e outros de interesse especial para a auditoria a serem testados em separado, definir-se-á o universo como os saldos restantes.

No processo de amostragem, são definidos os elementos que compõem o universo individualmente, universo esse que pode consistir de documentos, lançamentos etc. As unidades de amostragem são representadas pelo comprovante para o teste de cumprimento e para cada saldo de cliente, fatura ou lançamento individual a receber, para o teste de comprovação.

A título de ilustração, suponhamos que os procedimentos para a concessão de crédito citada anteriormente do banco multinacional requer um formulário de autorização de crédito, assinado por gerente de crédito, antes da concessão. A princípio, nenhum numerário para empréstimo deve ser liberado sem a apresentação do referido formulário devidamente aprovado. Se o objetivo for determinar a percentagem do cumprimento dos procedimentos de aprovação de concessão de crédito, o universo será composto de todos os empréstimos concedidos durante o período. A unidade de amostragem será um empréstimo. Ademais, a unidade de amostragem deve ser apropriada ao objetivo do teste. Por exemplo, se o objetivo do teste for comprovar que todos os produtos requisitados e despachados foram faturados, não tem sentido usar as próprias notas fiscais como unidade de amostragem. No entanto, a seleção deveria ser feita a partir de outro documento, que seria a nota de embarque. O teste seria confrontar os embarques com as faturas ou outras evidências de faturamento.

Definição de condições de exceção

A eficiência do procedimento de amostragem estatística depende da definição das exceções que irão ajudar o auditor a definir o universo. Devem-se estabelecer regras úteis que permitam à equipe de auditoria avaliar a situação encontrada, durante o trabalho com maior precisão. Ao contrário, os desvios ou erros observados pela equipe podem não se identificar como relevantes, por causa da imprecisão das definições de erros. Devemos ressaltar que intervalos de erros muito limitados ou amplos demais podem resultar em auditorias ineficientes e potencialmente ineficazes.

Determinação do tamanho da amostra

Ao escolher o tamanho da amostra com que o auditor irá trabalhar, os seguintes fatores deverão influenciar na decisão, lembrando que esse tamanho não deverá diferir muito. Algumas regras são citadas a seguir:

- O tamanho da amostra deve aumentar à medida que aumenta o grau de confiança de auditoria do teste requerido.
- O tamanho da amostra deve aumentar à medida que aumenta a quantidade esperada de erro existente no universo.
- O tamanho da amostra deve diminuir à medida que aumenta o nível aceitável de erro no universo.
- Quanto maior o tamanho da amostra, menos provável é que cheguemos a uma conclusão errada.

Parâmetros necessários para se determinar o tamanho da amostra:

- Confiança – é o grau de segurança que o auditor espera obter das inferências estatísticas que faz. Essa segurança se expressa em termos percentuais representativos da probabilidade de a inferência ser merecedora de crédito. O nível de confiança depende da avaliação do controle interno e da consideração do risco relativo envolvido na auditoria. Na avaliação do controle interno, o auditor decide exigir um nível de confiança de 95%. Para este nível de confiança, podemos consultar uma tabela de distribuição normal e verificar que deveremos ter 1,96 desvios-padrão para mais ou para menos, a partir da média estimada.
- Precisão – é o máximo de erro, em termos absolutos, que o auditor se dispõe a aceitar numa população e que ele estabelece em função do que considera razoável em determinada circunstância. A precisão deve ser encarada como o maior valor que o auditor poderia considerar aceitável em certo setor da auditoria. A precisão é inversamente proporcional ao tamanho da amostra, pelo fato de que, quanto mais rígidos os conceitos e exigências de precisão, maior a amostra necessária, considerando-se constantes os outros fatores. A precisão e o nível de

confiança se inter-relacionam e devem ambos ser estabelecidos de modo que se possam especificar as exigências da auditoria.

- Desvio-padrão da população – é a medida de dispersão de uma população. É importante na teoria da amostragem e se relaciona diretamente com o tamanho da amostra. O desvio-padrão da amostra-piloto descrita é usado como estimativa do desvio-padrão da população.
- Tamanho da população – é o conjunto de elementos do qual se retira uma amostra e espera-se inferir alguma coisa. As populações que tipicamente interessam aos auditores consistem de elementos como documentos, transações, saldos de contas individuais etc. O tamanho da amostra a ser retirado da população, a fim de atender às exigências de precisão e confiança, pode ser determinado, assim, na fórmula:

$$n = \frac{(zs)^2}{p}$$

Sendo:

n = tamanho da amostra

z = nível de confiança

p = precisão desejada

s = desvio-padrão da população

A determinação do tamanho da amostra envolve:

- determinação do risco de aceitação incorreta;
- definição da percentagem máxima aceitável de desvio;
- definição da percentagem esperada de desvio no universo;
- escolha entre a utilização de um enfoque sequencial e um enfoque normal (não sequencial) de atributos.

Com as decisões tomadas e estimado o tamanho do universo, pode-se utilizar um programa de computador ou tabelas estatísticas para calcular o tamanho da amostra.

Determinação de método de seleção

Podem ser utilizados vários métodos para selecionar as amostras. Discutiremos, a seguir, alguns métodos comumente adotados.

14.7.2 Amostragem aleatória simples

A amostragem aleatória é o processo de seleção de dados de um universo ou população, para serem testados, de forma randômica, não dando oportunidades iguais (mesma chance) para que os referidos dados sejam selecionados. Por exemplo, na auditoria do sistema de conta-corrente do banco, podemos selecionar aleatoriamente as contas com maior saldo; 5 contas, dentre 620 correntistas para teste, conforme demonstramos no exemplo abaixo. Apesar de esse tipo de amostragem ser prático e muito utilizado por muitos auditores, pode ser falho. Em algumas situações, outros métodos mais simples podem ser utilizados.

Por exemplo: suponhamos as seguintes contas-correntes existentes para avaliação da conta de empréstimos num banco. Os clientes e, consequentemente, seus saldos grifados podem ser selecionados para teste, visto que são os maiores saldos:

Conta-corrente	Razão Social / Nome do correntista	CPF / CNPJ	Saldo	Total
005-000500	James Brown	8.001.721665/71	74.000,00	74.000,00
005-000510	Blues Jazz	9.002.645034/63	4.000,00	78.000,00
005-000521	XYZ Ltda.	2.005.561001/31	6.000,00	84.000,00
005-000522	Usina Ipiranga Ltda.	3.006.562001/32	567,00	84.567,00
005-000523	Sófesta Ltda.	4.007.563001/33	1.123.000,00	1.207.567,00
005-000524	ABC Ltda.	5.008.564-0001/34	450,00	1.208.017,00
005-000525	Lanchefast Ltda.	6.009.565-0001/35	1.247.000,00	2.455.017,00
005-000526	Maria Tereza Cruz	4.006.456-763/74	25.000,00	2.480.017,00
005-000538	Marth Brown	3.001.721665/71	77.000,00	2.557.017,00
005-000547	Bela Jaz	2.002.645034/63	44.000,00	2.601.017,00
005-000560	Belo Mancini	1.005.561001/34	96.000,00	2.697.017,00
005-000565	Ahmed Ibrahim	1.006.562001/36	66.567,00	2.763.584,00
005-000570	Fulano Samba Ltda.	4.007.5630001/39	1.125.000,00	3.888.584,00
005-000572	Zido Ltda.	8.008.564-0001/90	750,00	3.889.334,00
005-000580	Carl Rol Ltda.	3.009.565-0001/33	2.248.000,00	6.137.334,00
005-000610	Ronaldo Nove	4.010.355-234/10	300.346,00	6.437.680,00
005-000620	Abidi Pelé	5.406.344-210/21	1.000.000,00	7.437.680,00
	Total		7.437.680,00	7.437.680,00

14.7.3 Amostragem estratificada

A amostragem estratificada compreende o processo de dividir uma população em subpopulações, cada uma das quais é um grupo de unidades com características similares. Reduz as variações dos itens de cada estrato e possibilita ao auditor dirigir seus esforços de auditoria para itens específicos.

O processo de estratificação envolve a criação de estratos ("faixas") baseados em intervalos de valores e no acúmulo de registros dos dados em faixas apropriadas por meio de *softwares* de auditoria como ACL ou IDEA. Ao totalizar o número de registros e o valor monetário de cada faixa, o entendimento sobre a conta do balanço que está sendo testado pode ser aprimorado para o propósito, entre outros, de identificação de desvios com relação às tendências esperadas e discrepâncias dentro da base de dados total.

Adotando essa abordagem, o auditor divide a população em grupos, possibilitando a melhor visualização do universo e as peculiaridades das partes integrantes. Para selecionar as amostras, cada grupo é tratado de forma independente, divide-se a empresa em filiais ou unidades fabris para seleção de amostras (documentos) em relação à mesma conta contábil.

Por exemplo:

Se temos necessidade de estratificar o faturamento de um período específico, para fins de testes, podemos nos basear nas numerações mínima de 200 e máxima de 500, dando intervalo de 30 itens após cada seleção. Ou seja, ficamos com a hipótese de que a auditoria não está dando importância aos itens das vendas efetuadas com notas fiscais de numeração até 200 ou que tenham numeração acima de 500; teremos a sintaxe (comando de seleção) como:

@ STRATIFY ON NUMNOTA MINIMUM 200 MAXIMUM 500 INTERVAL 30

ou seja

<<< STRATIFY over 200-> 500 >>>

Resultado:

Nº NF Inicial	Sinal	Nº NF Final	Quantidade Encontrada/ Selecionada	% a Menor	% a Maior	Valor Total de Documentos
	<	200	88	57,89	12,13	11.320,00
200	>	229	2	1,32	0,71	4.200,00
230	>	259	3	1,97	1,23	7.250,00
260	>	289	0	0,00	0,00	0,00
290	>	319	4	2,63	2,04	12.000,00
320	>	349	1	0,66	0,54	3.200,00
350	>	379	3	1,97	1,80	10.600,00
380	>	409	1	0,66	0,68	4.000,00
410	>	439	3	1,97	2,16	12.700,00
440	>	469	5	3,29	3,83	22.500,00

No entanto a partir deste relatório, devemos testar apenas os itens selecionados para cada intervalo de amostra.

14.7.4 Amostragem cumulativa

Com este processo, um conjunto de documentos é selecionado de forma aleatória, evitando que cada documento seja selecionado separadamente. Ou seja, seleção de um monte ou grupo de documentos que sem dúvida somam valor significativo no saldo de conta contábil sob avaliação. Esse tipo de seleção é feito de forma global e tende a poupar tempo do auditor. Mas, se por acaso um grupo muito grande for selecionado, esse conceito de redução de horas com amostragem pode não ocorrer.

14.7.5 Amostragem por unidade monetária *(monetary unit sampling)*

Este método começou a ser mais difundido na década de 1980, principalmente devido à aplicação de computadores, que reduzem materialmente o trabalho de identificação da relação de itens a serem testados, servindo às relações produzidas de "papéis de trabalho" dos auditores.

O método é mais apropriado para populações extremamente grandes e variáveis, tais como de estoques e contas a receber cujos itens de saldo diferem muito.

Na aplicação desse enfoque, devemos estabelecer o tamanho da amostra, erro mínimo tolerável e o risco de erro.

Suponhamos o seguinte para o saldo de contas a receber:

Código do Cliente	Razão Social	CNPJ	Valor	Valor Cumulativo
000000521	XYZ Ltda.	2.005.561001/31	84.000,00	84.000,00
000000522	Usina Ipiranga Ltda.	3.006.562001/32	567,00	84.567,00
000000523	Sófesta Ltda.	4.007.563001/33	123.000,00	207.567,00
000000524	ABC Ltda.	5.008.564-0001/34	450,00	208.017,00
000000525	Lanchefast Ltda.	6.009.565-0001/35	247.000,00	455.017,00
....				
....				
000001620				
	Total		6.000.500,00	6.000.500,00

Se o nosso tamanho de amostra é 100 e elegemos R$ 80.000 como valor aleatório para o ponto de partida, notamos que, na verdade, nosso saldo de contas a receber não é de 1.620 itens, e sim 6.000.500 unidades monetárias em R$. As numerações que terminam em 1.620 indicam as referências de itens (código do cliente) que irão auxiliar a separação de documentos para testes de amostras.

Neste exemplo, então, XYZ Ltda. será selecionada devido à aproximação de seu saldo de R$ 84.000 ao valor aleatório de R$ 80.000. Outros que devem ser selecionados são Sófesta Ltda., com R$ 123.000, e Lanchefast Ltda., com R$ 247.000. Ressaltamos, assim, que os maiores valores têm grandes chances de serem escolhidos neste método de amostragem e, isso constitui uma desvantagem, por deixar os montantes abaixo do valor aleatório de ponto de partida sem chance nenhuma.

14.7.6 Amostragem por probabilidade

Emprega-se este método para planejar uma amostragem estatística e avaliar o seu resultado estatisticamente. Exige que todas as unidades de amostragem do universo tenham probabilidade conhecida, embora não necessariamente igual, de serem selecionadas.

O mais comum é que cada unidade do universo tenha igual probabilidade de ser selecionada. A amostra pode ser obtida utilizando o método de amostra aleatória, que pode usar amostragem numérica randômica ou amostragem sistemática probabilística, cuja variante é conhecida como amostragem em bloco. Cada um desses métodos é aceitável em circunstâncias apropriadas e, por serem de seleção probabilística, pode-se esperar que as amostras resultantes desses métodos sejam representativas do universo e que os resultados do exame da amostra possam ser avaliados estatisticamente. A escolha do método de seleção depende de muitos fatores, inclusive eficiência, natureza do universo e facilidade de utilização do método.

Os métodos de amostragem numérica randômica, sistemática probabilística e em blocos têm algumas características semelhantes e, quando aplicados a universos sujeitos a controle numérico ou outro controle contábil, selecionam transações ou outras unidades de amostragem, independentemente do valor monetário. Entretanto, por não levarem em consideração os valores monetários, a cobertura pode ser limitada, a menos que se utilize a técnica de estratificação monetária do universo.

14.7.7 Amostragem numérica randômica

Caracteriza-se pelo fato de toda unidade de amostragem e toda combinação de unidade de amostragem terem a mesma probabilidade de serem selecionadas, independentemente do valor numérico.

Para realizá-la é necessário:

- determinar o tamanho necessário da amostra;
- selecionar números aleatórios suficientes de uma sequência de números, pelo menos, tão grande quanto o número de unidades de amostragem do universo; e
- relacionar os números aleatórios com unidades de amostragem do universo.

O valor monetário total dos itens incluídos na amostra pode não ser suficiente para os fins a que se propõe o auditor. Quando o valor monetário total dos itens incluídos na amostra é um fator importante, o universo pode ser estratificado, de modo que o teste inclua itens de maior valor monetário.

14.7.8 Amostragem sistemática

Envolve a seleção de itens usando um intervalo constante entre as seleções, tendo o primeiro intervalo um início aleatório.

Normalmente, são selecionadas as pastas relativas a uma quantidade de itens fixada pelo auditor e o computador é programado para ordenar e imprimir os detalhes relacionados, de modo que o respectivo confronto da relação impressa com a comprovação seja facilitado ao máximo. Quanto ao objetivo, uma programação separada é preparada e inclui o confronto dos resultados dessa computação com os dados relativos contidos nas pastas. A impressora produz uma relação contendo todos os itens selecionados para amostra, indicando, por meio de códigos escolhidos, a natureza das variações encontradas entre os dados nas pastas e os dados correspondentes na amostragem. Com isso, o auditor efetuará uma investigação para constatar a razão e a origem das divergências relevantes, assim ressaltadas, e a sua avaliação em face dos objetivos da auditoria e sua conclusão.

O computador, dentro de circunstâncias apropriadas e com planejamento adequado, poderá executar todos os passos de uma amostragem, com exceção da determinação da extensão das provas a serem feitas, da avaliação dos resultados apurados e da emissão da respectiva conclusão do auditor.

Esses elementos dependem exclusivamente do discernimento, dos conhecimentos e da tarimba do auditor.

Pressupõe a seleção de uma amostra, baseada em um ou mais intervalos uniformes de amostragem. Determina-se um intervalo uniforme, dividindo-se o número de itens do universo pelo tamanho de amostra desejada. Seleciona-se, ao acaso, um número para ser o ponto de partida, o qual não pode ser maior do que o intervalo uniforme. O início casual pode ser definido mediante o uso da tabela de números aleatórios ou por outro método isento de tendenciosidade, tal como a leitura do número de série de uma nota. Seleciona-se o item inicial da amostra aleatoriamente e, a partir daí, faz-se a seleção, a cada intervalo uniforme, cobrindo-se todo o universo. Exemplo: em um universo de 10.000 itens, o auditor seleciona uma amostra de 50 itens. O intervalo uniforme corresponderá a cada 200º item e o ponto aleatório inicial, entre o 1º e o 200º item, inclusive. O auditor relaciona o item inicial correspondente a cada 200º item a partir daí. A amostragem sistemática probabilística pressupõe a divisão de todo o universo em intervalos uniformes; não é exigida a utilização de programas de computador ou tabelas de números aleatórios para determinar os itens individuais que comporão a amostra. Com o computador para fazer a contagem de todo o universo, pode-se aumentar a eficiência da auditoria.

Pelo fato de se usar um início aleatório, o método sistemático permite que toda unidade de amostragem do universo tenha a mesma chance de ser selecionada, mas não determina que toda combinação possível de unidades de amostragem tenha essa chance, e é isso que o difere da amostra numérica randômica. Devido a essa diferença, a amostragem sistemática só deve ser usada quando se espera que os atributos ou saldos submetidos a teste sejam distribuídos ao acaso, ao longo de todo o universo. Como exemplo de universo não ordenado temos a folha de pagamento de uma companhia cujo registro de funcionários seja feito por turmas, cada uma constituída de um líder e nove outros componentes. Nessas circunstâncias, a seleção de cada 10º empregado incluirá todo ou nenhum líder de turma, dependendo do item inicial, escolhido aleatoriamente.

Ao se empregar amostragem sistemática probabilística e utilizar-se o expediente com vários inícios casuais, reduz-se a possibilidade de um padrão não reconhecido no universo produzindo uma amostra não representativa. Suponhamos que um auditor selecione sistematicamente uma amostra de 50 itens em um universo de 10.000 itens e decida usar 5 inícios casuais; assim, para os cinco inícios casuais, o intervalo é de 1.000 (200 × 5) e o auditor utiliza 5 diferentes números aleatórios entre 1 e 1.000, inclusive, selecionando cada 1.000º item a partir de cada início casual.

Tendo certeza razoável de que o universo está distribuído aleatoriamente, o auditor poderá avaliar uma amostra decorrente da aplicação de método de seleção sistemática probabilística como se tivesse selecionado a amostra a partir de um critério de seleção numérica randômica.

14.7.9 Amostragem em bloco

Envolve a seleção casual de diversos grupos de unidades de amostragem contínuas. Selecionando uma amostra de 100 itens, o auditor poderá selecionar, ao acaso, 20 itens do universo e pegar 4 unidades contíguas a cada item selecionado (num total de 5 grupos). A amostragem em bloco não é muito usada, porque frequentemente se podem empregar programas de computador para selecionar eficientemente amostras a partir de números aleatórios.

14.8 Execução do plano de amostragem em auditoria

O processo de execução do plano de amostragem contempla a seleção da amostra e exame dos itens selecionados. Ao examinar os itens, o auditor deve assegurar-se de que o procedimento de controle interno foi efetuado e, além disso, deve assegurar, também, que os documentos pretendidos podem ser escolhidos ou separados com menos dificuldades, sem interromper as atividades diárias do departamento sob auditoria.

Embora a execução de um plano de amostragem de atributos, normalmente, deva ser relativamente fácil, há certos problemas que em geral aparecem, apresentados a seguir:

- **Documentos inválidos** – alguns documentos selecionados podem ser inválidos. Nesse caso, o auditor deve testar a validade. Por exemplo: se for nota fiscal, testar se as vias estão completas. Para completar a quantidade de itens a serem testados, o auditor normalmente deverá selecionar um item adicional para teste, mantendo o tamanho planejado para a amostra.
- **Documentos não utilizados** – alguns documentos selecionados constam em branco. O auditor deverá confirmar se o documento está realmente sem utilização. Se, nesse caso, o número do documento subsequente for devidamente utilizado, isto pode significar a utilização incorreta dos documentos.
- **Documentos não localizados** – alguns documentos podem não ser localizados devido ao problema de controle de entrada de documentos antigos, para atender às exigências fiscais e contábeis. Nesse caso, o auditor deverá tentar encontrar respaldo, mesmo se houver necessidade de adotar um método alternativo. Por exemplo; se um canhoto de nota fiscal não for localizado, podemos verificar se, no corpo da própria nota, há evidência de entrega ao cliente ou, em último caso, estendê-la à comprovação das correspondentes faturas.
- **Erros na determinação do universo** – em alguns casos, o universo real pode se mostrar significativamente menor do que o universo estimado. Por exemplo, se o método utilizado for seleção randômica, os documentos deverão ser substituídos facilmente, por meio de seleção aleatória. Se, ao contrário, o universo real se mostrar maior do que o universo estimado, o auditor deverá analisar o impacto dos itens a serem excluídos na representatividade da amostra. Em último caso, as seguintes decisões devem ser tomadas: (1) redefinir o universo de amostra; (2) fazer uma seleção independente para os itens excluídos; (3) realizar o teste numa base estratificada; e (4) fazer uma seleção totalmente nova com base no universo correto.

A Figura 14.3 ilustra a forma de documentar os procedimentos de amostragem.

O que devo testar?

Objeto: testar universo de cadastro de créditos / **aprovação**

Universo e unidade: NF / faturas / **notas de embarque**

Condições de exceção: **% de devoluções**

Amostra: **deve diminuir à medida que o nível de erro aumenta**

Método de seleção: **aleatória simples, estratificada, cumulativa etc.**

Execução do plano: **possibilidade de separar documentos cancelados**

Avaliação dos resultados: **determinar a aceitação dos resultados**

Figura 14.3 Documentação dos procedimentos de amostragem em auditoria.

14.9 Avaliação dos resultados dos testes aplicados à amostra

O auditor deve avaliar os resultados do processo de amostragem após completar o exame e o processo de evidenciação e documentação de papéis de trabalho, determinando o número de desvios, se houver, para cada atributo. Ao avaliar resultados, o auditor deve se questionar: "O que seria feito caso os resultados projetados fossem, na verdade, o resultado de todos os itens?".

O processo de avaliação dos resultados da amostragem estatística de atributos consiste de:

- determinar as possíveis causas dos desvios e as correspondentes implicações no plano geral de auditoria;
- calcular a percentagem de desvio na amostra para cada atributo;
- calcular percentagem máxima de desvio no universo (limite superior) ao risco planejado de rejeição incorreta (a conclusão da avaliação);
- determinar se os resultados devem ser considerados aceitáveis ou inaceitáveis, comparando a percentagem máxima de desvio calculado;
- chegar a conclusões globais de auditoria (considerando todas as fontes de satisfação envolvidas), quanto à confiança que se deve depositar no sistema.

14.10 Documentação dos procedimentos de amostragem em auditoria

Os papéis de trabalho devem ser elaborados para conter a descrição do plano de amostragem, assim como os processos executados e apontamento dos resultados da avaliação. Os relatórios gerados pelos sistemas, normalmente, devem ser anexados nos papéis de trabalho.

Como é de praxe, as fraquezas encontradas no processo de avaliação devem, também, ser documentadas em sua respectiva seção e o auditor deverá promover o *follow-up*.

14.11 Relação com outros procedimentos de auditoria

A natureza, a extensão e a época de realização dos procedimentos de auditoria dependem, principalmente, da avaliação do risco relativo de auditoria do componente significativo sob exame. Quando o plano de auditoria compreende um teste detalhado de amostra representativa de um universo contábil, o auditor deve considerar a relação entre a satisfação de auditoria a ser obtida por tal procedimento e aquela proveniente de outras fontes.

O objetivo do teste determina a escolha do método de amostragem. O grau de satisfação que se procura de um procedimento de auditoria influi no tamanho da amostra, sobretudo devido ao fator conhecido como risco de amostragem.

A aplicação de qualquer procedimento de amostragem em auditoria pode produzir vários tipos de erro. Questões importantes podem não ser descobertas pelo auditor ou procedimentos de auditoria inadequados podem ser selecionados para alcançar objetivos de auditoria. Esses erros relacionam-se tanto com a pertinência da evidência de auditoria quanto com a eficácia dos procedimentos de auditoria e da supervisão. Os riscos podem ser minimizados com um bom planejamento, instruções e programas de auditoria claros, pela execução cuidadosa dos procedimentos planejados e por uma supervisão adequada, a cargo de pessoal capacitado. No entanto, a utilização de técnica de amostragem pressupõe a presença do risco inerente a esta técnica.

Há um risco de que a amostra selecionada não seja representativa do universo e as conclusões alcançadas para a amostra não sejam aplicáveis para o universo. O risco aceitável no processo de amostragem depende do grau de importância que se atribuirá ao teste projetado para a conclusão global do auditor.

O risco de amostragem apresenta dois aspectos:

- Rejeição incorreta em decorrência dos procedimentos de amostragem: o auditor conclui que não pode confiar nos controles ou que o saldo de determinada conta não é razoável quando poderia confiar nos controles, ou os saldos eram, de fato, razoáveis. Quando o auditor chega à conclusão errônea de que o universo examinado não pode ser aceito, a aplicação de outros testes e procedimentos de auditoria, normalmente, o conduzirá à conclusão correta.
- Aceitação incorreta em decorrência dos procedimentos de amostragem: o auditor chega à conclusão de que pode confiar nos controles ou de que o saldo de determinada conta é razoável, quando, de fato, isso não é verdade.

O risco de amostragem deve ser considerado ao se planejar cada aplicação de amostragem. Em função do risco inerente a cada plano, o auditor deve:

- produzir a amostra de tamanho suficiente;
- usar um método de seleção capaz de produzir uma amostra representativa do universo e de atender a seus objetivos.

Considerações quanto à integridade do universo (completo)

O auditor deve assegurar-se de que o universo determinado (teórico) e aquele em que aplicou técnica de amostragem (universo de fato), denominado marco, sejam equivalentes. As conclusões tiradas com base em uma amostra representativa só podem ser aplicadas ao marco, universo de onde se tirou a amostra. Se o marco não for equivalente ao universo a que se refere, então não incluirá todos os elementos a respeito dos quais o auditor quer tirar conclusão.

Considerações quanto ao tipo de teste e pertinência do documento-fonte

A seleção da amostra deve ser feita a partir de documentos-fonte ou elementos considerados apropriados ao objetivo do teste.

Por motivo de eficiência, o auditor deve verificar se os documentos podem ou não ser facilmente obtidos nos arquivos, se os outros documentos comprobatórios pertinentes existem e se é possível conferi-los com os registros contábeis. Se for impossível, cabe ao auditor estudar um meio de atingir seus objetivos de auditoria, a um custo menor.

Exercício

A família Nephetiti Ltda. mantém rede de supermercados há mais de 50 anos. Suas principais especializações incluem compras de frutas de melhor qualidade da CEAGESP e distribuição para seus clientes.

A empresa possui ativos empregados no total de R$ 16.000.000, receita líquida em torno de R$ 150.000.000, lucro líquido de R$ 4.000.000 e contas a receber no valor de R$ 7.500.000.

A Nephetiti Ltda. detém um excelente procedimento de controle, já avaliado pelos auditores na visita de ínterim. O auditor responsável pela auditoria das demonstrações financeiras para o período findo está preocupado com a quantidade de contas a receber, vencidas após a análise de *aging-list* das duplicatas que contêm mais de 3.500 itens. Observando cuidadosamente, constata que seis saldos atingiram o valor de R$ 120.000.

Questões para discussão

a) Qual é o erro tolerável aceitável nesse montante de contas a receber (materialidade de planejamento de auditoria de contas a receber)?

b) Quais procedimentos substantivos ou analíticos poderiam reduzir o risco de erro (procedimentos de auditoria adotados)?

c) Qual fator de risco pode ser relevante?

d) Qual tipo de amostragem pode ser mais apropriado?

e) Determine a população e a unidade de amostra mais adequada.

Testes de Controles Internos

15

15.1 Conceitos de controles internos

O controle interno compreende o plano de organização e o conjunto coordenado de todos os métodos e medidas implementados pelo gestor para salvaguardar ativos de uma organização, verificar a exatidão e a veracidade das informações contábeis, promover a eficiência das operações e fomentar maior adesão às políticas prescritas pela gerência.

Esta definição de controle interno é plenamente aceitável, pois engloba e destaca:

- proteção de ativos (salvaguarda dos interesses da empresa) – os ativos devem ser protegidos contra qualquer situação indesejável;
- obtenção de informações adequadas (proteção e confiabilidade dos informes e relatórios contábeis, financeiros e operacionais) – as informações contábeis são de fundamental importância para o processo decisório e para consecução dos objetivos da administração;
- promoção da eficiência operacional (estímulo operacional) – determinar, promover os meios necessários à consecução das tarefas, de forma a obter entendimento, aplicação tempestiva e uniforme;
- estimulação da obediência e do respeito às políticas da administração (aderência às políticas existentes) – assegura que os desejos da administração, definidos por meio de políticas e indicadores e por normas e seus procedimentos, sejam adequadamente seguidos pelo pessoal.

À medida que as empresas aumentavam seu porte, empregando mais pessoas, seus sistemas contábeis tornavam-se grandemente desenvolvidos. Daí a necessidade de empregar um gestor que viesse atuar no lugar do proprietário instalando seus controles internos no seu estilo.

Consequentemente, com a expansão do sistema contábil e o envolvimento de maior número de pessoas, foi possível dividir o trabalho na tarefa de segregação das funções incompatíveis. Assim, nenhuma pessoa será responsável por uma só operação desde o seu princípio até o seu fim. Para ajudar nessa tarefa tediosa, criaram-se controles internos eficazes e necessários para proteger os bens e evitar as fraudes.

Dessa forma, ampliou-se o campo de atuação do auditor, que passou da procura de erros e confirmação da exatidão dos demonstrativos contábeis para uma atividade de assessor, contribuindo e orientando para evitar que a infração fosse cometida, assegurando a efetividade de controles internos.

Espera-se que a atividade de auditoria independente tenha um enfoque de aproximadamente 75% nos testes de controles internos e o resto, nos testes substantivos. Isso fará que seu trabalho seja mais eficiente se houver estratégia de confiar nos controles.

15.2 Fundamentos de controle interno

De fato, o controle interno deve constituir parte integrante das próprias operações, transações e respectivos registros para o processamento das informações. Um controle interno negligente e uma contabilidade descuidada fazem com que a auditoria seja difícil, reduzindo a confiança que se possa depositar na consecução dos objetivos empresariais.

A confiabilidade no controle interno é muito reconhecida na auditoria como guia indicadora da quantidade necessária de comprovação detalhada, ou seja, testes substantivos que devem ser efetuados.

Os controles são testados se existe uma estratégia de confiança neles. Se não se deseja confiar nos controles, não se testa, pois a intenção é verificar a efetividade dos controles. Aliás, quando o controle parece ruim, outra estratégia deve ser utilizada para assegurar que as demonstrações contábeis não tiveram distorções materiais durante os períodos em análise.

15.3 Estrutura conceitual de controles internos segundo o COSO

Estrutura conceitual de controles internos, notadamente *framework* de controles internos, é sugerida pelo COSO (*Committee of Sponsoring Organizations of the Treadway Commission*). Essa estrutura foi concebida pela junção de esforço de cinco organismos profissionais da área contábil (*American Institute of Certified Public Accountants,*

Financial Executives International, Institute of Internal Auditors, American Accounting Association, Institute of Management Accountants) para melhor orientar o pensamento sobre controles internos nas organizações. Entende-se que, se as organizações seguirem os preceitos dessa estrutura conceitual, seus controles internos estarão devidamente implementados e sua efetividade será fácil.

O COSO trata o controle interno como um processo desenhado com o fim de prover razoável segurança para os negócios. Faz isso, principalmente, dando segurança e confiabilidade para relatórios financeiros, efetividade e eficiência das operações e garantindo conformidade com as leis e regulamentações aplicáveis. A confiabilidade dos relatórios financeiros está relacionada à divulgação das informações aos *stakeholders*. A efetividade e a eficiência das operações estão relacionadas ao alcance do desempenho e das metas de lucros, além da salvaguarda de ativos.

As cinco dimensões básicas são: ambiente de controle, avaliação de riscos, atividade de controle, sistemas de informação e acompanhamento e disseminação da informação.

15.4 Ambiente de controle

A controladoria e seus departamentos operam em um âmbito normalmente designado como ambiente de controle e esse ambiente pode influir na eficácia de tais controles.

O ambiente de controle compreende uma rede de funções interatuantes e segregadas, identificadas em atividades logicamente estruturadas. É nesse ambiente que desenhamos e implementamos os processos contábeis e os controles internos. Os principais recursos desse ambiente são harmoniosamente coordenados para que sejam efetivos e são orientados pelas estratégias, políticas, normas e procedimentos empresariais.

Os elementos do ambiente de controle incluem: integridade e valores éticos, compromisso com a competência, participação do conselho e/ou comitê de auditoria, filosofia e estilo da alta gestão, estrutura organizacional. Abrangem, ainda, definição de autoridade e responsabilidade, e políticas e práticas de gestão de pessoas.

Na avaliação do ambiente de controle, geralmente, os seguintes fatores são considerados:

- grau de conscientização sobre controles internos – grau de disseminação das informações sobre controles internos na empresa;
- filosofia e estilo da alta gerência – ênfase dada pela alta gerência aos assuntos que se referem aos controles internos, pode servir como espelho para toda a organização;

- segregação de funções – procedimentos de divisão de responsabilidade, que devem levar em conta preocupações com padrões éticos, conflitos de interesses e a competição interna;
- espírito de compromisso – comprometimento da gerência no tocante ao desenho e à implementação dos sistemas contábeis confiáveis, que pode contaminar todas as camadas hierárquicas inferiores de uma organização;
- estrutura organizacional – como as atividades são planejadas, executadas e controladas;
- transgressão dos controles pela alta administração – qual é a frequência de infração das normas e procedimentos operacionais definidos e implantados pelos próprios executivos. Entendemos que, se os próprios gerentes não obedecerem às regras preestabelecidas, os funcionários de cargos inferiores também não irão cumprir as normas;
- política e competência do pessoal – quais são os procedimentos definidos para as contratações e demissões, além dos procedimentos para aperfeiçoamento de mão de obra;
- proteção de ativos e seu registro do mesmo – quais são os procedimentos de segurança de informações implementados e que estão operando efetivamente;
- influência de fatores internos e externos – como estão os procedimento de utilização de informações externas (tendências de tecnologia de matéria-prima, de processo, gerencial, entre outras) no processo de planejamento e implementação dos objetivos empresariais.

15.5 Atividades de controle

As atividades de controle são os procedimentos executados na controladoria que ajudam a assegurar que as diretrizes gerenciais sejam cumpridas e as ações adotadas mitiguem todos os riscos que possam impedir alcance dos objetivos traçados. As atividades de controle são feitas nos processos de execução de controles, tais como:

- acumular, classificar e registrar os dados econômicos, financeiros e contábeis;
- observar a execução do trabalho ou coletar amostras para análises;
- determinar e verificar se desempenhos são satisfatórios;
- revisar e corrigir os padrões preestabelecidos;
- encaminhar relatórios periódicos e de análise de variações aos gerentes responsáveis.

Geralmente, as atividades de controle são os momentos cruciais de interpelação de um indivíduo no processo de controle, considerando sua hierarquia e as funções nos processos dos negócios. São ações que envolvem cadastramentos, registros, reconciliações, checagens, aprovações, entre outros procedimentos.

Por exemplo, vejamos no Quadro 15.1 os objetivos de controle de gestão de pessoas (RH)/folha de pagamento e as respectivas atividades de controle.

Quadro 15.1 Objetivos de controle da RH/ Folha de pagamento e atividades de controle

Nº	Processo Contábil e Objetivo de Controle	Atividade de Controle
PR-1	O departamento de pessoal tem funcionários com perfis para receber cadastros/formulários de admissão de novos funcionários, demissões e mudanças salariais, além de registrar mudanças no registro do empregado.	Por evento, os profissionais do departamento de pessoal exigem que o cadastro/formulário de admissão seja **aprovado** de acordo com a matriz de autoridade para a contratação de novos funcionários, bem como as comunicações por escrito, devidamente datado e assinado para fazer adições e registar alterações funcionais.
PR-2	As horas trabalhadas são registradas eletronicamente por meio do ponto eletrônico. Cada funcionário tem um cartão magnético para gravar as entradas e saídas. Note que os gerentes e diretores são dispensados desse processo.	Funcionário do departamento de pessoal realiza **checagem e verificação** interna dos documentos de origem para a folha de pagamento e deduções com documentos **aprovados**. As diferenças são investigadas e resolvidas.
PR-3	Periodicamente, o pessoal da folha de pagamento importa o total de horas trabalhadas mediante a rede para análise.	Periodicamente, o pessoal da folha de pagamento importa o total de horas trabalhadas por meio da rede e verifica a **autorização** de tais horas.
PR-4	Mensalmente, o empregado da folha de pagamento executa uma rotina que gera os resumos de folha de pagamento, integrados com as contas a pagar.	Mensalmente, o controlador **autoriza** as transações que provocam atualização das contas de contabilidade geral com os resumos de folha de pagamento.
PR-5	Trimestralmente, o departamento de contabilidade gera os resumos de folha de pagamento.	Trimestralmente, o controlador **reconcilia e revisa** os relatórios de acesso e certifica-se de que os usuários são verdadeiros funcionários e adequadamente autorizados.

15.6 Pontos de controle

São os momentos cruciais constatados nos processos em ambiente de controle nos quais a gerência exerce a função de monitoramento. São os controles-chave e, se deixarem de ser operados, comprometerão todo o procedimento.

No contexto de operação de auditoria de controles internos, reflete-se o ponto importante, levantando o que deve ser revisado na questão custo/benefício para que o auditor seja eficiente.

O auditor precisa finalizar seu julgamento a respeito desses pontos para que possa concluir efetivamente sobre a confiança nos procedimentos de controle.

15.7 Características dos controles

15.7.1 Controles básicos

São aqueles que demonstram que as transações contábeis, econômicas e financeiras foram efetivamente realizadas de forma integral. A essência da validade da transação é analisada também na averiguação do controle básico.

Convencionalmente, compreendemos esses controles como os controles contábeis. Por exemplo: num processo de auditoria, necessitamos testar a existência e a precisão das transações referentes à devolução de mercadorias no ciclo de vendas, comparando os dados desses registros com os documentos básicos da devolução.

Todavia, não podemos constatar que todas as devoluções foram efetuadas corretamente, de maneira completa e com validade, pois isso pode ser caracterizado como humanamente impossível.

Entretanto, esperamos que os sistemas de controle interno contemplem:

- segregação de funções na execução operacional, custódia e contabilização;
- um sistema de delegação de responsabilidades, de autorizações e de aprovações. As transações devem ser efetuadas de acordo com a autorização geral ou específica da administração;
- um sistema de registro de contas. As transações sejam registradas quando necessário, permitindo a elaboração periódica das demonstrações financeiras e a manutenção do controle contábil sobre seus ativos;
- comprovação da veracidade das informações contábeis, econômicas e financeiras;

- prevenção de fraudes e, em caso de sua ocorrência, possibilidade de descobri-las o mais rapidamente possível, determinando sua extensão;
- localização de erros e desperdícios, promovendo, ao mesmo tempo, a uniformidade e a correção ao se registrarem as operações;
- estímulo à eficiência do pessoal, mediante atividade de monitoramento efetuada pelos gestores.

15.7.2 Controles de existência

Esses controles são implementados para eliminar os gargalos operacionais que amarram os fluxos habituais das atividades. Por exemplo: ainda que a existência de devoluções devidamente registradas possa ser examinada pelos auditores – atividade normal como um ponto de controle –, os gerentes costumam estabelecer os limites e prazos para que as devoluções sejam efetuadas, isso para garantir que somente as devoluções válidas sejam registradas.

15.7.3 Controles de precisão

Esses controles tendem a orientar quanto à tempestividade dos lançamentos contábeis. Por exemplo: mesmo que a precisão de devolução de mercadorias registradas possa ser auditada normalmente, os gerentes devem implementar controles de precisão para assegurar que as devoluções válidas sejam contabilizadas em período contábil correto.

15.7.4 Controles de autorização

Esses controles têm por objetivo documentar a responsabilidade sob cada transação originada e consumada. Por exemplo: são desejáveis para assegurar que as devoluções de mercadorias sejam efetuadas de acordo com as instruções gerais ou depois de examinadas por especialistas em técnicas que realmente constatem os defeitos, ou pelos supervisores. Em muitos casos, a autorização é uma parte importante dessas instruções, embora a falta da devida autorização não altere o procedimento de devolução. Para evitar que pessoas não qualificadas efetuem autorizações, recomendamos a implementação de políticas de autorização que contemplem o manual de alçadas, o qual determina que todos os funcionários com respectivos cargos de responsabilidade devem apresentar suas assinaturas e rubricas.

15.7.5 Controles de salvaguarda

O controle de salvaguarda dos ativos, de maneira geral, atende à pretensão de obter um controle eficiente sobre todos os aspectos vitais do negócio. Esse controle é implementado para prevenir que os ativos móveis e valiosos recebidos ou produzidos não sejam perdidos ou roubados. Apresenta diversas modalidades, como controle de existência física, localização, segurança e benefício.

15.7.6 Controles de processamento

Os controles de processamento compreendem a utilização de recursos lógicos e a aritmética de computador, tais como: soma, subtração, cálculos complexos ou lançamentos de totais. Logo que as informações necessárias são captadas pelas unidades de entrada de sistemas, elas são processadas até a emissão das demonstrações financeiras. Se inexistirem controles internos elaborados para coibir alterações indevidas durante os processamentos, deverão existir procedimentos de monitoramento para suplementar o controle interno.

15.8 Princípios de controle interno

Os princípios de controle interno são medidas que devem ser seguidas em termos de políticas, sistemas operacionais e procedimentos organizacionais, para garantir a implementação de controles que sejam efetivos. São os seguintes:

- Responsabilização – a responsabilidade deve ser determinada.
- Segregação – a contabilidade e os departamentos que constituem a controladoria devem ter suas operações que apresentem caráter de incompatibilidade segregadas.
- Registros – devem ser aplicadas todas as documentações comprobatórias conforme padrões nos registros das informações contábeis.
- Controle independente – nenhuma pessoa deve ter completamente sob sua responsabilidade transações econômicas e financeiras para manter integridade.
- Competência – o pessoal deve ser cuidadosamente selecionado e treinado.
- Vícios – deve haver rotação entre os funcionários.
- Comunicação – todas as instruções devem ser por escrito.
- Compromisso da gestão – todos os funcionários de alta confiança devem assinar carta de compromisso sobre informações confidenciais da empresa.

- Os sistemas computadorizados devem ser utilizados com os conceitos de segurança embutidos na sua concepção.
- Deve existir procedimento de revisão independente por auditoria, para assegurar custo/benefício.

15.9 Auditoria de controle interno

Auditar o controle interno é avaliar a competência gerencial para levar a cabo as operações das empresas.

A verificação do controle interno é fator imprescindível num trabalho de auditoria. Os procedimentos adotados no controle interno de uma empresa não devem dar margem a erros ou fraudes.

Dessa relação, extrai-se que a auditoria deve verificar e avaliar o sistema contábil e o sistema de política administrativa por intermédio da aplicação dos instrumentos de auditoria, a fim de determinar a ocorrência ou não de erros ou fraudes que possam influenciar e distorcer as demonstrações financeiras.

15.10 Teste de procedimentos de auditoria de controles internos

Os procedimentos de auditoria dos controles internos, também conhecidos por testes de observância, constituem asseguração dos processos de controle. Certos usuários preferem usar essas concepções da forma que acham justa, o que significa a mesma coisa.

Os testes de controle consistem no levantamento dos controles, na avaliação e na conclusão sobre sua efetividade durante um período específico. No contexto de auditoria das demonstrações financeiras, podemos dizer que é a avaliação das técnicas de controle interno que, tomando-as em conjunto, permite a formação fundamentada da opinião do auditor sobre as demonstrações financeiras.

A seguir, apresentamos as técnicas largamente utilizadas pelos auditores no procedimento de auditoria dos controles internos, conforme demonstra a Figura 15.1:

- Técnica de Questionário.
- Indagação corroborativa – entrevista.
- Aplicação da técnica de observação.
- Aplicação da técnica de teste documental.
- Aplicação da técnica de reexecução ou reprocessamento.

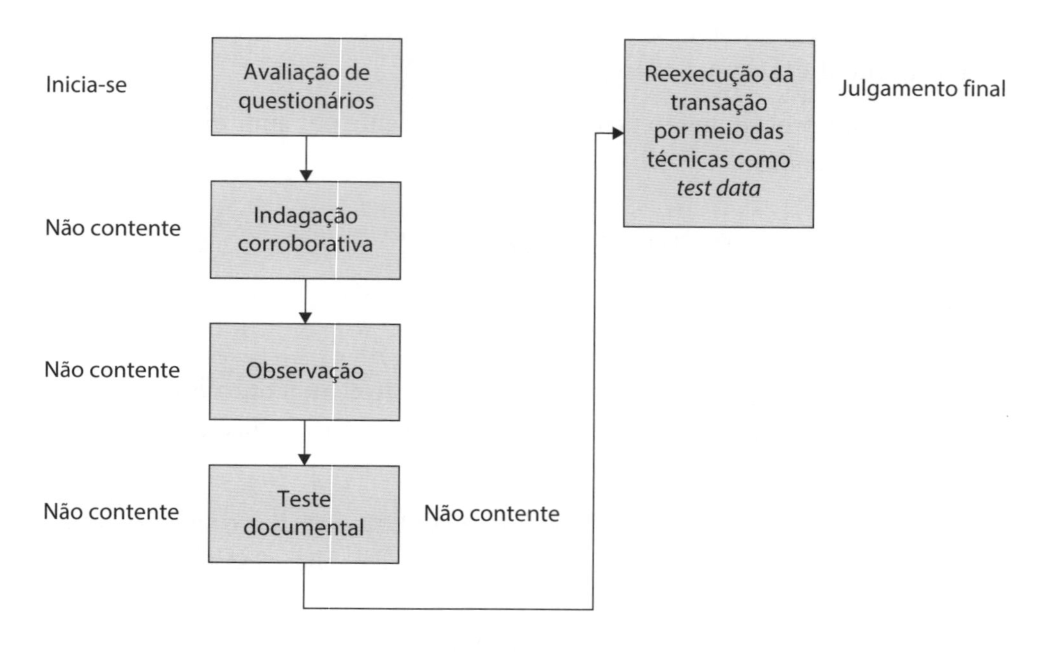

Figura 15.1 Abordagem de avaliação de controles internos.

15.11 As técnicas de auditoria do controle interno

As técnicas abordadas aqui seguem ordem de cima para baixo para seu uso efetivo na busca de evidências de auditoria. Se as necessidades do auditor em buscar evidências fossem satisfatórias ao atenuarem os objetivos de auditoria já com aplicação da segunda técnica, dependendo do julgamento profissional e atendendo ao conceito de eficácia de procedimento de auditoria, não haveria necessidade de percorrer as demais técnicas. Aliás, adota-se a analogia de "encher o balde". Quando o balde começa a transbordar, qualquer outra evidência coligida não será necessária em termos de custo/benefício e eficácia de auditoria.

15.11.1 Aplicação de técnica de questionários

A técnica de questionários compreende o meio de obtenção de evidência por meio de questões entregues pessoalmente ou a distância. Normalmente, o auditor envia os questionários por quaisquer meios de correspondência (correio eletrônico, cartas, SMS) solicitando que o auditado responda e devolva os formulários preenchidos. São de uso fundamental para a realização da coleta de dados preliminares ao início de auditoria que facilitem o planejamento.

Esse procedimento é mais útil quando necessitamos obter informações limitadas e específicas entre um universo de pessoas muito grande e em locais descentralizados e distantes. Ou também quando precisamos confrontar informações de várias localidades da mesma empresa; fazemos as mesmas perguntas nessas localidades.

São as seguintes características do uso da técnica dos questionários:

- *Check-lists* grandes de respostas sim/não.
- Facilidade para análises posteriores quando as perguntas forem sim ou não.
- Restringe-se a extensão em que podemos fazer uma pergunta aberta.
- As perguntas têm ordem lógica e sequencial de sua apresentação, às vezes uma corroborando e/ou complementando a outra.
- Em certas circunstâncias, o auditor pode considerar o anonimato em casos de investigação.
- A falta de respostas para alguns itens pode ser compensada na análise global, visto que outros procedimentos podem ter perguntas atenuantes.

15.11.2 Aplicação da indagação corroborativa

A indagação corroborativa compreende a aplicação de entrevista detalhada para se obter evidência sobre os controles internos. O processo de indagação corroborativa é muito eficiente no processo de levantamento de evidenciação para suportar os procedimentos de auditoria se acompanhados com testes. Permite receber informações e ao mesmo tempo também dar informações importantes que ajudarão a elucidar os processos complexos.

A indagação corroborativa pode ser direta ou indireta:

- **Direta** – indagando a pessoa que executa os procedimentos de controles-chave ou o gerente que executa atividade de monitoramento; e
- **Indireta** – indagando outra pessoa que não trabalha diretamente com a função, porém está em posição de saber se os controles foram implementados ou são efetivos. Como esse procedimento é mais difícil de ser aplicado do que o primeiro, apresentamos alguns exemplos de perguntas normalmente formuladas:

  – Quando foi a última vez que revisou este procedimento?

  – Quais erros foram identificados durante sua revisão dos processos?

  – Você poderia demonstrar algum exemplo do caso em questão?

  – Como você sabe que os procedimentos foram efetivamente executados?

Os seguintes cuidados devem ser tomados para que as entrevistas ocorram bem:

- Adaptar corretamente as perguntas aos ambientes. Normalmente, os auditores têm perguntas padronizadas, que devem ser reestruturadas para incorporar a realidade da empresa que está sendo auditada, e não simplesmente feitas automaticamente.
- A aplicação do procedimento de indagação corroborativa deve ser feita, somente, no nível hierárquico mais alto da empresa.

15.11.3 Aplicação da técnica de observação

A técnica de observação compreende o acompanhamento dos procedimentos que o auditado efetua, com atenção nos pontos de controle e procedimentos de monitoramento. A técnica de observação pode auxiliar na comprovação dos fatos colhidos nos procedimentos de questionário e de indagação corroborativa. Ademais, o funcionário pode descrever o processo que o favoreça. Contudo, os seguintes problemas capazes de complicar os processos de análise podem surgir:

- O funcionário, sendo observado, pode gerar outro tipo de comportamento operacional.
- Os procedimentos descritos podem não ser iguais ao seguido rotineiramente.
- As interrupções durante o processo, para atender a funções críticas da atribuição funcional, podem comprometer a continuidade do teste.
- O atendimento ao telefone pode aumentar as horas programadas pelos auditores nesse processo.

15.11.4 Aplicação da técnica de teste documental

A técnica de exame documental compreende avaliação dos procedimentos de controle e monitoramento representados pelos documentos. É a mais tediosa e consome mais horas de auditoria e envolve seleção de documentos via técnicas de amostragem estatística, e a quantidade de documentos representativos do universo baseia-se em julgamento profissional para corroborar o entendimento do ambiente de controle em questão para teste. Se no planejamento o auditor decidir usar a técnica de exame documental, é recomendável aplicar amostragem por atributos para selecionar os documentos. Como essa técnica pode ser ineficiente se aplicada isoladamente, aconselhamos utilizar a indagação corroborativa primeiro antes de despender horas nessa técnica.

15.11.5 Aplicação da técnica de reexecução

Compreende o reprocessamento das transações normais anteriormente efetuadas, para assegurar a veracidade das operações. A utilização de *softwares* de auditoria tais como ACL Audit Command Language ou IDEA pode auxiliar o auditor na tarefa de aplicar essa técnica. O procedimento de avaliação por meio de reexecução está sendo viabilizado com a informática bastante difundida.

Essa técnica, por si só, pode não ser conclusiva, uma vez que a mera execução correta das transações reprocessadas não significa que tais procedimentos foram efetuados corretamente e que foram consistentes durante um exercício contábil.

Ademais, essa técnica é mais apropriada para avaliação de controles internos programados.

Exercícios

1. Uma organização roda um *backup* diário de seus dados críticos de Sistema de Informação Contábil, tais como faturamento, e armazena num local *offsite*. Tal dispositivo de *backup* utilizado para restaurar arquivos de dados, quando acontece parada inesperada, é tido como:

   a) Controle preventivo.

   b) Controle gerencial.

   c) Controle corretivo.

   d) Controle detectivo.

2. O COBIT na auditoria de sistemas de informação, quando é inserido no âmbito de auditoria independente, atende aos preceitos do COSO. Compreende avaliação do ambiente de controle, mapeamento de riscos de controle, definição de atividade, objetivos de controle e os processos de sistemas de informações contábeis; levantamento do processo de monitoramento; e avaliação e reporte. As abordagens que podem ser aplicadas na auditoria são:

   1 aplicação de questionários;

   2 reexecução de transações;

   3 indagação corroborativa;

   4 exame documental;

   5 observação.

A sequência CORRETA para uso dessas abordagens é:

a) 1,2,3,4,5;

b) 2,3,1,4,5;

c) 1,3,5,4,2;

d) 3,2,1,5,4.

3. O auditor, ao adotar as técnicas ou abordagens citadas acima, fará tudo o que se apresenta a seguir, exceto:

   a) Revisar os processos e identificar os controles.

   b) Efetuar o teste de cumprimento para certificar-se do funcionamento de controles.

   c) Avaliar os controles para determinar a base de confiança, ou seja, natureza, escopo e época de teste substantivo.

   d) Desenvolver estratégia para anular as provas dos peritos.

   e) Testar contas e detalhes de transações, além de executar procedimentos analíticos.

4. Uma empresa de utilidades públicas (luz, gás, esgoto etc.) com grande investimento e frota de veículos, muito provavelmente, implantará qual controle interno de salvaguarda para reduzir o risco de perda ou furto de veículo? (Adaptado do CIA 592 II-15)

   a) Revisar a adequação de cobertura de seguro.

   b) Controlar de forma sistemática todas as ordens de serviço de reparos.

   c) Inventariar fisicamente os veículos e conciliar os resultados com os registros contábeis.

   d) Manter os veículos em local seguro, com saída e retorno aprovados pelo custodiante.

5. Um sistema de controle interno adequado e eficaz propicia razoável certeza de que objetivos e metas serão alcançados. Controles podem ser preventivos, detectivos e corretivos. Identifique o controle detectivo aplicável à função de compras.

   a) Produtos recebidos são contados e comparados com quantidades no pedido de compras e relatórios de recebimento (Nota de Recebimento).

b) A função de compras é separada, na estrutura organizacional, das áreas de recebimento, pagamento e contabilidade.

c) São exigidas a revisão e a aprovação de cada ação de compra antes da emissão final de um pedido de compra.

d) Formulários padrão pré-numerados incluem todas as condições relevantes, cuja utilização deve ser aplicada em todos os casos.

6. Durante os trabalhos envolvendo o ciclo de estoques e custos de produção, você notou um procedimento de controle que requer que um funcionário da contabilidade examine a fatura de materiais e compare os custos unitários demonstrados na planilha de custos do trabalho para todos contratados pelo governo. Esse procedimento foi realizado para mitigar qual assertiva e objetivo de controle?

   a) Validação.

   b) Avaliação.

   c) Autorização.

   d) Classificação.

7. Qual das seguintes atividades conduzidas por encarregado de folha de pagamento, em termos de segregação das funções, é mais um sinal de fraqueza de controle interno?

   a) Ter a custódia do equipamento de assinatura mecânica de cheques.

   b) Preparar o registro da folha de pagamento.

   c) Enviar o registro da folha de pagamento ao encarregado da contabilidade para aprovação.

   d) Registrar os cheques de pagamento numa conta conforme plano de conta separada.

8. Os passos de um processo típico de execução de controle interno incluem, na ordem correta:

   1 selecionar pontos de controle estratégicos de onde coletar informações sobre as atividades efetuadas;

   2 acumular, classificar e registrar amostras de informações;

   3 observar a execução do trabalho ou a coleta de amostras de informações;

   4 determinar se o desempenho é satisfatório;

5 revisar e corrigir padrões;

6 enviar relatórios de desvios significativos aos gerentes responsáveis.

a) 1, 3, 2, 4, 6, 5.

b) 1, 2, 3, 4, 5, 6.

c) 1, 3, 4, 2, 6, 5.

d) 1, 3, 4, 2, 5, 6.

9. Qual dos seguintes são elementos de um ambiente de controle?

a) Integridade e valores éticos.

b) Estrutura organizacional.

c) Atribuição de autoridade e responsabilidade.

d) Todas estão corretas.

10. Conforme o COSO, as políticas e procedimentos que ajudam a assegurar que as determinações gerenciais conforme seus estilos sejam cumpridas e as ações tomadas para tratar de riscos relacionados ao cumprimento de objetivos descrevem:

a) Avaliação de risco.

b) Ambiente de controle.

c) Atividade de controle

d) Monitoramento.

Testes Substantivos 16

16.1 Conceitos de testes substantivos

Testes substantivos são todos os testes de auditoria com exceção dos testes de controle. Ou seja, de todos os testes que o auditor executa, eliminando os que dizem respeito à avaliação dos processos de controles internos, o resto é teste substantivo.

Testes substantivos, também conhecidos por procedimentos substantivos, são procedimentos de auditoria destinados a obter:

- competente e razoável evidência corroborativa de validade e propriedade do tratamento contábil das transações e saldos; e
- evidências que permitam detectar distorções materiais nas demonstrações financeiras. Os testes substantivos são todos os testes executados em auditoria, com exceção de testes de controles internos.

Nesse contexto, o foco de teste substantivo é específico para completar o trabalho de auditoria de testes de controle. No que tange à auditoria das demonstrações financeiras, então, normalmente as direções de testes substantivos são as apresentadas no Quadro 16.1:

Quadro 16.1 Direções de testes substantivos em auditoria de demonstrações financeiras

Testes	Débitos	Créditos
Direção primária	Superavaliação	Subavaliação
Resultado direto é para:		
Ativos e despesas	Super	Super
Passivos e receitas	Sub	Sub
Resultado indireto é para testar:		
Ativos e despesas	Sub	Sub
Passivos e receitas	Super	Super

No entanto, a correlação entre a direção citada acima e os erros potenciais que podem gerar um desvio ou má interpretação dos números vários é grande. Geralmente, os auditores limitam-se às seguintes preocupações listadas no Quadro 16.2:

Quadro 16.2 Erros potenciais na interpretação de números

Erros potenciais relacionados às transações contábeis	Interpretações
Validade dos débitos	Débitos registrados deverão representar transações que realmente ocorreram ou ativos que existem.
Registro (a maior) de débitos	Débitos deverão ser registrados e sumarizados em valores que não sejam maiores do que os valores apropriados.
Cut-off (postecipado) de débitos	Débitos registrados deverão representar transações que ocorreram no período corrente e não no período subsequente.
Integridade de créditos	Todas as transações válidas que realmente ocorreram deverão ser registradas.
Registro (a menor) de créditos	Os créditos deverão ser contabilizados e sumarizados em valores que não sejam menores do que os valores apropriados.
Cut-off (antecipado) de créditos	Todas as transações que ocorreram no período corrente deverão ser registradas no período corrente, e não no período subsequente.

16.2 Técnicas aplicadas a testes substantivos

Para que auditor conclua os trabalhos sobre seus levantamentos que complementem os efetuados junto aos controles internos e possa promover ajustes, se houver, os testes substantivos são efetuados aplicando-se os procedimentos mencionados a seguir.

Esses procedimentos, embora sejam os mais apropriados nos processos de testes substantivos, podem também ser utilizados nos processos de auditoria dos controles internos. São os seguintes:

- **exame físico**, quando aplicável: estoques, imobilizado, instrumentos financeiros etc.;
- **confirmação e circularização**: caixa e banco, contas a receber, contas a pagar, contingências, entre outras formas de ocorrência ou existência de fatos;
- **conferência de cálculos**: cálculos aritméticos;
- **exame da escrituração**: composição de saldos, conciliações;
- **investigação minuciosa**: com enfoque na fidedignidade do objeto auditado;
- **inquérito**: formulação de perguntas e obtenção de respostas adequadas;
- **exame de registros auxiliares**: com o objetivo de comprovar o registro principal;
- **correlação das informações obtidas**: relacionamento harmônico das partidas dobradas.

Normalmente, a documentação dos testes substantivos é efetuada de forma a relacionar as fontes de evidência entre si. Pode-se adotar o *template* exemplificado na Figura 16.1.

Cliente		**W/P nº#**	
Título do W/P		**Preparado por**	
Data do Balanço		**Data**	
Preparado por Cliente		**Revisado por**	
		Data	

Objetivo

Descreva a natureza do procedimento a ser executado e as assertivas a serem testadas

Resultados do Procedimento e Evidência Obtida

Nesta seção, documente o resultado do procedimento executado. O conteúdo da documentação dependerá da natureza do procedimento executado; entretanto, a documentação deve ser suficiente para auxiliar um auditor experiente, tendo uma ligação anterior com esta auditoria, compreender a extensão do teste de auditoria executada, os resultados do procedimento, e as evidências ???????.

Documentação deve:

- *Incluir as identificações das características específicas dos itens testados;*
- *Demonstrar que os registros contábeis coadunam ou reconciliem com as demonstrações contábeis auditadas ou outras informações auditadas, e*
- *Incluir constatações significativas ou informações assim como medidas tomadas para os sanar.*

Tiques – Podem poupar tempos e espaços necessários para explanar procedimentos executados numa concentração única. Tiques mais comuns são demonstrados com legendas a seguir:

Legendas de Tiques

F	Somado
CF	Cruzado e Referenciado
Ç	Cálculos checados e confrontados
PY	Confrontado com W/P Ano anterior
TB	Confrontado com Balancete
GL	Confrontado com Razão
R	Confrontado com Relatório
C	Confrontado com Circularização
T	Cruzado com *(descrever a fonte)*
Ⓐ Ⓑ Ⓒ Ⓓ	*Usado para explicar procedimentos e as constatações*
① ② ③ ④	*Usado para cruzar e referenciar itens dentro do memo working paper*
✓	*Usado para indicar o teste executado e as exceções observadas*

Conclusão

Se as constatações forem significativas e o assunto observado, documente a conclusão alcançada no caso, e o julgamento profissional proferido para chegar a tal conclusão

Figura 16.1 Exemplo de documentação de testes substantivos.

Geralmente, os testes substantivos subdividem-se em:

- testes dos detalhes das transações e saldos;
- procedimentos de revisão analítica.

16.3 Testes dos detalhes das transações e saldos

Os procedimentos de testes dos detalhes das transações e saldos são aplicados à obtenção de evidências necessárias para confirmar a representação de saldos e/ou classes de transações contábeis.

Apresentamos, na Figura 16.2, exemplo de testes de detalhes com a Cia. Showcase:

Nome do Cliente	Cia. Showcase	**Referencia W/P #**	CR-2
Título do W/P	Contas a Receber	**Preparado por**	JJC
Data do Balanço	31/12/2x16	**Data Preparação**	18/02/2x17
Preparado por Cliente	Não	**Revisado**	JOI
		Data Revisão	25/02/2x17

Objetivo

Verificar se Contas a Receber constantes na Demonstração Contábil existem, se a Cia. Showcase tem Direitos e Obrigações sobre elas e se sua valorização está correta.

Resultado do Procedimento e Evidência Obtida

Nome do Cliente	Taxa de Juros	Data de Emissão	Data de Vencimento	Valor		Juros Acumulados 31/12/2x16	
Cliente A	7%	17/11/2x16	19/02/2x17	112.000,00	T, C	945,00	Ç
Cliente B	9%	15/09/2x16	30/03/2x17	330.000,00	T, C	8.707,00	Ç
Cliente C	10%	01/09/2x16	05/01/2x17	72.000,00	T, C	2.387,00	Ç
Cliente D	8%	24/07/2x16	18/03/2x17	91.000,00	T, C	3.191,00	Ç
Cliente E	9%	21/08/2x16	11/01/2x17	54.000,00	T, C	1.758,00	Ç
Cliente F	11%	30/10/2x16	29/04/2x17	95.000,00	T, C	1.775,00	Ç
Cliente G	8%	15/12/2x16	30/06/2x17	219.000,00	T, C	768,00	Ç
				973.000,00		19.531,00	
				F, TB		F, TB	

Legenda de Tiques

T Mapeados os valores, juros, data de emissão e vencimento para respectivos documentos de contas a receber
C Confrontados com circularização
Ç Cálculos conferidos
F Somados
TB Confrontado com balancete

Conclusão

Verificou-se a existência, direitos e obrigações por meio de avaliação dos documentos comprobatórios de contas a receber. Baseado em 100% da confirmação por meio de circularização e indagação corroborativa com o Controller (que confirmou a recuperabilidade de Contas a Receber), parece-nos a valorização apropriada e a provisão para perdas necessária.

Figura 16.2 Exemplo de documentação de testes de detalhes.

Ademais, a fim de esclarecemos melhor esse conceito, apresentamos em detalhe as técnicas de circularização e de conciliação.

16.3.1 Circularização

Compreende a aplicação do procedimento de indagação ou inquirição formal a terceiros, por escrito, a fim de se obter uma informação relevante. É o procedimento pelo qual o auditor procura obter uma informação externa, comumente designado de circularização ou confirmação de terceiros, ou seja, é a obtenção de manifestação formal efetuada por terceiros e referente a determinados fatos que esses terceiros possam atestar mediante documento formal.

Assim, uma circularização efetuada criteriosamente poderá ser de grande utilidade para o auditor e o levará a obter confirmação confiável sobre os aspectos que estão sendo examinados.

16.3.1.1 Importância da circularização

O auditor deve dispensar à circularização importância tal que ela não seja encarada como simples ato mecânico de preparo e expedição de pedidos. Deve dar ao trabalho o máximo de atenção em todas as suas fases e em todos os seus detalhes, buscando assegurar-se de que o resultado das respostas a obter será o melhor possível.

Modelo de carta de confirmação positiva

São Paulo, 22 de outubro de 2016.

Ilmos. Srs.

Bermudas Ltda.

Rua Lins, 120

Nesta

Prezados Senhores

Para fins de simples conferência, favor confirmar diretamente com os nossos auditores (*colocar nome, endereço dos auditores externos ou independentes*) o saldo que mantemos com V.Sas., conforme abaixo discriminado, em 22 de outubro de 2016.

Adicionalmente, caso haja alguma divergência com os registros de V.Sas., solicitamos indicar na coluna de observações a natureza dessa divergência.

Antecipadamente gratos, subscrevemo-nos.

Atenciosamente

Topatudo Ltda.

Nº DUPLICATA	VALOR R$	OBSERVAÇÕES
101	150.000,00	a vencer em 12/11/2016
Total	150.000,00	

Confirmação:

À

Topatudo Ltda

Rua dos Lavapés, 120

Nesta

Confirmamos o saldo a pagar a (*aqui se deve colocar o nome da empresa auditada*), abaixo discriminado, em 22 de outubro de 2016.

Número da duplicata	Valor	Observações
101	150.000,00	a vencer em 12/11/2016

São Paulo, 22 de outubro de 2016

Bermudas Ltda.

Modelo de carta de confirmação negativa

São Paulo, 22 de outubro de 2016.

Ilmos.Srs.

Bermudas Ltda.

Rua Lins, 120

Nesta

Prezados Senhores,

Para fins de simples conferência, favor examinar a demonstração abaixo relatada do saldo que mantemos com V.Sas, em 22 de outubro de 2016. Adicionalmente, caso haja alguma divergência com os registros de V.Sas., solicitamos confirmarem diretamente com os nossos auditores (*nome e endereço dos auditores externos ou independentes*) e indicar na coluna Observações as naturezas da divergência.

Antecipadamente gratos, subscrevemo-nos.

Atenciosamente,

Modelo de Circulares

Confirmação de Saldos em Conta-Corrente

Ao

Banco do Brasil S.A.

Agência Central

SB-Bloco-a

CEP 70001 – Brasília – DF

Prezados Senhores,

Vimos solicitar a V.Sas. a especial fineza de informarem diretamente aos nossos auditores, através do envelope selado anexo, o saldo de nossa conta-corrente – caixa única e de quaisquer outras em....../......./......... de 2016, que mantemos junto a esse conceituado estabelecimento.

Antecipamos nossos agradecimentos e subscrevemo-nos.

Atenciosamente,

As limitações:

O auditor deverá levar em conta, sempre que efetuar trabalhos de circularização, evitando que ela se torne improdutiva, certas limitações a que está sujeita, com, por exemplo:

- Havendo quantidades consideráveis de saldos de pequena monta formando o conjunto de contas, o exame deverá ser feito mais com a finalidade de testar os controles internos da empresa auditada, porque a quantidade dos pedidos, em tais casos, será praticamente de pequeno alcance em relação aos totais das contas.
- O mesmo caso se aplica quando as contas se referirem a pessoas físicas, como no caso de clientes de crediário de agricultores e semelhantes, pelo fato de a prática ter demonstrado que, em tais casos, por mudanças constantes de endereço, inacessibilidade aos locais dos destinatários, não compreensão, e até mau entendimento quanto ao objeto dos pedidos, o resultado de respostas obtido é mínimo. A circularização poderá ser consideravelmente reduzida e efetuada mais a título de teste se, na empresa auditada, existir auditoria interna ou outro órgão que a atue de forma independente e satisfatória, aproveitando-se o trabalho efetuado de comum acordo.

16.3.1.2 Responsabilidade

A responsabilidade pela circularização, dada a importância de que se reveste o assunto, e por ser um trabalho eminentemente técnico, cabe única e exclusivamente ao auditor, sendo irrelevante para descaracterizar a dita responsabilidade o fato de participar dela, parcial ou integralmente, pessoal técnico ou não, tanto da empresa auditora quanto da empresa auditada.

Todos os detalhes, portanto, quanto à circularização, técnicos ou formais, e em todas as suas fases, devem merecer do auditor o máximo de atenção e acompanhamento permanente, principalmente junto ao pessoal não técnico envolvido no assunto.

16.3.1.3 Fases de circularização

As fases da circularização compreendem:

1. A seleção dos saldos, posições ou outras situações a circularizar, por uma questão de independência da auditoria externa/interna e de responsabilidade exclusiva do auditor, inclusive quanto aos tipos de pedidos a emitir. Todavia, a pedido da administração, contas selecionadas ou não poderão ser excluídas ou incluídas na amostragem, desde que tal acerto seja tratado com pessoal adequado de instrução, independente daquele que lida com saldos, posições ou situações selecionadas. Em tais casos, deve o auditor registrar os fatos em seus papéis de trabalho, inclusive nome e cargo da pessoa com quem tratou a respeito.

2. Normalmente, a seleção das situações a circularizar tem como base as demonstrações contábeis ou relatórios internos. Porém, o auditor deve ter em mente, quando estiver efetuando a seleção, o seguinte:

   Não deve se restringir somente às contas de Ativo e Passivo que representam direitos e obrigações efetivas, procurando verificar, também, as contas de compensação, que registram direitos e obrigações em potencial cuja circularização gere interesse. Por exemplo: seguros, cobrança em poder de terceiros, posição de litígios e demandas fiscais e trabalhistas, contas que, muitas vezes, não estão ou não são passíveis de representação gráfica, não aparecendo nas demonstrações contábeis, mesmo em contas de compensação. Por isso, não deve o auditor se restringir somente a essas demonstrações no trabalho de seleção, devendo inquirir, examinar registros, livros, fichas e controles auxiliares e extracontábeis etc., buscando detectar tais situações.

3. Como bom critério de seleção, deve-se apontar aquele que consiste em escolher todas as contas acima ou a partir de um determinado valor e, ao acaso, algumas de menor valor, sendo recomendável a adoção de um critério estático para tal. Por envolver diversas áreas, pessoas e tarefas específicas, a eficácia do procedimento de circularização depende, fundamentalmente, de um bom planejamento, o qual deverá abordar os aspectos de natureza, extensão e profundidade da circularização. O planejamento deve permitir ao auditor executar as tarefas da melhor forma possível, a fim de que o objetivo da circularização seja atingido.

Os pontos fundamentais que deverão ser abordados no planejamento são:

- definições das áreas/contas a serem circularizadas e dados que devem ser objeto da circularização;
- definição de data-base;
- critérios de seleção dos itens:
- fontes de informações dos dados.

A definição das áreas/contas, assim como os demais tópicos, está intimamente ligada ao objetivo da circularização. Assim, por exemplo, se o objetivo é testar a atualização de cadastro, é necessário definir a área (cadastro de depositantes acionistas, devedores por empréstimos), cujos dados serão confirmados (razão social/ nome, número do CPF ou CNPJ, quantidade de ações que possui).

Critérios mais utilizados na seleção de itens a serem circularizados são:

- selecionar saldos acima/abaixo de determinados valores;
- efetuar a seleção por meio de amostragens estatísticas;
- indicar na seleção contas com saldo zero;
- selecionar os maiores devedores/credores.

As fontes de informação podem ser os registros contábeis, controles operacionais e relatórios.

Assim, é necessário que o planejamento identifique e indique a fonte adequada para a seleção dos itens perante os objetivos a serem alcançados.

16.3.1.4 Como se processa a circularização

Devem-se levar em conta etapas a serem cumpridas e tipos de impressos ou endereços de internet a serem utilizados.

Quanto às etapas, deverá ser feita solicitação de emissão dos pedidos ao cliente ou ao responsável pela área, numa primeira oportunidade.

A conferência e o recolhimento dos pedidos serão feitos pelo auditor junto ao cliente ou responsável numa outra oportunidade, para expedição aos destinatários.

Quanto aos tipos dos papéis, há modelos pré-impressos confeccionados pelas empresas de auditoria ou pela própria instituição.

O auditor deve atentar para os aspectos da preparação dos pedidos, verificando:

- se estão devidamente preenchidos com nomes e endereços completos, inclusive com CEP ou endereço de *e-mail*;
- se estão devidamente datados, com data de emissão e datas-base para as quais as informações forem solicitadas;
- se estão assinados devidamente, por pessoal do cliente autorizado para tal;
- se foram preparados com o número certo de vias solicitadas, inclusive anexos, se houver;
- se a discriminação de saldos ou posições confere com os valores para os quais as informações forem solicitadas;
- se foram preparados de acordo com os modelos solicitados.

16.3.1.5 Tipos de circulares ou pedidos

São classificados como:

- positivos, aqueles para os quais se solicita ao destinatário uma resposta, independentemente de haver ou não divergências quanto a eles;
- negativos, aqueles para os quais se solicita ao destinatário que responda somente quando houver divergências, considerando-se, em consequência, sua não resposta como conformação ou concordância com os valores ou demais dados dos pedidos.

Follow-up

Deverá ser feito um acompanhamento dos resultados obtidos com a circularização, que levará a responder se o objetivo precisamente estabelecido foi atingido.

16.3.2 Teste de conciliações

Normalmente, as empresas preparam, em base mensal, as conciliações bancárias, as quais representam uma reconciliação de saldo de conta-corrente bancária, pelo extrato (registro do banco), com o saldo da razão analítica (registro da empresa). As conciliações demonstram as transações registradas pelo banco e não pela empresa e as contabilizadas pela empresa e não pelo banco.

Na prática, a reconciliação é elaborada tomando-se como base o último dia do mês e consiste em eliminar as transações que apareçam em ambos os registros (extrato bancário e razão analítico). As transações que sobram representam itens pendentes.

Exemplo 1:

O cheque nº 4441.333 no valor de R$. 100.000 foi emitido, contabilizado e entregue ao seu beneficiário em 29/12/2016, entretanto só foi apresentado no extrato bancário em 03/01/2016. Considerando esse cheque o único item pendente, a reconciliação bancária, para 31/12/2016, seria demonstrada da seguinte forma:

	Extrato	Razão
Saldos em 31/12/2016	1.201.105	1.101.105
CH. nº 4441.333, de 29/12/2016, não apresentado	(100.000)	_______
Saldos ajustados	1.101.105	1.101.105

Exemplo 2:

Em 30/12/1990, a empresa efetuou um depósito no valor de R$ 501.000 em cheques de outras praças. Esse depósito apareceu no extrato somente em 02/01/1991. Considerando esse depósito o único item pendente, a reconciliação bancária para 31/12/1990 seria apresentada da seguinte forma:

	Extrato	Razão
Saldo em 31/12/2016	1.501.106	2.002.106
Depósito efetuado em 30/12/2016 não apresentado	501.000	–
Saldos ajustados	2.002.106	2.002.106

Exemplo 3:

Em 30/12/2016, o banco recebeu R$ 750.000 referentes a duplicatas de clientes que estavam em carteira e creditou essa quantia na conta da empresa, que registrou essa transação em 10/01/2016, devido ao fato de que o banco só enviou o aviso bancário em 09/01/2016. Considerando esse recebimento o único item pendente, a reconciliação bancária para 31/12/2016 seria apresentada da seguinte forma:

	Extrato	Razão
Saldos em 31/12/2016	3.007.879	2.257.879
Recebimento de duplicatas em carteira		
Não contabilizados		750.000
Saldos ajustados	3.007.879	3.007.879

16.4 Procedimentos de revisão analítica

Os procedimentos de revisão analítica dizem respeito aos estudos de relação entre elementos de informação contábil, financeiros e não financeiros, dos quais, de acordo com as políticas e estratégias empresariais e os procedimentos operacionais, espera-se demonstrar uma tendência predeterminada. O problema existe quando as expectativas do auditor não se confirmam analisando todos os cenários que possam influenciar as informações econômicas e financeiras.

Grosso modo, o objetivo de revisão analítica é levantar situações anormais e significativas nas contas do balanço patrimonial e nas demonstrações do resultado do exercício.

Essa revisão nos ajuda a levantar *red flags*. Estas, por sua vez, poderão ser corroboradas com as exceções que porventura forem identificadas nos testes de detalhes dos saldos.

As informações são comparadas com os períodos anteriores, com vistas a levantar as tendências incomuns. Ou seja, documentar todos os processos que envolvam as atividades de auditoria de (1) comparar montantes registrados com uma expectativa sobre eles; e (2) identificar e corroborar as explicações para as diferenças que excedam o limite, efetuando análises ou indagações e examinando documentações de suporte.

Nesse contexto, o auditor assume, com os devidos critérios, algumas estimativas contábeis por meio de:

- avaliação fundamentada das estimativas;
- identificação das circunstâncias que exijam essas estimativas contábeis;
- análise e compreensão do processo de estimativa;
- teste de razoabilidade da estimativa;
- levantamento e teste das documentações comprobatórias.

Para se consolidar esse procedimento, a avaliação do resultado dos testes é efetuada com atenção em:

- fatores quantitativos e qualitativos em todos os erros monetários materiais detectados;
- conclusão de que o alcance da auditoria foi suficiente; e
- conclusão de que as demonstrações financeiras não estão materialmente incorretas.

Pode haver caso em que o auditor tenha selecionado algumas contas da composição de vendas/contas a receber e constatou que estavam corretas. Entretanto, considerando o nível de risco aparente, ele necessitaria de execução de outros procedimentos complementares de teste.

Se houver valor indevidamente debitado nessa conta que não tenha sido selecionado para teste por meio de amostragem, esse valor poderá passar batido.

Suponhamos que se estabelecesse uma provisão para crédito de liquidação duvidosa de 3% a partir de *ageing list* de vendas e contas a receber que se considerasse no patamar de razoabilidade, inclusive considerando saldos irrecuperáveis. Os auditores poderiam ver outras formas de teste comprobatório para concluir a respeito dessa conta?

Assim, os questionamentos diretos aos executivos de forma *top-down* podem indicar como as políticas de controle interno de provisão para crédito de liquidação duvidosa podem ser sobrepostas, e isso pode resultar nos tratamentos contábeis que gerem inconsistências.

16.4.1 Tipos de procedimento de revisão analítica

Alguns dos tipos mais comuns do procedimento de revisão analítica são:

- investigação de variações inesperadas, levantadas durante a revisão analítica;
- obtenção e documentação de explicações referentes às variações materiais;
- avaliação dos efeitos dos resultados de revisão analítica sobre as demonstrações financeiras;
- comparação dos números de orçamentos com as informações reais;
- avaliação das tendências e dos índices financeiros;
- comparação de exercícios anteriores;
- aumentos gerados por elevação nos níveis de atividades operacionais;
- comparação das atividades com o setor e com outros índices do mesmo ramo.

16.4.2 Aplicação do procedimento de revisão analítica

Os procedimentos de revisão analítica são aplicados no decorrer da auditoria como um todo, mas, em alguns momentos cuja aplicação é mais acentuada, consistem em:

- **Planejamento da auditoria**: no processo de planejamento, quando identificamos os riscos aparentes dos controles internos e os riscos inerentes, os auditores efetuam conclusão prévia nessa etapa, para melhor desenhar as estratégias e os procedimentos de auditoria a serem adotados. Por exemplo: o auditor pode ter descoberto que a *market share* da empresa baixou de 45% para 29% em relação ao exercício anterior. Ou que o índice de liquidez mudou de 2,50 para 1,05 no mesmo período.

- **Obtenção de evidências durante a auditoria**: a preocupação do próprio auditor em colaborar com seu cliente na tarefa de reduzir custo, para ser competitivo na atual era de globalização, também deve ser refletida no tocante à eficiência da auditoria em andamento. Isso faz com que somente se apliquem os procedimentos direcionados para obtenção de evidências que complementem a confiança já estabelecida, por meio dos testes de controle interno. Por exemplo: o auditor independente pode decidir confiar nos resultados de testes já efetuados pelos auditores internos de uma empresa. Baseado nisso, ele seleciona uma amostra menor para complementar e documentar o teste substantivo. Pode ser o teste de inventário físico cíclico, efetuado periodicamente pelos auditores internos de uma montadora de automóveis, com a certeza de que isso irá reduzir bem os gastos. Outro exemplo é a decisão do auditor em analisar a evolução atentando para identificação das flutuações anormais nos itens das demonstrações financeiras, como mostramos a seguir:

ANÁLISES DAS DEMONSTRAÇÕES FINANCEIRAS

DESCRIÇÃO DE CONTAS	20X1			20X2			20X3		
Demonstração de Resultado de Exercícios	($)	AV%	AH%	($)	AV%	AH%	($)	AV%	AH%
Receita Líquida de Vendas	7.394	100	100	5.342	100	- 27,75	12.977	100	142,92
(–) CMV	- 5.169	- 69,91	100	- 4.292	- 80,34	- 16,96	- 9.060	69,82	111,09
Lucro bruto	2.225	30,09	100	1.050	19,66	- 52,80	3917	30,18	273,05
(–) Despesas Operacionais	- 2.266	- 30,65	100	- 2.546	- 47,66	12,35	- 3.984	30,70	56,48
(–) Despesas/Receitas Financeiras	- 238	- 3,22	100	1.679	31,43	805,46	1.344	10,36	19,95
Lucro bruto	- 279	- 3,78	100	183	3,43	165,59	1.277	9,84	597,81
(+) Resultado não Operacional	26	0,35	100	39	0,73	50,00	51	0,39	30,77
Lucro Líquido antes de IR	- 253	- 3,43	100	222	4,16	187,74	1.328	10,23	498,20
(–) Prov. IR/Participações	0	0	100	- 13	- 0,24	100,00	240	- 1,85	1.746,15
Lucro Líquido	- 253	- 3,43	100	209	3,92	182,61	1088	8,38	420,57

Em outros processos de consolidação dos trabalhos de revisão analítica substantiva, o auditor deve efetuar os cálculos dos índices econômico-financeiros e indicadores de desempenho, entre os quais citamos liquidez geral, liquidez corrente, capitalização e imobilização. Outros são de lucratividade e de rotatividade. Como subsídio gerencial, hoje, há informações apresentadas em torno de EBITDA (*earnings before interest, taxes, depreciation and amortization* – lucros antes de juros, impostos, depreciação e amortização) que apresentam análises sobre o fluxo de caixa de uma empresa desconsiderando despesas financeiras, impostos, depreciação e amortização, podendo-se assim enxergar exatamente quanto dinheiro líquido a empresa está gerando.

Exercícios

1. Os seguintes são procedimentos substantivos, com exceção de:
    a) Testes computacionais.
    b) Teste de biometria.
    c) Teste de reconciliação.
    d) Teste de circularização
    e) Teste de contagem física.
    f) Teste de correlação.
    g) Teste de inquirição.
    h) Testes analíticos.
2. O fato de o auditor confirmar o saldo de contas a receber com o cliente da empresa auditada é um exemplo de que tipo de teste a respeito de contas a receber?
    a) Um teste substantivo relacionado à assertiva de existência.
    b) Um teste de controle relacionado à assertiva de existência.
    c) Um teste substantivo relacionado à assertiva de valorização.
    d) Um teste substantivo relacionado à assertiva de *cut-off*.
    e) Nenhuma das afirmações anteriores.

Parte VI

AUDITORIA DE ITENS DO BALANÇO

Ciclos de Vendas e Contas a Receber

17

17.1 Conceitos de ciclos de vendas e contas a receber

No ciclo de vendas e contas a receber, pretende-se enfocar seu funcionamento, o fluxo da rotina e os procedimentos de testes de controle internos, além da revisão analítica e da substantiva.

O ciclo de vendas e contas a receber é muito importante em todas as empresas, sejam elas indústria, comércio, varejo, serviços ou instituições financeiras. A importância dos elementos que compõem o referido ciclo pode ser resumida em três pontos:

- As vendas representam o desfecho natural da atividade comercial de uma empresa e o montante delas, normalmente, é o maior item da demonstração de resultados.
- As duplicatas a receber fornecem as entradas de caixa (*cash flow*) necessárias para continuidade dos negócios e suas atividades frequentemente representam um item significativo no balanço patrimonial.
- As contas a receber terão mais importância na medida em que representarem a maior ou menor parte das vendas e a possibilidade de que sua cobrança possa vir a afetar diretamente a avaliação do auditor em relação à continuidade dos negócios.

No entanto, há dois aspectos a serem considerados na contabilização das receitas e contas a receber: (1) quando devem ser reconhecidas as receitas e as respectivas contas a receber? e (2) qual o valor a ser reconhecido como receita? As receitas devem ser contabilizadas pelo montante recebido ou que se espera receber. Esse montante, normalmente, é representado pelo preço de venda, às vezes diminuído por descontos comerciais ou financeiros ou por provisões. Ademais, as seguintes orientações dos princípios devem ser consideradas:

- A receita proveniente de vendas de mercadorias deve ser reconhecida na data das vendas que, por sua vez, deve coincidir com a data da entrega das mercadorias.
- As receitas resultantes da prestação de serviços devem ser reconhecidas no momento em que os serviços são prestados.
- As receitas que resultam da permissão a terceiros para que usem recursos da empresa, tais como aluguéis, juros e *royalties*, devem ser reconhecidas na medida do tempo decorrido ou dos recursos utilizados.
- As receitas decorrentes de vendas de ativos que não representam estoques devem ser reconhecidas na data das vendas.

Às vezes, as receitas são reconhecidas com base em princípios diferentes dos que foram mencionados. Por exemplo, nos contratos de construção a longo prazo, as receitas podem ser reconhecidas à medida que as obras avançam. Isso é conhecido como método da percentagem completada ou com base no orçamento.

17.2 Procedimento e controle do ciclo de vendas

17.2.1 Funcionamento

O ciclo de ingressos representa todas as funções relacionadas com as vendas de bens e prestação de serviços, normalmente objeto da atividade específica da empresa. Complementarmente, engloba os direitos a receber que constituem as fontes de ingresso de recursos. Após o efetivo recebimento (ingresso do recurso no caixa ou bancos), constituirá as fontes para o giro do negócio.

As funções que normalmente abrangem o ciclo de entradas ou comercialização dependem dos casos particulares em cada tipo de atividade. Em geral, temos as seguintes funções:

- definição de políticas a clientes quanto a sua aceitação (clientes com estabilidade financeira, referências comerciais etc.) e a fixação de preços e condições de prazo;

- estabelecimento de limites de crédito para a carteira de clientes;
- elaboração das propostas de vendas;
- acompanhamento e controle da entrega das mercadorias;
- controle do processo de faturamento e registro das contas a receber originárias do embarque e da entrega dos pedidos;
- confecção, atualização e controle das comissões sobre as vendas;
- análise da evolução das vendas (estatística).

Para conhecer a atividade e a operação que abrangem o ciclo de vendas e contas a receber, o auditor necessita documentar por meio de fluxogramas, durante seu planejamento detalhado, todo o processo que compreende os sistemas de ERP e que fomente diferentes registros, arquivos e formatos que entram para o funcionamento do ciclo, como:

- listagem detalhada da composição ativa da carteira de clientes, especificando código, nome, endereço, limite de crédito, condições de pagamento etc. Deve ser mantida sempre atualizada;
- registro das ordens de vendas a clientes pendentes de fornecimento;
- registro dos pedidos de vendas despachados pendentes de faturamento;
- registro das devoluções de venda faturadas e sem crédito;
- registro das faturas de venda (especificando número da fatura, código do cliente, total);
- arquivo de clientes individualizados relacionando os créditos não recebidos;
- posição mensal dos clientes (estatística).

Da mesma forma, para um perfeito funcionamento desse ciclo, é importante que os demais ciclos envolvidos também sejam controlados. Veja o relacionamento dos demais ciclos na Figura 17.1:

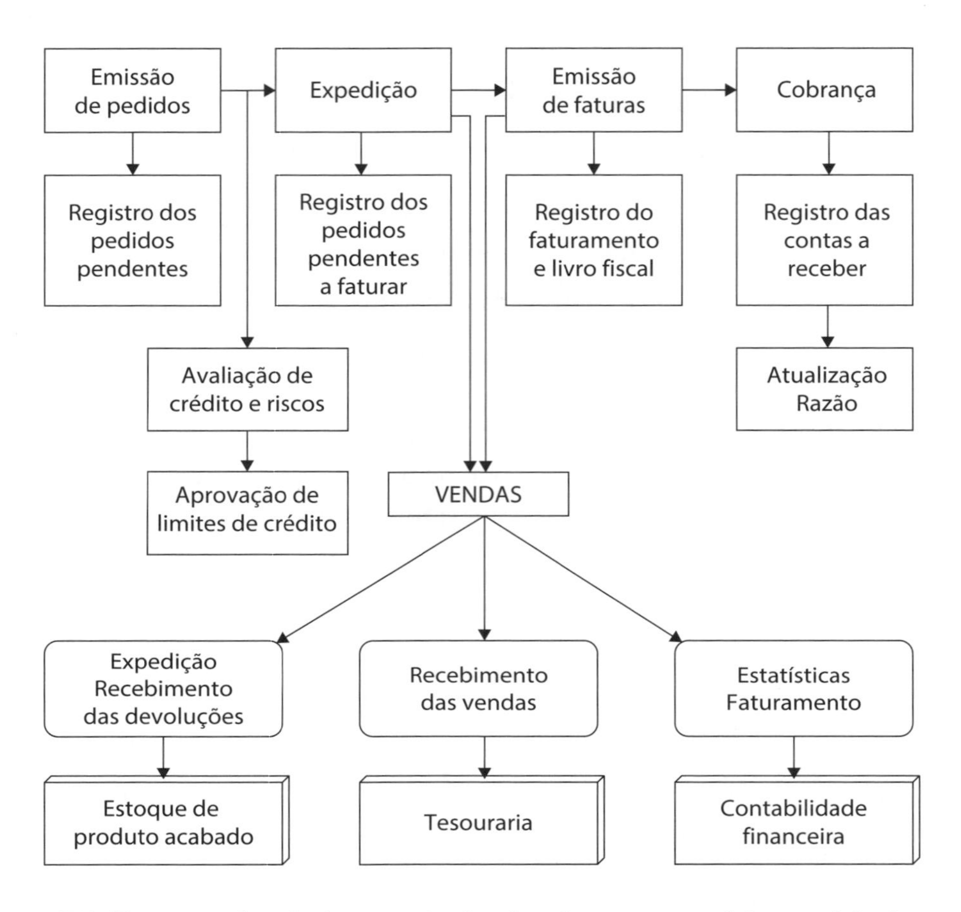

Figura 17.1 Esquema de relacionamento das funções com o registro no ciclo de vendas e contas a receber.

17.2.2 Controles

No ciclo de vendas, os controles fundamentais são:

a) **Atribuição de responsabilidades e autoridade com perfis de acesso aos sistemas pelas pessoas apropriadas e de conformidade com as políticas estabelecidas com o objetivo de:**

- definir os requisitos que os clientes devem cumprir para sua seleção e posterior aprovação do crédito, considerando sua estabilidade financeira, antecedentes, referências, informações comerciais etc.;
- determinar o preço de venda e suas condições no mercado (data de entrega, local de fornecimento, créditos, descontos, pagamento). As listas de preços se-

rão aprovadas pela diretoria, assim como as condições aprovadas para crédito, entrega e cobrança;

- aceitar os pedidos de clientes, controlar despacho, devoluções e reclamações dos produtos, emitir faturas de vendas ou notas de crédito aprovadas e tornar efetivas as contas a receber;
- autorizar situações específicas ou anormais que impliquem ajuste nas políticas definidas pela empresa (correção do faturamento, descontos especiais, comissões adicionais etc.);
- aprovar a regularização das contas incobráveis.

b) **Segregação das funções das diferentes atividades de registro de pedidos, créditos, despachos das mercadorias, faturamento e notas de crédito, cobrança e contabilização.**

As pessoas que exercem funções de registro de pedidos de vendas não devem efetuar as funções de aprovação dos créditos, faturamento, despacho, cobrança ou contabilização. Da mesma maneira, os cobradores ou pessoas com responsabilidade de cobrar dos clientes não devem realizar atividades de vendas, faturamento, expedição e contabilização.

c) **Formalização e preparação de pedidos de clientes somente quando existir a aprovação de tais pedidos. Deve-se levar em conta que o recebimento de um pedido implicará sempre:**

- sua aprovação quanto a preços, condições de desconto e despacho por parte do departamento de vendas;
- autorização do crédito por parte do departamento de crédito, baseada fundamentalmente no histórico do saldo do cliente;
- certeza da revisão e aprovação do pedido por pessoal autorizado (departamento de vendas e de crédito);
- utilização de documentos previamente numerados para a preparação do pedido;
- inspeção sistemática dos pedidos para confirmar sua autorização e informação adequada (cliente, produtos, quantidade etc.);
- acompanhamento da preparação dos pedidos por meio de registro de pedidos autorizados.

Com esses controles, são evitados riscos de atender pedidos a clientes não autorizados e realizar vendas em condições e preços não estabelecidos e não definidos pela diretoria.

d) **Prestação de serviços ou fornecimento de mercadorias de forma correta e sempre com as autorizações correspondentes. Aqui, os controles a considerar são os seguintes:**

- preparação das minutas de entrega (documentos de saída) controladas mediante uma numeração correspondente, refletindo a adequada autorização do embarque das mercadorias;
- comprovação de que as mercadorias preparadas para o envio (quantidade física) são as que constam das ordens de entrega;
- conciliação dos pedidos autorizados a preparar com os pedidos preparados para enviar;
- inspeção periódica das ordens de entrega com as notas de pedidos autorizados;
- comunicação, mediante documentos internos de saída assinados pelo responsável da expedição ou com a própria ordem de entrega, da baixa das mercadorias para sua atualização no inventário permanente de disponibilidade;
- envio das notas de entrega, assinadas pelo cliente ou pela transportadora, ao departamento de faturamento para a emissão da fatura ao cliente;
- supervisão do ciclo de fornecimento de mercadorias.

Com isso, assegura-se a entrega da mercadoria a quem corresponde e com as quantidades contratadas. Por sua vez, evita-se o fornecimento a clientes com problemas de crédito.

e) **Faturamento de todas as entregas efetuadas, prévia comprovação e aprovação da documentação referente. Devem-se levar em conta:**

- início do processo de faturamento, uma vez que as mercadorias foram despachadas;
- controle da ligação das ordens de entrega com as faturas mediante numeração prévia delas, permitindo comprovar o que se fatura (conciliação entre o número de ordens entregues e o número de faturas);

- sistema que detecte as entregas pendentes de faturamento e faturamento de pedidos não atendidos;
- confronto das saídas segundo o inventário permanente com as quantidades faturadas;
- verificação das quantidades, preços e condições refletidos nas faturas com as notas de pedido autorizadas documentos de saídas de mercadorias e o catálogo de preços aprovados. Essas comprovações deverão ser feitas por pessoa alheia ao departamento de faturamento;
- reflexão das faturas com um registro de faturas emitidas (livro de vendas), no qual se especifiquem:
  - código do cliente e nome;
  - número da fatura;
  - data da fatura;
  - total da fatura;
- revisão das faturas e notas de crédito pelo responsável por assegurar que todas as comprovações sejam cumpridas.

Com isso se assegura o faturamento correto das mercadorias enviadas.

f) **Transferência das operações de vendas aos registros contábeis com a adequada classificação e valorização e no período contábil correto. Devem-se considerar:**

- definição de um plano de contas detalhado, adaptado às operações da empresa, que facilite o registro detalhado das vendas;
- revisão e aprovação dos registros contábeis, segundo a regra de registros identificados;
- estabelecimento de procedimentos e medidas, periodicamente, pelos quais se assegure que as mercadorias entregues tenham tido um tratamento contábil adequado no período correto;
- conciliações periódicas entre o registro de faturas emitidas e os maiores saldos contábeis (por exemplo, mensalmente);
- verificações sistemáticas da documentação de suporte, devidamente autorizadas, com os registros contábeis;

- revisão periódica das contas a receber, confirmando comprovação dos saldos dos clientes;
- controle da codificação correta das contas auxiliares de clientes.

Essas medidas de controle são para garantir que a informação financeira seja lançada corretamente, incluindo todos os registros contábeis, com codificações corretas e em período contábil próprio.

g) **Seguimento, controle e verificação das contas a receber. Devem-se considerar:**

- conciliação entre os extratos bancários e as cobranças registradas na contabilidade;
- verificação do reflexo contábil das contas a receber com a documentação de suporte adequadamente aprovada;
- circularização aos clientes para confirmação das dívidas pendentes (normalmente realizada por pessoal independente ou externo);
- confrontação mensal das contas auxiliares de clientes com a conta contábil dos maiores clientes;
- revisão dos saldos antigos de clientes;
- acompanhamento e trâmites da cobrança;
- regularização e prévia aprovação, por um responsável designado, dos saldos considerados incobráveis (convém registrar num controle extracontábil ou decidir pelo cancelamento dos saldos);
- supervisão por parte dos responsáveis.

h) **Garantia e guarda dos registros de vendas, faturamento, contas a receber, cobrança e toda a documentação importante gerada. Para tanto, observar o que segue:**

- guarda da documentação pré-numerada (faturamento, pedido etc.);
- impedimentos e restrições de acesso a documentos, arquivos, caixas centrais etc.);
- cópias de segurança de arquivos de informática e restrições ao seu acesso;
- depósitos de segurança e proteção (alarmes, segurança, controle de chaves etc.).

A análise do ciclo de vendas objetiva determinar que os procedimentos de controle interno, tanto o administrativo como o contábil, estejam ou sejam suficientes para a apuração correta de:

- vendas ou receitas;
- contas a receber: duplicatas ou títulos;
- respectivo recebimento.

17.2.3 Procedimentos de teste de controles internos

No processo de auditoria, é necessário que se faça uma série de revisões e verificações que confirmem o correto funcionamento dos controles e processos estabelecidos em cada etapa da venda. No ciclo das vendas, deve-se:

a) **Quanto ao recebimento de pedido e expedição:**

- verificar a ordem numérica do pedido mantida e controlada pelo departamento de vendas, evitando assim que pedidos fiquem sem ser atendidos;
- comprovar que os pedidos dos clientes têm a autorização da gerência de vendas em conjunto com a gerência de crédito e que as condições de vendas são aprovadas por esses ou por outros setores semelhantes;
- analisar e inspecionar o registro de pedidos de clientes quanto a:
  – conciliação com a expedição dos pedidos ainda pendentes;
  – correspondência com os pedidos autorizados;
  – pedidos atrasados ou extraviados;
  – revisão de saídas não justificadas.

b) **Quanto ao faturamento do pedido:**

- análise, comprovação e cotejo das faturas emitidas com os pedidos autorizados dos clientes, os pedidos autorizados e documentos de saída assinados pelo cliente com os controles e processos definidos quanto aos produtos, quantidades, preços e cálculos;
- verificação, mediante os fatos dos documentos justificativos da realização das comprovações correspondentes, por parte do pessoal designado, de manutenção da lista de preços e atualização de condições de vendas;

- comprovação e conciliação das saídas dos produtos segundo o registro permanente de existências e as quantidades faturadas;
- revisão das faturas emitidas pelo responsável designado (confirmação das comprovações);
- conciliação das faturas com o registro das faturas emitidas.

c) **Quanto à devolução do pedido de clientes:**

- revisão e análise dos procedimentos de devolução de mercadorias por parte do cliente relativamente a:
  - evidência de autorização da devolução e sua causa;
  - verificação dos produtos e das quantidades devolvidas;
  - checagem entre parte da devolução, registro das devoluções e notas de crédito;
  - conciliação entre o registro de mercadorias devolvidas e as notas de crédito.
  - revisão do registro e análise das quantidades que não se justificam.
- inspeção e exame das reclamações que provêm dos pedidos de clientes.

d) **Quanto à contabilização:**

- comprovação das codificações entre as faturas emitidas e seus registros;
- verificação e revisão de que as faturas emitidas, autorizadas e registradas evidenciem a prática de todos os métodos de comprovação executados;
- inspeção de adequado arquivo de faturas emitidas;
- revisão e confirmação do reflexo nos registros contábeis dos pedidos fornecidos pendentes de faturamento (faturas pendentes de emissão);
- controle das conciliações entre o registro de faturas emitidas e o saldo contábil de vendas;
- evidência de conciliação da emissão de notas de crédito com as justificativas.

Ao mesmo tempo que se estabelecem verificações sobre o funcionamento, devem-se implantar os procedimentos de controle que assegurem que as contas a receber serão efetivas, que podem ser:

- análise e revisão dos procedimentos que se empregam para definir os limites de crédito;
- verificação de que os pedidos de clientes implicam autorização do dpartamento de crédito, quer dizer, comprovação, revisão ou definição de limite de crédito com evidência de sua realização;
- comparação dos saldos atuais dos clientes com os limites de crédito;
- comprovação das aprovações e revisões efetuadas pelo responsável designado para a determinação de provisões para os saldos de liquidação duvidosa.

Questionário

1. São realizadas revisões nos pedidos dos clientes? Os pedidos são aprovados pelo responsável do departamento de vendas (condições de venda, disponibilidade dos produtos, compromissos de fornecimento) e posteriormente pelo departamento de crédito (autorização do crédito)?
2. É mantido um registro de pedidos autorizados pré-numerados? É atualizado à medida que se vão fornecendo os pedidos?
3. São elaborados documentos ou notas de pedidos autorizados, adequadamente pré-numerados e controlados, e são enviados ao departamento de expedição como aviso para preparação do pedido?
4. Que tipo de supervisão existe uma vez preparado o pedido? Há evidência documental de uma preparação adequada?
5. Que controles asseguram que os pedidos preparados e atendidos sejam os autorizados?
6. Existe um registro de pedidos preparados e fornecidos?
7. É emitido um documento pré-numerado (documento de saída) junto com as mercadorias despachadas? Tem esse documento evidência de fornecimento (assinatura do cliente ou da transportadora)?
8. Como o departamento é avisado sobre faturamento e despacho das mercadorias?
9. No caso de devolução de mercadorias, quem autoriza? Que sistemática se segue para avisar sobre essas devoluções ao departamento de faturamento/ contabilidade?
10. Existe um detalhe de reclamações de clientes? Analisam-se as causas?

11. O departamento de faturamento emite faturas pré-numeradas? Algum controle é exercido sobre as numerações?
12. Existe um registro de faturas emitidas?
13. O departamento de faturamento é independente da expedição e da cobrança?
14. O departamento de faturamento realiza comprovações nas faturas de vendas:
    - correspondência com pedidos autorizados?
    - documentos de saídas assinados pelo cliente?
    - verificação de preços de venda autorizados e aprovados?
    - confrontação das condições (descontos, fretes etc.)?
    - confirmação da exatidão dos cálculos?
15. Conciliam-se periodicamente os valores de venda (faturamento) com os registros contábeis?
16. Realizam-se verificações por pessoas independentes que confirmem o funcionamento e o controle adequados do fluxo de vendas?
17. Os recebimentos das duplicatas em carteira são quitados somente com a assinatura do caixa recebedor?
18. Quando o responsável pelas contas a receber tira férias, quem o substitui para exercer as atribuições de sua responsabilidade?
19. Quem autoriza as prorrogações de vencimento, quando solicitadas pelo cliente?
20. Quem aprova eventual desconto ou abatimento quando o cliente reclama?

17.3 Procedimento e controle de contas a receber

17.3.1 Objetivos

A área de clientes e devedores comerciais reflete o resultado de reconhecer os direitos relacionados normalmente com as vendas de bens e prestação de serviços.

O sistema de controle interno na área de clientes e outras contas a receber compreende todos aqueles controles e procedimentos que façam que se alcancem os seguintes objetivos:

- as contas a receber de clientes ou quantidades a receber de outros devedores, estejam corretamente registradas, valorizadas e classificadas na contabilidade e provenham de transações previamente autorizadas;
- todos os saldos das contas a receber estejam sujeitas a um controle de crédito quanto a sua identificação, vencimento e seguimento de saldos vencidos e não liquidados;
- a cobrança dos saldos contábeis seja efetiva, adotando-se uma provisão contábil, previamente autorizada pelo responsável correspondente, nos saldos de cobrança duvidosa;
- as cobranças de clientes sejam controladas desde sua recepção, anotando-se imediatamente nos registros contábeis, até seu depósito em contas bancárias;
- garantia e custódia das contas a receber e o seu efetivo recebimento;
- segregação apropriada das funções para otimizar e evitar riscos nos procedimentos de controle;
- operação de acordo com as políticas e critérios definidos pela direção da empresa.

Todos esses objetivos favorecem e colaboram para que a informação contábil financeira reflita a situação financeira, seja mais confiável e adequada. Assim, pois, o alcance desses objetivos dará lugar e vez para se assegurar, principalmente, que:

- as contas a receber detalhadas nas contas contábeis ajustem-se a dívidas de transações aprovadas e incluídas no período a que correspondem e pertençam os saldos a receber no curto prazo;
- a provisão de devedores duvidosos refletida no demonstrativo financeiro seja suficiente, adequada e conte com os critérios e aprovação da direção;
- exista um controle individualizado de clientes quanto a seu saldo, crédito, limites, antiguidade e acompanhamento das dívidas incobráveis.

17.3.2 Processos

Os procedimentos e controles na área de contas a receber dependerão fundamentalmente das diferentes atividades de negócios e de seu volume. De maneira geral, podemos destacar os seguintes:

- número de clientes ativos existentes na empresa e tipo/característica de cada cliente;

- estrutura organizacional e operacional;
- política e critérios estabelecidos pela empresa (concessão de créditos, limites, condições etc.);
- meios e equipamentos para gestão e controle de clientes e outras contas a receber;
- centralização ou não do departamento de clientes ou controle das contas a receber.

Como caráter global, para o cumprimento dos objetivos, é necessário considerar os seguintes controles, dando lugar assim a uma confiabilidade na informação contábil financeira para a tomada de decisões:

- **Registro correto, valorização e classificação nas contas contábeis das contas a receber, autorização prévia das transações geradas**

A anotação nos registros contábeis de uma conta a receber de cliente ou de dívidas comerciais, a origem de uma venda ou outro ingresso de exploração implicará a realização anterior de uma série de controles derivados do sistema de ciclo de vendas.

- **Controle do crédito (identificação, vencimento e acompanhamento)**

O departamento de crédito é que terá responsabilidade sobre o controle das contas a receber referentes a:

- estabelecimento e aprovação dos limites de crédito e autorização ou cancelamento do crédito;
- análise do recebimento dos saldos;
- análise da antiguidade das dívidas por cliente;
- meios da sistemática de cobrança;
- controle de vencimento e seguimento dos créditos a receber.

- **Provisão contábil dos devedores duvidosos**

Será realizada uma revisão e análise minuciosa da situação das contas a receber e se foram efetuadas investigações das faturas ou dívidas vencidas e não liquidadas (saldos antigos).

Independentemente da gestão administrativa interna de recuperação das dívidas antigas, a empresa aplicará e refletirá em sua posição financeira critérios objetivos e uniformes na evolução específica de cada conta sobre a necessidade de provisão para as dívidas consideradas incobráveis. Essa provisão deve ser sempre aprovada pela diretoria.

Manter-se-á uma relação histórica detalhada de todos os clientes e devedores detalhados como de cobrança duvidosa e incobrável.

- **Controle apropriado das cobranças de clientes desde sua recepção até o seu ingresso nas contas bancárias**

As vendas de mercadorias a prazo se controlam mediante as notas de venda pré-numeradas ou utilizando-se o comprovante de caixa. Como parte da sistemática de controle do dinheiro e de registro:

– as vendas a prazo são contabilizadas no momento em que são realizadas;

– o dinheiro e os cheques recebidos se conciliarão diariamente com as notas de venda a prazo ou com o detalhe dos comprovantes de caixa. Como controle adicional, se comprovarão com os livros caixa e com o extrato do depósito diário em banco.

- **Garantia e custódia**

O acesso às contas a receber e a cobrança de clientes estará restrito e limitado àqueles que estejam devidamente autorizados para tal.

São utilizados dispositivos de segurança para prevenir e detectar situações de emergência (incêndio, vigilância etc.). São exercidos controles periódicos sobre as pessoas que têm a seu cargo a guarda do dinheiro.

Todas a cobranças serão controladas por parte do caixa assim que se efetue seu ingresso em banco (normalmente, diário).

As contas e os créditos a receber estarão protegidos para evitar manipulações fraudulentas (documentos em locais adequados e seguros, no cofre). Com relação aos dados e arquivos informatizados, devem ser protegidos contra acessos não autorizados.

- **Segregação de funções**

As funções de manutenção e seguimento das contas a receber, manipulação e controle da cobrança e a contabilização dessas contas estarão adequadamente segregados com o objetivo de evitar deficiências e irregularidade no controle. Assim, temos:

– A pessoa responsável pelos registros auxiliares de clientes não está autorizada nem terá acesso à manipulação do dinheiro nem à guarda e controle dos recibos.

– O responsável pela manipulação e controle do dinheiro não está autorizado a assinar cheques, nem se encarregará das conciliações bancárias e tampouco terá acesso aos registros contábeis.

- **Operando de acordo com políticas definidas**

Será estabelecido um manual de procedimentos, aprovado pela diretoria, no qual se detalhem as políticas, os processos e os critérios a manter e a executar em áreas de contas a receber em geral. Consistirá principalmente em:

– critérios a seguir na concessão de crédito a clientes;

– políticas e critérios para as provisões a devedores duvidosos;

– conciliações periódicas dos registros auxiliares com a situação financeira;

– política e condições quanto a concessão de antecipação ou empréstimos pessoais;

– informes internos de antiguidade de saldos das contas a receber, cancelamento das contas incobráveis, gestão, recuperação dos incobráveis etc.;

– controle, acompanhamento e supervisão da cobrança e das contas a receber;

– plano de verificação, comprovação e cumprimento de controles definidos (normalmente, realizado por pessoas independentes ou externas, auditores internos, auditores externos, pessoas de outros departamentos etc.).

17.4 *Check-list* para teste de controles externos

1. Existem registros auxiliares individualizados das contas a receber?
2. Existe algum outro tipo de controle independente extracontábil das contas a receber?
3. As composições dos saldos a receber são elaboradas com frequência e detalhe?
4. São realizadas comprovações periódicas (no mínimo, mensais) dos registros auxiliares de contas a receber com os maiores saldos?
5. Os saldos das contas individualizadas de clientes são conciliados de forma periódica, enviando-se para eles os extratos das suas contas (circularização de saldos)? Com que frequência? São realizados ou supervisionados por pessoal externo?
6. Está definida e aprovada a sistemática de concessão de adiantamentos? Existe algum tipo de revisão ou supervisão especial desses saldos por pessoal independente?
7. A pessoa ou pessoas que se responsabilizam pelas contas a receber autorizam e concedem créditos? Realizam faturamento ou controlam os registros de ven-

das? Autorizam a regularização das contas incobráveis? Manipulam e controlam o dinheiro?

8. Quem recebe e quita a duplicata faz também o registro na contabilidade?
9. Os recebimentos em dinheiro são depositados em banco no mesmo dia?
10. O responsável pelo contas a receber tem autonomia para quitar duplicatas unicamente com sua assinatura?
11. Existem registros das contas a receber?
12. Realizam-se conciliações regulares das contas de maiores saldos?
13. As contas são devidamente autorizadas? Qualquer renovação delas conta com a aprovação do responsável correspondente?
14. Quem é o responsável pela guarda das contas a receber? Como e onde se encontram guardadas?
15. Existe um controle de registro sobre as duplicatas descontadas pendentes de vencimento?
16. Como são tratadas as duplicatas não pagas e quem acompanha a recuperação delas?
17. Quem autoriza os créditos cobrados com atraso, no caso de dispensa de juros?
18. Quem assina a quitação de contas a receber com recibo?
19. Quando a cobrança é feita por cobradores, o próprio responsável do contas a receber é quem a supervisiona?
20. A baixa no registro das duplicatas a receber é feita pelo próprio pessoal das contas a receber?

Outras situações:

21. Existem acompanhamentos, controles e definição de políticas adequadas sobre as outras contas a receber (por exemplo: contas a receber por arrendamento, vendas de ativos, indenizações a receber, financiamentos concedidos etc.)?
22. Mantêm-se detalhes extracontábeis das referidas contas a receber que vão sendo baixadas periodicamente nas contas contábeis?
23. Existem confirmações do saldo com os devedores correspondentes?

24. São definidos os processos e políticas necessárias para a concessão de crédito? É necessária aprovação de todos os créditos? São definidos os limites de crédito para todas as contas a receber?

25. Existe uma gestão independente entre o departamento de crédito, de faturamento e de controle do numerário?

26. São emitidas notas de crédito por devoluções, ajustes nos preços ou por descontos adicionais de forma controlada, quer dizer, conforme uma aprovação e numeração das notas? É anexado um suporte autorizado que justifique essa situação?

27. A existência de saldos credores em contas a receber é revisada e confirmada antes de se proceder à sua liquidação?

28. Quem é o responsável por aprovar uma mudança de condições de crédito sobre uma conta a receber já registrada contabilmente?

29. Elaboram-se detalhes de saldos antigos das contas a receber para sua revisão e acompanhamento das dívidas?

30. Definem-se procedimentos de acompanhamento das dívidas atrasadas?

31. Existem critérios de provisão para devedores duvidosos aprovados pela empresa? Os critérios são uniformes com relação aos exercícios anteriores?

32. A regularização dos saldos por cancelamento das contas incobráveis é aprovada por quem? Apesar dos cancelamentos contábeis desses saldos, existe um controle sobre eles?

33. São realizadas revisões, por parte de pessoal independente, dos procedimentos e políticas aplicadas no cancelamento das contas?

34. Efetua-se algum controle para a emissão de uma triplicata, por motivo de extravio?

35. As remessas de duplicatas para desconto em banco são liberadas apenas com a assinatura do responsável pelo contas a receber ?

17.5 Procedimentos substantivos e analíticos

Durante a execução dos procedimentos de auditoria nas áreas de vendas e contas a receber, são os seguintes passos mais importantes dos procedimentos substantivos e analíticos que devem ser efetuados:

a) Estabelecer uma expectativa de vendas para os períodos, revisar, anotar as explicações a respeito de flutuações significativas de vendas e das duplicatas a receber, quando comparadas com o orçamento, o ano anterior e se possível com os dados estatísticos do ramo.

b) Avaliar a adequação das vendas por meio da revisão (i) da reconciliação de relatórios internos sobre vendas e expedição com as vendas registradas; (ii) do cálculo de um valor estimado usando os dados de produção e expedição com os preços de venda médios. Veja o ciclo de vendas e contas a receber ampliado na Figura 17.2.

c) Efetuar a circularização de clientes utilizando-se amostragem estatística para selecionar as amostras representativas da população que está sendo auditada.

d) Avaliar e fazer testes sobre a adequação das provisões para devedores duvidosos, descontos, bonificações e garantias.

Ressaltamos que, em todas as etapas demonstradas por meio dos fluxogramas para fins de visualização rápida, como mostrado na Figura 17.2, a adequação e a consistência das normas vigentes adotadas para registrar os valores devem ser testadas.

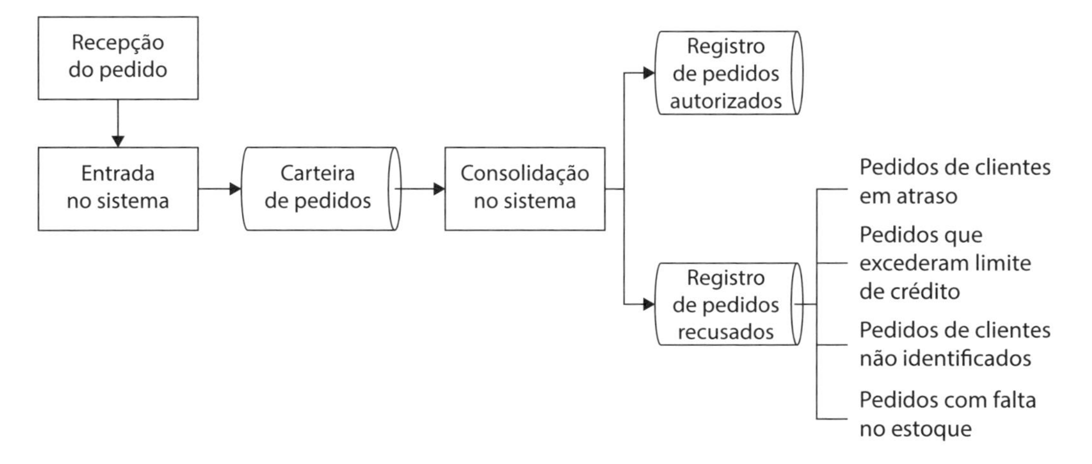

2 – Fluxo de recebimento do pedido

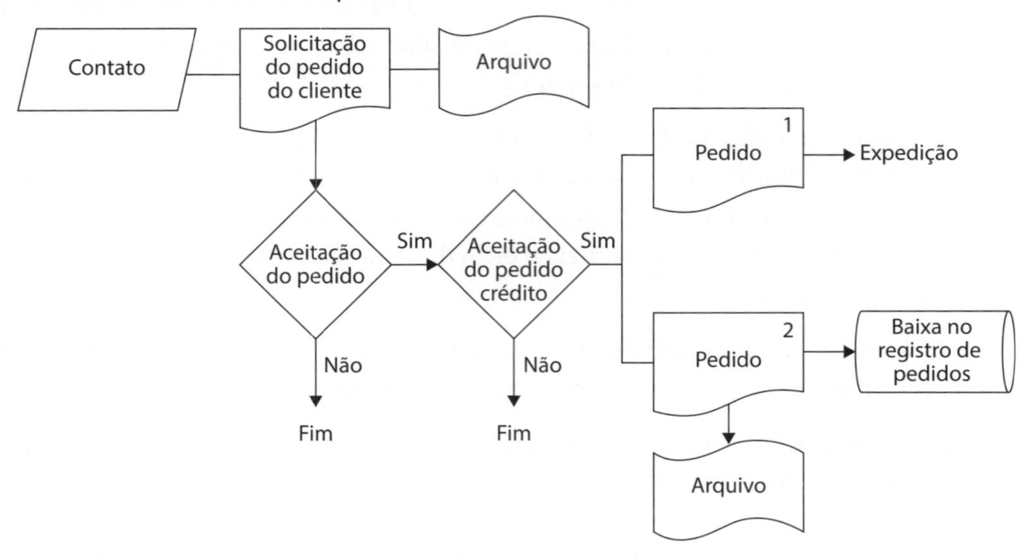

3 – Fluxo de faturamento do pedido

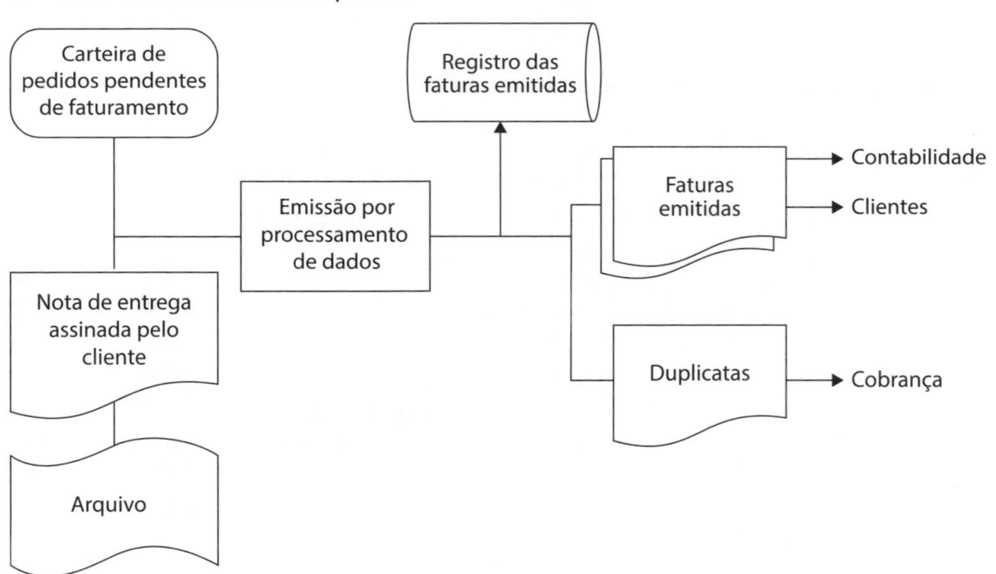

4 – Fluxo de devolução de vendas

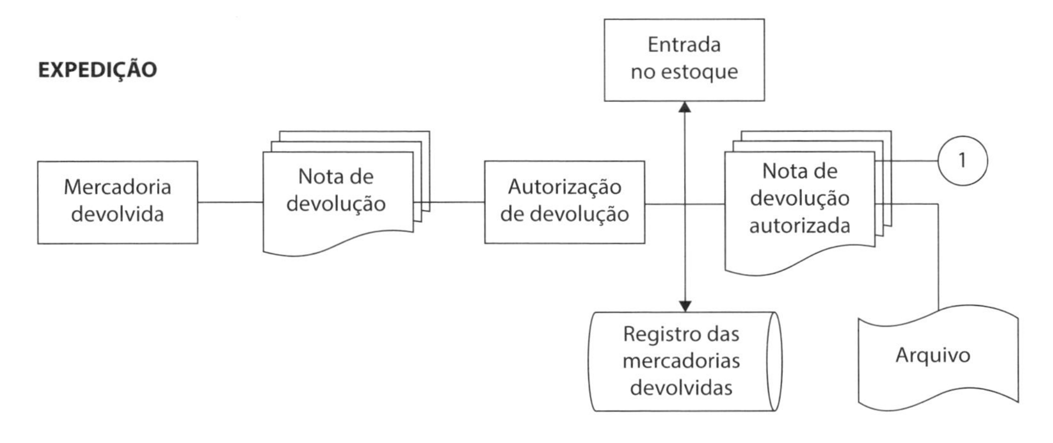

FATURAMENTO

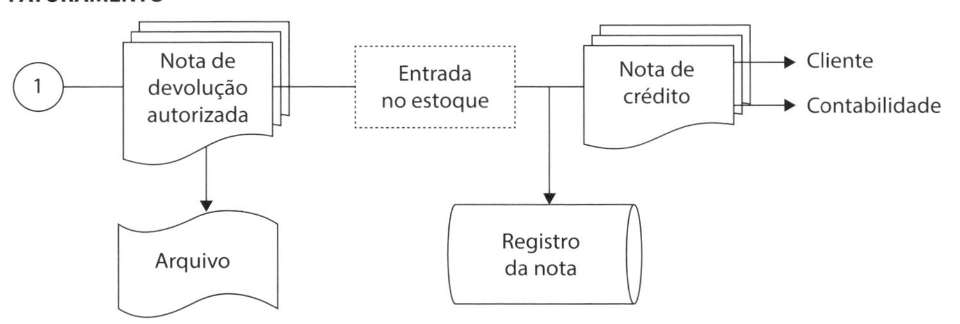

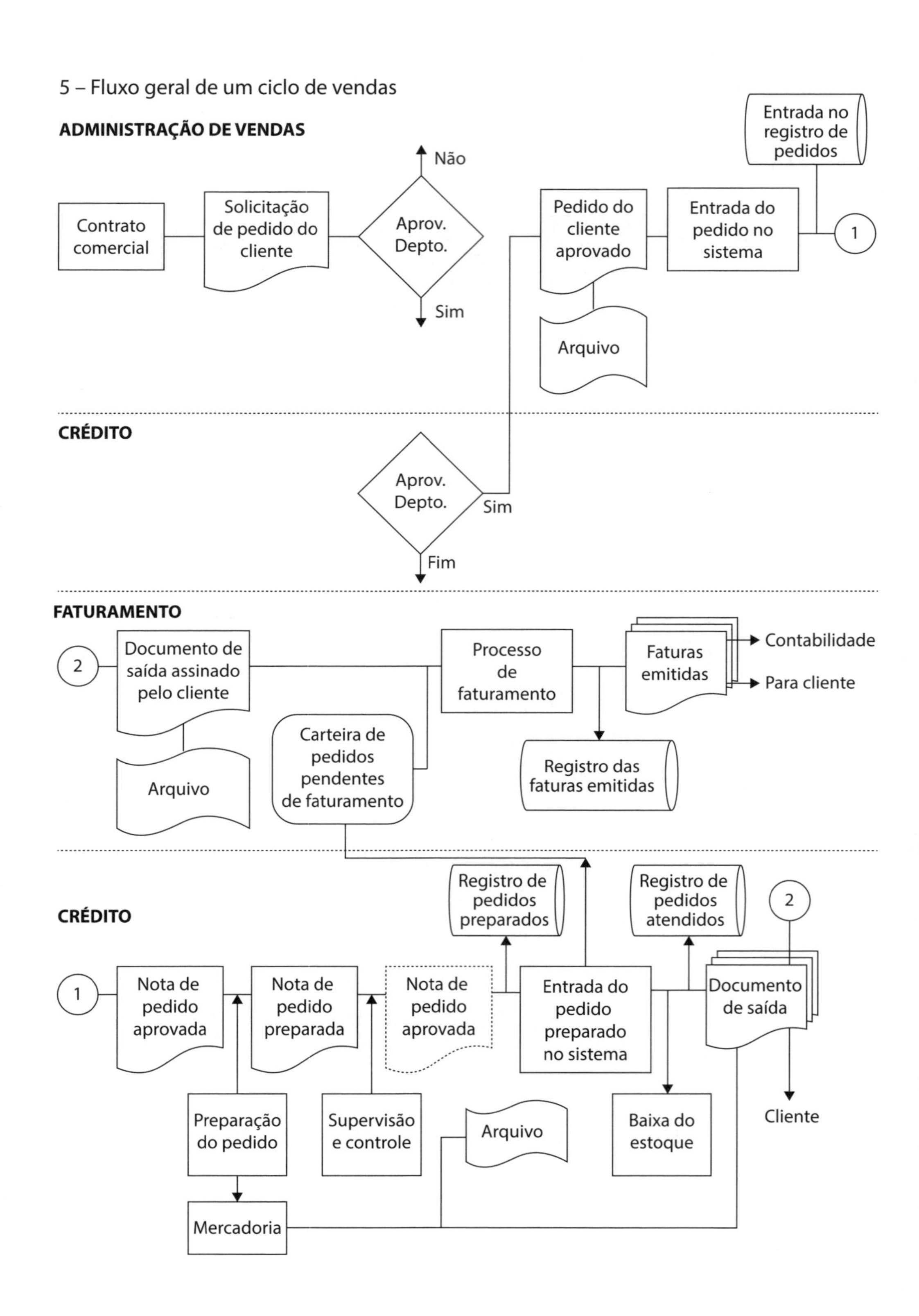
5 – Fluxo geral de um ciclo de vendas
ADMINISTRAÇÃO DE VENDAS
Contrato comercial
Solicitação de pedido do cliente
Aprov. Depto.
Não
Sim
Pedido do cliente aprovado
Arquivo
Entrada do pedido no sistema
Entrada no registro de pedidos
1
CRÉDITO
Aprov. Depto.
Sim
Fim
FATURAMENTO
2
Documento de saída assinado pelo cliente
Arquivo
Carteira de pedidos pendentes de faturamento
Processo de faturamento
Faturas emitidas
Contabilidade
Para cliente
Registro das faturas emitidas
CRÉDITO
1
Nota de pedido aprovada
Nota de pedido preparada
Nota de pedido aprovada
Registro de pedidos preparados
Entrada do pedido preparado no sistema
Registro de pedidos atendidos
2
Documento de saída
Cliente
Preparação do pedido
Supervisão e controle
Arquivo
Baixa do estoque
Mercadoria

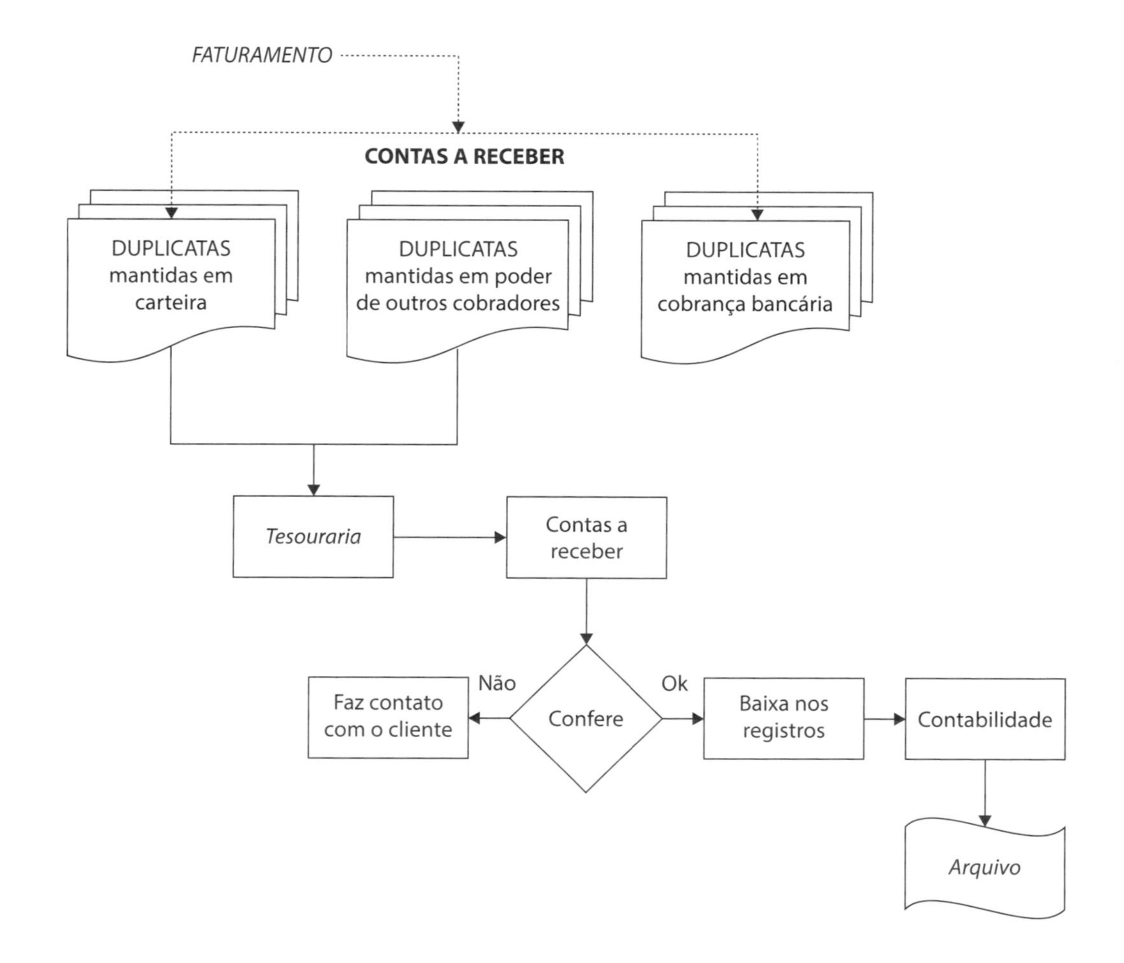

Figura 17.2 Ciclo de vendas e contas a receber ampliado.

17.6 Teste substantivo e detalhes de vendas e contas a receber

O processo de teste substantivo de vendas e contas a receber visa complementar os testes de controle já efetuados antes. Geralmente, por meio das análises, avaliam-se os seguintes itens nos testes substantivos e de detalhes:

- lista resumida do contas a receber;
- conciliação do razão auxiliar do contas a receber;
- procedimento analítico de contas a receber;
- procedimento de análise de tendência de contas a receber;
- confirmações – contas a receber;

- lista de movimentação (*roll-forward*) da provisão para créditos de liquidação duvidosa;
- procedimento analítico para provisão para créditos de liquidação duvidosa;
- recálculo e avaliação da provisão para créditos de liquidação duvidosa;
- avaliação de precisão do relatório de *aging* do contas a receber;
- limites de créditos de liquidação duvidosa;
- procedimento analítico de receitas;
- análise de tendência geral do *cut-off* das vendas e procedimento de indagação.

17.7 *Data analytics* de vendas e contas a receber

O processo de *data analytics*, às vezes chamado de *eData* para vendas e contas a receber, permite ao auditor extrair dados das bases do cliente por meio de aplicativos de auditoria (ACL ou IDEA), aplicando os questionamentos para análise que atendam às assertivas, a fim de verificar as exceções caso não haja desvios significativos nos relatórios gerados.

Geralmente, os seguintes campos de dados para receitas e contas a receber são utilizados para executar os exemplos de técnicas de *data analytics*:

- número da nota fiscal/fatura (Numérico);
- data da nota fiscal/fatura (Data);
- ID/código do cliente (Texto/Caráter/Numérico);
- limite de crédito do cliente (Numérico);
- data da transação (Data);
- valor bruto da venda (Numérico);
- impostos sobre a venda (Numérico);
- código postal do cliente (Numérico);
- número da nota de crédito (Numérico);
- valor da nota de crédito (Numérico).

Esse processo permite estabelecer confiança nos dados que são base de geração dos balanços, por sua vez são utilizados para execução das técnicas do *eData*. A equipe de trabalho pode considerar a realização de procedimentos que garantam a confiabilidade e integridade dos dados.

a) **Confiabilidade dos dados**: considere a realização das técnicas a seguir, entre outras, para avaliar a integridade e a precisão dos dados utilizados:

- Conciliar o arquivo de dados importados com o sistema de contabilidade do cliente, incluindo o razão geral, quando relevante.
- Confrontar a contagem de registros com o sistema de origem do cliente, verificar a adequação dos parâmetros utilizados no procedimento, bem como a lógica e a consistência da equação e/ou programação da rotina de extração.
- Rastrear uma amostra dos registros com a documentação de origem.
- Examinar os dados extraídos e as informações disponíveis no ACL ou no IDEA por meio das abas "History" (histórico), "Field Statistics" (estatísticas de campo) etc., e verificar se:
  - todos os campos de dados solicitados foram fornecidos;
  - existem dados com valores não usuais, ex. "xxx" para o item "# #", "# NA", "DIV/0!" etc.; e
  - não estão faltando dados.
- Testar a confiabilidade dos dados, considerando o trabalho realizado em receitas e contas a receber mediante amostras selecionadas para testes detalhados.
- Considerar qualquer evidência obtida por testes de controle sobre a preparação e manutenção dos arquivos de dados.

Quando necessário, a equipe de trabalho pode decidir pela seleção de uma amostra para testar a precisão e/ou existência dos dados, e avaliar os riscos associados com cada dado de entrada (*data input*).

b) **Integridade dos dados extraídos**: a capacidade de utilizar dados extraídos do sistema contábil da entidade é baseada em parte na capacidade do ambiente de TI da entidade de preservar a integridade dos dados inseridos no sistema (ex.: uma vez que o dado é inserido no sistema, não pode ser alterado entre o período em que ocorreu seu registro até o período em que é extraído pelo auditor, sem a evidência de que aquela mudança está sendo arquivada). Para sermos capazes de utilizar e depositar confiança nos dados do cliente, consideramos riscos relevantes relacionados com a integridade dos dados e como eles são tratados no sistema de TI da entidade.

Considere testar os controles que tratam os seguintes riscos de integridade de dados:

- Acessos não autorizados a dados, que podem resultar na sua destruição ou mudanças inapropriadas nos dados quando eles são inseridos no sistema contábil.
- A possibilidade de o pessoal de TI obter acessos privilegiados além do que é necessário para realizar as funções a eles atribuídas, a fim de alterar dados no ambiente de produção no sistema contábil.
- Mudanças não autorizadas nas configurações do sistema relacionadas com o modo pelo qual os dados são registrados e classificados dentro do sistema contábil.
- Perda potencial de dados ou incapacidade de acessar os dados como resultado de um processo de arquivamento não eficiente, isso se o processo de arquivamento afetar os dados do período utilizados.
- Perda potencial de dados ou incapacidade de acessar os dados como resultado de uma restauração do sistema, isso se uma restauração do sistema afetar os dados do período utilizados.

Por exemplo, a equipe de trabalho pode decidir obter mais detalhes sobre os casos de clientes com saldos negativos por meio de uma investigação adicional a partir da demonstração dos dados analíticos apresentados na Figura 17.3.

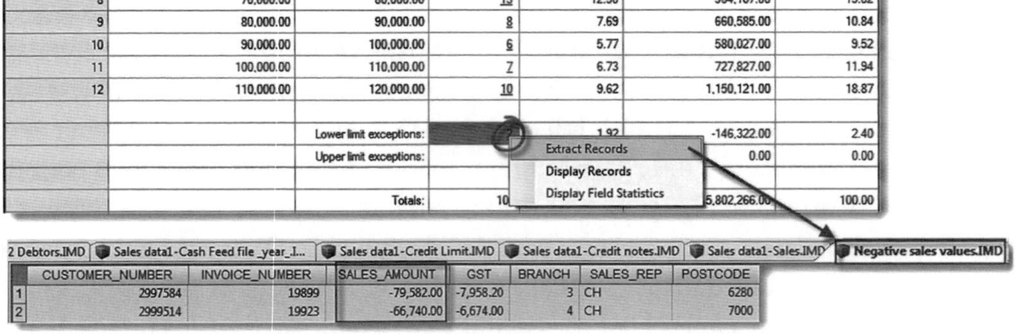

Totalled on: SALES_AMOUNT

Stratum #	>= L Limit	< U Limit	# Records	(%) # Records	SALES_AMOUNT	(%) SALES_AMOUNT
1	0.00	10,000.00	9	8.65	53,879.00	0.88
2	10,000.00	20,000.00	5	4.81	77,605.00	1.27
3	20,000.00	30,000.00	12	11.54	301,210.00	4.94
4	30,000.00	40,000.00	13	12.50	439,995.00	7.22
5	40,000.00	50,000.00	10	9.62	450,720.00	7.40
6	50,000.00	60,000.00	4	3.85	212,672.00	3.49
7	60,000.00	70,000.00	5	4.81	329,840.00	5.41
8	70,000.00	80,000.00	13	12.50	964,107.00	15.82
9	80,000.00	90,000.00	8	7.69	660,585.00	10.84
10	90,000.00	100,000.00	6	5.77	580,027.00	9.52
11	100,000.00	110,000.00	7	6.73	727,827.00	11.94
12	110,000.00	120,000.00	10	9.62	1,150,121.00	18.87
		Lower limit exceptions:	2	1.92	-146,322.00	2.40
		Upper limit exceptions:			0.00	0.00
		Totals:	10		5,802,266.00	100.00

Extract Records
Display Records
Display Field Statistics

2 Debtors.IMD | Sales data1-Cash Feed file _year_I... | Sales data1-Credit Limit.IMD | Sales data1-Credit notes.IMD | Sales data1-Sales.IMD | **Negative sales values.IMD**

	CUSTOMER_NUMBER	INVOICE_NUMBER	SALES_AMOUNT	GST	BRANCH	SALES_REP	POSTCODE
1	2997584	19899	-79,582.00	-7,958.20	3	CH	6280
2	2999514	19923	-66,740.00	-6,674.00	4	CH	7000

Figura 17.3 Exemplo de demonstração de dados analíticos.

17.8 Caso prático

Você integra a equipe de auditoria que está iniciando hoje, 4 de fevereiro de 20XA, a visita final do exame das demonstrações financeiras de 31 de dezembro de 20XB da Topatudo S.A.

Nesse mesmo dia Michel, sênior responsável, dá início aos trabalhos na área de contas a receber e solicita-lhe que efetue os testes de provisão para devedores duvidosos (Provisão para Crédito de Liquidação Duvidosa), constituída pelo cliente em 31/12/20XB.

Para que você possa executar a sua tarefa, Michel lhe dá as seguintes informações:

- A composição das contas a receber no ativo circulante em 31/12/20XA (anexo 1).
- A *aging list* comparativa 20XA e 20XB (anexo 2).
- O cálculo da provisão para crédito de liquidação duvidosa efetuado pelo cliente (anexo 3).
- Relação das perdas consideradas prováveis em 31/12/20XB.
- Ademais, ele explica que:
  - – as duplicatas a receber de clientes estrangeiros são descontadas em banco, com direito a regressão;
  - – no exercício findo em 20XB, foram efetuadas vendas a prazo com garantia real no montante de $ 244 mil. Desse montante, apenas $ 97 mil não foram recebidos até 31 de dezembro de 20XB;
  - – os adiantamentos a funcionários referem-se a empréstimos pessoais liquidados em parcelas mensais mediante descontos em folha de pagamento;
  - – os cheques a cobrar referem-se a cheques recebidos de clientes para liquidação de duplicatas e devolvidos pelos bancos por insuficiência de fundos;
  - – títulos a receber estão representados por: (a) $ 1,2 milhão parcelamento de débito, referente a duas duplicatas; (b) $ 312 mil venda de um terreno em Dende Land recebido pela Topatudo em duplicatas de quitação;
  - – o prazo médio de cobrança em 20XB é de 67 dias, enquanto em 20XA foi de 56 dias;
  - – as perdas debitadas contra a provisão para devedores duvidosos em 20XA e no ano anterior foram, respectivamente, de 7% e 0,4% do saldo de duplicatas a receber;
  - – não existem contas a receber de clientes a longo prazo; e

– os débitos, por devedores, que podem ser lançados contra a provisão para devedores duvidosos, depois de decorrido um ano de seu vencimento, independentemente de se terem esgotado os recursos para sua cobrança, foram fixados pela autoridades fiscais em $ 5 mil.

Com base nessas informações, você deverá executar a seguinte tarefa:

a) Calcular a provisão para créditos de liquidação duvidosa.

b) Julgar a suficiência da provisão contabilizada pelo cliente.

c) Calcular a suficiência da provisão para crédito de liquidação duvidosa constituída pelo cliente sob o ponto de vista fiscal.

d) Elaborar os papéis de trabalho necessários para documentar trabalhos feitos.

COMPOSIÇÃO DAS CONTAS A RECEBER NO ATIVO CIRCULANTE EM 31 DE DEZEMBRO DE 20XB

	20XB	20XA
Contas a Receber de Clientes	$ .000	$ .000
– nacionais	50.415	40.404
– estrangeiras	20.023	12.000
Empresas controladas	36.507	22.503
	106.945	74.907
Cambiais descontadas	(20.003)	(12.000)
Duplicatas descontadas	(56.415)	(32.000)
Provisão p/ crédito de liquidação duvidosa	(2.113)	(1.572)
	28.414	29.335
Outras Contas a Receber		
– Adiantamento p/ funcionários	94	180
– Cheques a cobrar	393	88
– Títulos a receber	1.512	1.336
	1.999	1.604
	30.413	30.939

AGING LIST COMPARATIVA

	31/12/XA	%	31/12/XB	%
Vencidas				
Até 60 dias	9.789	13	14.795	14
Até 90 dias	6.161	8	8.806	8
Até 120 dias	2.503	4	2.125	2
Mais de 180 dias	172		230	
	___________		___________	
	18.625		25.956	
	56.282		80.989	
A vencer		75		76
	___________		___________	
	74.907	100	106.945	100
	=========		===========	

O saldo das duplicatas vencidas até 180 dias é, basicamente, de responsabilidade da empresa controlada.

Cálculo da provisão para créditos de liquidação duvidosa efetuado pelo cliente:

RELAÇÃO DAS PERDAS CONSIDERADAS PROVÁVEIS

POSIÇÃO DE 31 DE DEZEMBRO DE 20XB

	Saldo em 31/12/20XB
Duplicatas a Receber	$.(000)
Cliente nacionais	50.415
– Clientes estrangeiros	20.023
	___________
	70.438
	× 3%
	___________
	2.113
	==========

Ciclo de Estoques e Custos de Produção

18

18.1 Conceitos de ciclo de estoques e custos de produção

O ciclo de estoque começa com o recebimento de materiais necessários ao processo de manufatura e termina com a efetiva entrega de mercadorias ao cliente; isso, por sua vez, origina os registros contábeis para ciclos de vendas e contas a receber. Adicionalmente, essa atividade motiva os processos de armazenamento e a realização de inventário físico periódico, além de orientar quanto à formação de preços dos produtos e serviços, os classificar, acumular, sumarizar, reportar e avaliar a *performance* do processo de transformação de recursos nas atividades operacionais das empresas. Para produzir informações tão relevantes, torna-se necessário o desenvolvimento de um sistema de logística ligado ao sistema de acumulação do custo que deve ser integrado com o sistema de informação gerencial da empresa.

Hoje, as indústrias possuem sistemas de registro permanente de estoques que auxiliam o registro de sua movimentação física e um sistema de custo que acumula os respectivos custos de estoques, além de integrar-se com o sistema da contabilidade. Esse sistema de custo de estoque envolve a contabilização das compras de matérias-primas, de custo de mão de obra direta e custos indiretos, inclusive da contabilização dos custos de produtos vendidos. Na década de 2000, os sistemas de ERP (*enterprise resource planning*) nos guiaram no processo de gerenciamento adequado de estoques.

A avaliação de estoque e custo das vendas é uma tarefa fundamental no processo de auditoria dos itens de ativo. Antes de apresentarmos os procedimentos a serem trilhados para auditar esse componente dos ativos, devemos citar seus variados tipos existentes:

- estoques para revenda;
- estoques de material para consumo;
- estoques de matéria-prima;
- estoques de peças e componentes para reposição e manutenção de equipamentos;
- estoques de produtos e serviços em etapas intermediárias de processamento por terceiros;
- estoques de produtos acabados;
- estoques de produtos em elaboração;
- estoques de materiais pertencentes à empresa que estejam em poder de terceiros; destinados a obras;
- estoques de materiais em trânsito a caminho do estabelecimento, FOB.

As características dos negócios das empresas, os processos industriais e os produtos vendidos determinam a maneira pela qual os estoques são controlados e contabilizados. Por exemplo: quando os produtos são frágeis, perecíveis ou de pouca durabilidade, ou, então, são vulneráveis à ação de fatores sazonais ou de mudança de temperatura, os estoques podem estragar ou tornar-se obsoletos. Os componentes da alta tecnologia também podem tornar os estoques obsoletos com sua permanência excessiva ao longo do tempo. Nos casos extremos, em resposta a investigação governamental, os produtos podem ser retirados da praça acarretando prejuízo às empresas.

A vinda da globalização, que fez com que as grandes corporações marcassem presença em todos os países do mundo, gerou compras e fusões de empresas e consequentemente a necessidade da implementação de reengenharia para fomentar o processo ágil. Esse processo aproximou empresas aos seus fornecedores com a implementação de logística eficiente, logo, o aumento dos níveis de estoque não se faz necessário. Em certas circunstâncias, pode acontecer o contrário, resultante da redução de pedidos de vendas ou aumento do custo do estoque devido à tentativa de absorção de despesas indiretas normais ou oriundas das interrupções na produção (problemas de fornecimento de matéria-prima, questões trabalhistas, falha nos equipamentos), ou pelo cumprimento de contratos onerosos para aquisição de matéria-prima. Todavia, na valorização dos estoques deve-se estar atento aos problemas citados acima para sua absorção, que fazem com que as margens de lucro menores sejam praticadas. No entanto, nos processos de auditoria desse componente do ativo, devemos ficar atentos se o valor líquido de realização excede ou está abaixo do valor de custo.

18.2 Objetivos da auditoria de estoques e custos de produção

Os objetivos da auditoria dos estoques são classificados em: (1) sua *existência*, que deve ser avaliada com o procedimento de contagem física; (2) a *propriedade*, se os estoques efetivamente pertencem à empresa; e (3) a *mensuração*, se há problemas com o fato de o valor de realização estar abaixo do custo. Para maior compreensão deste tópico, abordamos os objetivos gerais como segue:

- Os controles internos são satisfatórios.
- Sua movimentação é registrada nos livros fiscais e nos controles subsidiários, e sua contabilização se dá em tempo hábil.
- Os registros de estoques efetuados foram feitos de forma correta, são completos e contabilmente válidos.
- Os critérios de avaliação adotados são consistentes com os exercícios anteriores.
- Decorrem das operações normais da empresa.
- Estão livres de quaisquer ônus.
- Compras e produção estão apoiadas por documentos hábeis.
- Os sistemas de avaliação e custo são adequados, inclusive quanto a estoques obsoletos e sucata.
- Estão devidamente identificados no sistema de estoque e representados na contabilidade.

18.3 Procedimentos de inventário físico e a responsabilidade do auditor

O procedimento de inventário físico adotado para verificar a exatidão dos estoques na data do balanço deve exigir que todos os itens do estoque sejam contados pelo menos uma vez no exercício fiscal. No entanto, se a empresa possui algum procedimento de controle que lhe permita efetuar um inventário rotativo, executando essas atividades ciclicamente, isso seria o mais adequado. Ela poderia iniciar as contagens com itens mais importantes ou de grande valor ou suscetíveis a roubos, até que chegasse aos menos sensíveis ou de pouca relevância, o que permitiria que os itens fossem contados mais de uma vez por ano; sempre que terminasse o ciclo de contagem, outro ciclo seria iniciado em seguida. Isso faz que os ajustes, se houver, sejam diluídos no período, não havendo impacto muito significativo somente na data do balanço.

As responsabilidades do auditor no processo de inventário físico são normalmente divididas em três partes: (1) atividades prévias ao inventário físico; (2) atividades executadas durante o inventário físico; e (3) atividades executadas pós-inventário.

18.3.1 Atividades prévias ao inventário físico

As atividades prévias à contagem física efetuada pelo auditor visam planejar cuidadosamente todo o processo de contagem, para que ele ocorra com menos transtorno possível. Essas atividades são:

- revisar os papéis de trabalho dos exercícios anteriores, atentando para o levantamento e a discussão dos pontos relevantes acontecidos desde o ano anterior;
- discutir com a administração as preparações para inventário, inclusive alocação de especialistas e equipe de contagem;
- familiarizar-se com localização, natureza, volumes e formas de medição dos itens do estoque, inclusive com o que compõe os estoques de grandes valores e em poder de terceiros;
- determinar o *cut-off* dos documentos e registros do estoque;
- preparar cartas de confirmação ou circularização para estoques em poder de terceiros;
- determinar o envolvimento da equipe de auditoria para cobrir todo o processo de contagem.

18.3.2 Atividades executadas durante o inventário físico

A prática de auditoria permite que o auditor apenas execute o procedimento de observação, ou seja, testemunhe o processo de inventário, e não o supervisione. Ele deve:

- acompanhar o processo de inventário para assegurar sua adequação;
- verificar a sequência da listagem do estoque para assegurar que foi impressa integralmente;
- testar o cumprimento da regra de corte de documento e de registros definidos anteriormente na etapa pré-inventário;
- documentar a impressão obtida sobre o processo de inventário nos papéis de trabalho; e
- solicitar a recontagem, caso haja dúvidas.

18.3.3 Atividades executadas pós-inventário

São as seguintes atividades executadas pelo auditor após a contagem física:

- efetuar o teste de corte de documento e de registros pela verificação de datas da última nota de recebimento (NR) de materiais e da última nota fiscal com seu correspondente pedido de vendas, e também das últimas requisições de materiais e seu registro;
- assegurar que o último item na listagem do estoque foi contado e consistente com a etiqueta de contagem;
- efetuar o *follow-up* dos problemas levantados pela equipe de contagem no decorrer do processo de inventário;
- verificar a listagem do estoque para assegurar a adequação dos cálculos aritméticos às somatórias, sumarização e assinatura da maior autoridade, normalmente o responsável pelos estoques; e
- comunicar à alta administração quaisquer problemas ou impedimentos encontrados durante a contagem.

18.4 Avaliação de estoques

Uma empresa geralmente sabe dizer com precisão quanto deve para seus fornecedores, qual o valor das suas contas a receber vencidas e a vencer, e de quanto são os gastos com a folha de pagamento de um mês. Não obstante essas contas contábeis sejam aquelas que podem ser determinadas com exatidão, existem outras contas que carecem de precisão na sua determinação e em seu estoque, por exemplo. Em negócios, sejam grandes ou pequenos, haverá erros na contagem de itens de estoque; o auditor deve apenas ficar atento à materialidade desses erros.

Posto isso, apesar das dúvidas existentes em relação a um dos itens mais importantes do capital circulante, a base elementar para a contabilização dos estoques é o custo histórico. Conforme as normas vigentes, os direitos que tiverem por objeto mercadorias e produtos de comércio da companhia, assim como matérias-primas, produtos em fabricação e bens em almoxarifado, serão avaliados pelo custo de aquisição ou produção, deduzido de provisão para ajustá-lo ao valor de mercado, quando este for inferior.

No entanto, quando houver a perda de utilidade ou redução no preço de venda ou reposição de um item que reduza o seu valor de recuperação abaixo do custo, o método do custo ou mercado, dos dois o menor, será aplicado.

- **Custo real específico**: procede-se à avaliação do estoque pelo valor já conhecido e especificamente determinado. Este método permite ser aplicado quando a quantidade e o preço são claramente definidos.
- **Custo médio ponderado**: conhecido como *weighted average*, procede à avaliação do estoque pela média ponderada obtida por meio de mensuração da relação dos estoques existentes com o estoque de material recebido sobre a mesma espécie de produto. Em cada recebimento de material, a nova média é recalculada e as saídas são efetuadas com base nessa média até a nova entrada de materiais.
- **Sistema PEPS** (primeiro que entra é o primeiro a sair): conhecido como FIFO (*first in, first out*), procede à avaliação do estoque pelo valor de primeira entrada do material.
- **Sistema UEPS** (último que entra é o primeiro a sair): conhecido como LIFO (*last in, first out*) procede à avaliação do estoque pelo valor da última entrada do material.

18.5 Testes substantivos e detalhes de estoques e custos de produção

O processo de teste substantivo de estoques e custo de produção visa testar a conta focando as preocupações *vis-à-vis* com assertivas que atenuem os riscos de distorções materiais:

- rastreamento de compras a partir de evidências do recebimento;
- tabela de resumo dos estoques;
- procedimento de conciliação do razão auxiliar dos estoques;
- procedimento de análise de tendência dos estoques;
- tabela de movimentação (*roll-forward*) da provisão para produtos obsoletos, deteriorados ou de baixa movimentação;
- procedimento analítico para provisão de estoques de baixa movimentação e obsoletos (V);
- procedimento de avaliação da provisão para produtos obsoletos, deteriorados ou de baixa movimentação;
- avaliação da precisão do relatório de *aging* dos estoques;
- tabela de movimentação (*roll-forward*) da provisão de valor de custo ou mercado dos estoques;

- metodologia da provisão de valor de custo ou mercado dos estoques;
- procedimento analítico da provisão de custo ou mercado dos estoques; e
- procedimento para recálculo da provisão de custo ou mercado dos estoques.

18.6 *Data analytics* de estoques e custos de produção

O processo de *data analytics eData* para estoques e custos de produção ao auditor extrai dados das bases do cliente por meio de aplicativos de auditoria (ACL ou IDEA), aplicando os questionamentos para análise que atendem às assertivas, a fim de verificar, por meio de exceções, casos significativos nos desvios, se houver, dos relatórios gerados.

Geralmente, os seguintes dados são requeridos para processar *data analytics* de estoques e custos de produção:

- ID (código) do item de estoque (Numérico);
- descrição (Texto/Caráter);
- custo unitário – final do período atual (Numérico);
- custo unitário – final do período anterior (Numérico);
- quantidade final – período atual (Numérico);
- quantidade inicial – período atual (Numérico);
- quantidade final – período anterior (Numérico);
- saldo de estoque final (Numérico);
- data do recebimento (Data);
- último preço de venda (Numérico);
- última data de venda (Data).

Por exemplo, é possível observar nos relatórios analíticos de estoques (*final inventory balance*) gerados por meio de estratificação, como o mostrado da Figura 18.1, as concentrações dos estoques nos limites inferiores e limites máximos dos estoques e, inclusive, das quantidades de registros que podem ser levantados para análise.

Stratum #	>=L Limit	< U Limit	# Records	(%) # Records	Final Inventory Balance	Final Inventory Balance (%)
1	0.00	1,000.00	899	95.74	419,279,957.44	42.71
2	1,000.00	2,000.00	21	2.24	132,779,576.99	13.53
3	2,000.00	3,000.00	9	0.96	113,670,716.66	11.58
4	3,000.00	4,000.00	5	0.53	106,433,840.99	10.84
5	4,000.00	5,000.00	0	0.00	0.00	0.00
6	5,000.00	6,000.00	4	0.43	160,441,333.32	16.34
7	6,000.00	7,000.00	0	0.00	0.00	0.00
8	7,000.00	8,000.00	0	0.00	0.00	0.00
9	8,000.00	9,000.00	1	0.11	48,991,784.00	4.99
10	9,000.00	10,000.00	0	0.00	0.00	0.00
		Lower Limit Exceptions:	0	0.00	0.00	0.00
		Upper Limit Exceptions:	0	0.00	0.00	0.00
		Totals:	**939**	**100.00**	**981,597,209.40**	**100.00**

Figura 18.1 Relatório analítico de estoques.

Também por meio de dados analíticos, podem-se gerar relatórios de *aging*, ou seja, idade do estoque, a fim de analisar obsolescência com faixa de valores, como ilustrado na Figura 18.2.

	ITEM_REF	FINAL_INVENTORY_BALANCE	NO_OF_RECS	AGE_LE_0	AGE_LE_30	AGE_LE_60	AGE_LE_90	AGE_LE_120	AGE_LE_
1	001 00055 000	3,885,883.20	1	0.00	3,885,883.20	0.00	0.00	0.00	
2	001 00059 000	28,757.37	1	0.00	28,757.37	0.00	0.00	0.00	
3	001 00091 000	49,140.00	1	0.00	49,140.00	0.00	0.00	0.00	
4	001 00123 000	2,032.00	1	0.00	2,032.00	0.00	0.00	0.00	
5	001 00202 000	1,785.00	1	0.00	1,785.00	0.00	0.00	0.00	
6	001 00208 000	523,531.50	1	0.00	523,531.50	0.00	0.00	0.00	
7	001 00214 000	2,462,880.00	1	0.00	0.00	0.00	0.00	0.00	
8	001 00238 000	91,432.80	1	0.00	0.00	0.00	0.00	0.00	
9	001 00241 000	1,930.50	1	0.00	0.00	0.00	0.00	0.00	
10	001 00260 000	1,483.20	1	0.00	0.00	0.00	0.00	0.00	
11	001 00261 000	2,842.74	1	0.00	0.00	0.00	0.00	0.00	
12	001 00265 000	427.50	1	0.00	0.00	0.00	0.00	0.00	
13	001 00266 000	244.80	1	0.00	0.00	244.80	0.00	0.00	
14	001 00269 000	191.25	1	0.00	0.00	191.25	0.00	0.00	
15	001 00273 000	31,136.00	1	0.00	0.00	31,136.00	0.00	0.00	
16	001 00275 000	561.00	1	0.00	0.00	561.00	0.00	0.00	
17	001 00277 000	351.00	1	0.00	0.00	351.00	0.00	0.00	

Figura 18.2 Relatório de idade do estoque.

A seguir, apresentamos alguns dados apenas exemplares, a fim de consolidar os conhecimentos aprendidos com os aspectos substantivos e analíticos de estoques e custos de produção.

CASO PRÁTICO: SMITH E TOPA TUDO S.A.

Smith Indústria Ltda.

31/12/2016

Objetivo: Teste de Estoque

	CONTA	SALDO	SALDO	Anotar	SALDO
Nº	DESCRIÇÃO	31/12/2015	31/12/2016	Reclassificação	31/12/2016
08	Produtos Acabados	601.433	801.333		
09	Produtos em Processo	590.122	740.297		
10	Matéria-prima	470.371	570.199		
	TOTAL	1.661.926	2.111.829		
		λ ×	μ ×		

Trabalho efetuado:

λ conforme WP ano anterior

μ conforme razão geral

× somas conferidas

Topa Tudo S.A.

31/12/2016

Objetivo: Teste de Valorização de Estoque

Cód.	Descrição			QTD		Custo		Custo		Estimativa p/		Custo	Custo			
						Total		Unitário		Completar		Unit. Total	Unit. do Mercado			
11	Prod. Acabado	A		100	✓	107.230	✓	1.072,30	✓			1.072,30	1.600,00			
41	Prod. Acabado	B		50	✓	111.192	✓	2.223,84	✓			2.223,84	2.500,00			
97	Prod. Acabado	C		20	✓	89.333	✓	4.466,65	✓			4.466,65	4.700,00			
101	Prod. Process.	D		45	✓	91.100	✓	2.024,44	✓	301,28	∂	2.325,72	2.500,00			
148	Prod. Process.	E		39	✓	83.450	✓	2.139,74	✓	243,36	∂	2.383,10	2.650,00			
123	Prod. Process.	F		50	✓	97.330	✓	1.946,60	✓	501,26	∂	2.447,86	2.680,00			
232	Matéria-prima	X		100	✓	55.300	✓	553,00	✓			553,00	650,00			
243	Matéria-prima	Y		120	✓	61.400	✓	511,67	✓			511,67	610,00			

Cód.	Descrição			QTD		Custo		Custo		Estimativa p/		Custo	Custo			
						Total		Unitário		Completar		Unit. Total	Unit. do Mercado			
299	Matéria-prima	Z		90	✓	34.245	✓	380,50	✓			380,50	490,00			
						730.577	×	35%				35%				
	Itens ñ testados					1.381.249		65%				65%				
	TOTAL					2.111.829	µ									

Trabalho efetuado:

✓ conferida a listagem do sistema de Estoque

µ conforme razão geral

× somas conferidas

∂ revisão dos cálculos e procedimentos de custos dos produtos

Topa Tudo SA.

31/12/2016

Objetivo: Teste de Ajuste de Inventário Físico

Cód.	**Descrição**			**QTDE (*1*)**		**QTDE (*2*)**		***1 – 2=3***		**Custo (*4*)**		**3 × 4**		
				Inventariada		**Kardex**		**Diferença**		**Unit. Total**		**Diferença valorizada**		
11	Prod. Acabado	A		100	L	98	✓	2	×	1.072,30		2.144,00		
41	Prod. Acabado	B		50	L	51	✓	(1)	×	2.223,84		(2.223,84)		
97	Prod. Acabado	C		20	L	19	✓	1	×	4.466,65		4.466,65		
101	Prod. Process. >	D		45	L	45	✓	-		2.325,72		-		
148	Prod. Process. >	E		39	L	39	✓	-		2.383,10		-		
123	Prod. Process. >	F		50	L	50	✓	-		2.447,86		-		
232	Matéria-prima	X		100	L	97	✓	3	×	553,00		1.659,00		
243	Matéria-prima	Y		120	L	119	✓	1	×	511,67		511,67		

Cód.	Descrição			QTDE (*1*)		QTDE (2)		*1 – 2=3*		Custo *(4)*		3 × 4		
				Inventariada		Kardex		Diferença		Unit. Total		Diferença valorizada		
299	Matéria-prima	Z		90	L	92	✓	(2)	×	380,50		(761,00)		
												5.797,08		
	Itens ñ testados											26.411,10		
	Total de ajuste											32.208,18		

Trabalho efetuado:

L conforme a listagem do inventário físico

✓ conferida a listagem do sistema de Estoque (Kardex)

µ conforme razão geral (ajustar a contabilidade)

× somas conferidas

∂ revisão dos cálculos e procedimentos de custos dos produtos

Modelo de carta de circularização de estoques em poder de terceiros

________________, __ de ________________ de ___________

Prezados Senhores:

Para fins de simples conferência, favor confirmar diretamente com os nossos auditores (*colocar nome e endereço dos auditores externos ou independentes*) se os estoques, abaixo discriminados, encontram-se em seu poder, são de nossa propriedade, estão em boas condições e livres de quaisquer ônus em _____ de _______________________ de __________. Adicionalmente, caso haja alguma divergência com os registros de V. Sas., solicitamos indicar na coluna de "OBSERVAÇÕES" a natureza dessa divergência.

Atenciosamente,

____

Assinatura e carimbo

....ooooooooooooo...

Confirmamos que os estoques abaixo discriminados encontram-se em nosso poder, são de sua propriedade, estão em boas condições e livres de quaisquer ônus em ________ de ________________ de ________.

QUANTIDADE	DESCRIÇÃO	OBSERVAÇÕES

____________, _____de _________________________ de _________

____

Assinatura e carimbo

Auditoria de Ativo Imobilizado

19

19.1 Conceitos de auditoria de ativo imobilizado

Quando se fala em auditoria de ativo imobilizado como componente de Ativo permanente, não se devem descartar os conhecimentos e as orientações das Normas Internacionais de Contabilidade e Normas Contábeis no Brasil. No entanto, para elucidar nossos conceitos da auditoria deste importante item do balanço patrimonial, apresentamos a seguir, em tópicos, as referidas normas dentro das características de diversos bens, abrangendo todo o conjunto de informações necessárias para sua compreensão.

19.1.1 Norma internacional de contabilidade

Objetivo

O objetivo desta norma é prescrever o tratamento contábil para o ativo imobilizado. As principais questões na contabilização do ativo imobilizado são a época de reconhecimento dos ativos, a determinação dos seus valores nos livros e das despesas de depreciação a serem reconhecidas em relação a esses valores, e a determinação e tratamento contábil de outras reduções do valor nos livros.

Esta norma requer que um item do ativo imobilizado seja reconhecido como ativo, quando ele satisfizer a definição e os critérios de reconhecimento para os ativos, constantes da estrutura conceitual para a preparação e apresentação das demonstrações contábeis.

Alcance

Esta norma deve ser aplicada na contabilização do ativo imobilizado, exceto quando outra Norma Internacional de Contabilidade requerer ou permitir um tratamento contábil diferente.

Esta norma não se aplica a:

a) florestas e recursos naturais renováveis semelhantes;

b) direitos de mineração, sobre a exploração e extração de minerais, petróleo, gás natural e recursos exauríveis semelhantes.

Entretanto, esta norma se aplica ao imobilizado que se utiliza para desenvolver ou manter as atividades ou ativos mencionados em (a) e (b), quando passíveis de separação daquelas atividades ou ativos.

Definições

Os seguintes termos são usados, com os significados abaixo descritos:

Ativos imobilizados são ativos tangíveis que:

a) são mantidos por uma empresa para uso na produção ou fornecimento de mercadorias ou serviços, para locação a terceiros ou para finalidades administrativas;

b) conforme as expectativas, deverão ser usados por mais de um exercício contábil.

Depreciação é a alocação sistemática do valor depreciável de um ativo ao longo de sua vida útil.

Valor depreciável é o custo de um ativo, ou outro valor que figure nos livros em lugar do custo do ativo, menos o seu valor residual.

Vida útil é:

a) o período durante o qual se espera que o ativo seja usado pela empresa; ou

b) o número de unidades produzidas ou unidades semelhantes que se espera que sejam obtidas do ativo pela empresa.

- ***Custo*** é o montante pago em dinheiro ou equivalente, ou valor justo de outra forma de pagamento entregue para adquirir um ativo na data de sua aquisição ou construção.
- ***Valor residual*** é o montante líquido que a empresa espera obter por um ativo no fim de sua vida útil, depois de deduzir os custos esperados para vender o ativo.

- ***Valor justo*** é o montante pelo qual um ativo pode ser transacionado entre partes conhecedoras do assunto e dispostas a negociar numa transação sem favorecimentos.
- ***Valor Contábil*** ou em livros é o montante pelo qual o ativo é incluído no balanço, depois de deduzir a respectiva depreciação acumulada.
- ***Valor recuperável*** é o montante que a empresa espera recuperar mediante o uso futuro de um ativo, inclusive o seu residual por ocasião de venda.

19.2 Reconhecimento do ativo imobilizado

Um item do ativo imobilizado deve ser assim reconhecido quando:

- for provável que futuros benefícios econômicos decorrentes do ativo sejam percebidos pela empresa; e
- o custo do ativo para a empresa puder ser medido com segurança.

O ativo imobilizado, muitas vezes, representa montante substancial do total de uma empresa e, consequentemente, é significativo na apresentação da posição financeira. Além disso, determinar se um dispêndio representa um ativo ou uma despesa pode ter efeito relevante sobre os resultados reportados das operações de uma empresa.

O segundo critério para reconhecimento é, de modo geral, prontamente atendido, pois a transação de troca evidenciando a compra do ativo identifica o seu custo. No caso de um ativo de construção própria, uma quantificação confiável do custo pode ser feita com base nas transações com terceiros, isto é, fontes externas da empresa, para aquisição dos materiais, mão de obra e outros insumos no processo de construção.

Certos ativos imobilizados podem ser adquiridos por motivos de segurança ou meio ambiente. A aquisição de tais ativos, embora não aumente diretamente os futuros benefícios econômicos de nenhum bem específico existente do imobilizado, poderá ser necessária para que a empresa obtenha os futuros benefícios econômicos dos ativos percebidos por ela, além daqueles que perceba caso aquelas aquisições não tivessem sido feitas. Entretanto, tais ativos são reconhecidos somente na extensão em que o valor nos livros de tal ativo e dos ativos a que se relacionam não exceda o respectivo montante total recuperável. Por exemplo, um fabricante de produtos químicos poderá ter de instalar certos processos novos para manuseio dos produtos químicos a fim de cumprir exigências ambientais sobre a produção e armazenagem de produtos químicos perigosos; os aperfeiçoamentos da fábrica são reconhecidos como ativo na extensão em que são recuperáveis, porque sem eles a empresa não poderia fabricar e vender produtos químicos.

19.3 Avaliação inicial do ativo imobilizado

Um bem do imobilizado que satisfaz os critérios de reconhecimento como ativo deve inicialmente ser avaliado pelo seu custo.

19.3.1 Componentes do custo

O custo de um bem do imobilizado compreende o seu preço de compra, inclusive direitos alfandegários e impostos não restituíveis sobre a compra, e quaisquer custos diretamente atribuíveis para colocar o ativo em condições operacionais para o uso pretendido; quaisquer descontos comerciais e abatimentos são deduzidos para chegar ao preço de compra. Exemplos de custos diretamente atribuíveis são:

- o custo de preparação do local;
- custos de entrega inicial e de manuseio;
- custos de instalação; e
- honorários profissionais, tais como os de arquitetos e engenheiros.

Quando o pagamento por item do imobilizado é diferido para além das condições normais de crédito, o seu custo é o preço à vista equivalente; a diferença entre este valor e o total dos pagamentos é reconhecida como despesa de juros referentes ao período de crédito, a não ser que seja ativada, de acordo com o tratamento alternativo permitido estabelecido na NIC 23, Encargos Financeiros de Empréstimos.

Os custos administrativos e outros gerais indiretos não são componentes do custo do ativo imobilizado, a não ser que possam ser diretamente atribuíveis à aquisição do ativo ou à colocação deste em condições operacionais. Da mesma forma, os custos de pôr em funcionamento e outros pré-operacionais não formam parte do custo de um ativo, a não ser que sejam necessários para colocar o ativo em condições operacionais. Os prejuízos operacionais iniciais, incorridos antes que o ativo alcance desempenho planejado, são reconhecidos como despesa.

O custo de um ativo de construção própria é determinado usando os mesmos princípios aplicáveis a um ativo adquirido. Se uma empresa fabrica ativos semelhantes para venda no curso normal de suas operações, o custo do ativo é usualmente o mesmo que o de produzi-lo para venda. Encargos financeiros de empréstimos estabelecem critérios que precisam ser atendidos antes que os juros possam ser considerados componentes do ativo imobilizado.

19.3.2 Permuta de ativos

Um bem do imobilizado pode ser adquirido em troca ou como parte de um bem diferente do imobilizado ou outro ativo. O custo de tal bem é avaliado pelo valor justo do ativo recebido, que é equivalente ao valor justo do ativo entregue, ajustado pelo montante do numerário ou equivalente recebido ou pago.

Um item do imobilizado pode ser adquirido em troca de um ativo semelhante que tenha aplicação similar no mesmo ramo de negócio e de valor equivalente. Um item do imobilizado pode também ser vendido em troca do direito sobre um ativo semelhante que tenha uso e valor equivalentes no mesmo setor de negócios. Também pode ser vendido em troca de um título de propriedade de ativo equivalente. Em ambos os casos, uma vez que o processo gerador de lucros esteja incompleto, não se reconhece qualquer lucro ou prejuízo na transação, sendo o custo do novo ativo entregue. Entretanto, o valor justo do ativo recebido poderá fornecer evidência de uma redução no valor deste. Em tais circunstâncias, o ativo entregue é reduzido em seu valor e esse valor reduzido é atribuído ao novo ativo. Exemplos de permutas de ativos semelhantes são a troca de aeronaves, hotéis, postos de gasolina e outros bens imóveis. Se outros ativos tais como dinheiro são incluídos como parte da transação de troca, isso é indicação de que itens não tinham valor semelhante.

19.3.3 Dispêndios subsequentes

Dispêndios subsequentes relativos a um bem do imobilizado que já foi reconhecido devem ser adicionados ao valor do ativo quando é provável que os futuros benefícios econômicos que excederem o padrão de desempenho, originalmente avaliado para o ativo existente, sejam percebidos pela empresa. Todas as demais despesas subsequentes devem ser reconhecidas no período em que são incorridas.

Os dispêndios subsequentes com ativos imobilizados só são reconhecidos como ativo quando melhoram as condições do ativo além do padrão de desempenho originalmente avaliado. Exemplos de melhoramento que resultam em aumento dos futuros benefícios econômicos:

- modificação de um bem na fábrica para prolongar sua vida útil, inclusive aumento na sua capacidade;
- aperfeiçoamento de peças de máquinas para conseguir um aumento substancial na qualidade da produção;

- adoção de novos processos de produção que permita redução substancial nos custos operacionais anteriormente avaliados.

Os componentes principais de alguns bens do imobilizado podem precisar de reposição a intervalos regulares, por exemplo, um forno poderá precisar de revestimento refratário depois de certo número de horas de uso, ou itens do interior de uma aeronave, como assentos ou a quitinete de bordo, poderão necessitar de reposição diversas vezes durante a vida de fuselagem. Os componentes são contabilizados como ativos individuais separados, porque têm tempos de vida útil diferentes daqueles dos bens do imobilizado aos quais se relacionam. Portanto, desde que os critérios de reconhecimento apresentados nos parágrafos anteriores sejam atendidos, o dispêndio incorrido na reposição ou renovação do componente é contabilizado como aquisição de um ativo separado e o ativo substituído é baixado.

19.4 Avaliação subsequente ao reconhecimento inicial

Pelo tratamento padrão (*benchmark*), um bem do imobilizado deve ser mantido pelo seu custo, menos a depreciação acumulada, sujeito ao requisito de reduzir o ativo ao seu valor recuperável. Já pelo tratamento alternativo permitido, depois de reconhecimento inicial como ativo, um item do imobilizado deve ser mantido por um valor reavaliado, que seria o seu valor justo na data de reavaliação menos a depreciação acumulada. As reavaliações devem ser feitas com suficiente regularidade, de modo que o valor constante seja materialmente diferente daquele que seria determinado usando o valor justo na data do balanço.

19.4.1 Reavaliações/*Impairment*

O valor justo de terrenos e edifícios é usualmente o seu valor de mercado para o uso presente, o que pressupõe uso contínuo do ativo nas mesmas atividades ou em atividades semelhantes. Esse valor é determinado por avaliação feita por peritos qualificados.

Ao se determinar o valor justo, um imobilizado é avaliado com base no seu uso atual. Entretanto, um ativo cujo uso tenha probabilidade de mudar é avaliado na mesma base em que se avaliam ativos semelhantes destinados ao uso que se tem em vista. Por exemplo: não é apropriado avaliar uma fábrica e seu equipamento pelo seu valor de uso ao mesmo tempo que se avalia o local da fábrica pelo valor de mercado do terreno para reaproveitamento como *shopping center*.

Quando o valor contábil de um ativo é aumentado como resultado de uma reavaliação, o aumento deve ser creditado diretamente ao patrimônio líquido a título de reserva de reavaliação. Todavia, o aumento decorrente da reavaliação deve ser reconhecido como receita, na extensão em que ele reverte um decréscimo resultante de reavaliação do mesmo ativo anteriormente reconhecido como despesa.

Quando o valor contábil de um ativo é diminuído como resultado de uma reavaliação, o decréscimo deve ser reconhecido como despesa. Entretanto, o decréscimo resultante de reavaliação na extensão deve ser debitado diretamente contra qualquer reserva respectiva de reavaliação, na extensão em que o decréscimo não exceda o montante contido na reserva de reavaliação referente a esse mesmo ativo.

A reserva de reavaliação incluída no patrimônio líquido pode ser transferida diretamente para os lucros acumulados quando a reserva é realizada. A reserva, na sua totalidade, pode ser realizada com baixa ou pela venda do ativo. Entretanto, parte da reserva pode ser realizada à medida que o ativo é usado pela empresa; em tal caso, o montante de reserva realizada é a diferença entre a depreciação baseada no valor reavaliado do ativo e a depreciação baseada no custo original do ativo. A transferência da reserva da reavaliação para lucros acumulados não transita pelas demonstrações de resultado.

19.4.2 Depreciação

O valor depreciável de um bem do ativo imobilizado deve ser alocado numa base sistemática durante a sua vital útil. O método de depreciação usado deve refletir o padrão em que os benefícios econômicos do ativo são consumidos pela empresa. A parcela de depreciação referente a cada período deve ser reconhecida como despesa, a não ser que seja incluída no valor contábil de outro ativo.

Os benefícios econômicos incorporados num bem do ativo imobilizado são consumidos pela empresa principalmente mediante o uso do ativo. Entretanto, outros fatores, tais como obsolescência técnica e o desgaste enquanto o ativo ficar parado, geralmente resultam na diminuição dos benefícios econômicos que se poderia esperar fossem proporcionados pelo ativo; consequentemente, todos os seguintes fatores precisam ser considerados ao determinar a vida útil de um ativo:

- o uso esperado do ativo pela empresa, que é avaliado com base em sua capacidade esperada ou na sua produção física;

- o desgaste físico esperado, que depende de fatores operacionais, tais como o número de turnos durante os quais o ativo será usado e o programa de reparo e manutenção do ativo enquanto estiver sem uso;
- obsolescência técnica resultante de mudanças ou aperfeiçoamento na produção, ou mudanças na demanda no mercado do produto ou serviço proporcionado pelo ativo;
- limites legais ou semelhantes sobre o uso do ativo, tais como datas de expiração dos respectivos arrendamentos.

A vida útil de um ativo é definida em termos de serviços esperados para a empresa. A política de administração dos ativos de uma empresa pode incluir a venda dos ativos depois de determinado período ou depois de consumo de certa proporção dos benefícios econômicos incorporados no ativo. Consequentemente, a vida útil de um ativo pode ser mais curta do que a sua vida econômica. A estimativa da vida útil de um bem de ativo imobilizado é uma questão de julgamento baseado na experiência da empresa com ativos semelhantes. Terrenos e edifícios são ativos separáveis e são tratados separadamente para fins contábeis, mesmo quando adquiridos em conjunto. O terreno, normalmente, tem vida ilimitada e, portanto, não é depreciado. Os edifícios têm vida limitada e, portanto, são depreciáveis. Um aumento no valor do terreno no qual um edifício está situado não afeta a determinação da vida útil do edifício.

19.4.3 Revisão da vida útil

A vida útil de um bem ativo imobilizado deve ser revisada periodicamente e, se as expectativas revisadas forem significativamente diferentes das anteriores, a despesa de depreciação do período corrente e dos períodos futuros deve ser ajustada.

Durante a vida de um ativo, poderá ficar claro que a estimativa de vida útil não é apropriada. Por exemplo, a vida útil pode ser prolongada por dispêndios subsequentes com o ativo, que melhoram suas condições para além do padrão de desempenho originalmente estimado. Alternativamente, mudanças tecnológicas ou no mercado para os produtos podem reduzir a vida do ativo. Em tais casos, a vida útil é, portanto, a taxa de depreciação, ajustada para o período corrente e períodos futuros.

A política de reparos e manutenção de empresa pode também afetar a vida útil do ativo. Essa política pode resultar num prolongamento da vida útil ou em aumento no valor residual. Entretanto, a adoção dessa política não elimina a necessidade de se debitar a depreciação.

19.4.4 Revisão do método de depreciação

O método de depreciação aplicado ao ativo imobilizado deve ser revisado periodicamente e, se tiver havido uma mudança significativa no padrão esperado dos benefícios econômicos desse ativo, o método deve ser mudado para refletir a mudança de padrão. Tal mudança no método de depreciação do período corrente e de períodos futuros deve ser ajustada de acordo com a NIC 8.

19.4.5 Redução no valor recuperável

O valor contábil de um bem ativo imobilizado ou de um grupo de bens idênticos do ativo imobilizado deve ser revisado periodicamente, a fim de se avaliar se seu valor de realização declinou para um nível abaixo do valor contábil. Quando ocorre esse declínio, valor contábil deve ser reduzido para o montante recuperável. O montante da redução deve ser reconhecido como despesa imediatamente, a não ser que reverta uma reavaliação anterior, em cujo caso deve ser debitado do patrimônio líquido de acordo com o parágrafo 40 da NIC 8.

O custo ou valor reavaliado de um bem do ativo imobilizado é normalmente recuperado numa base sistemática durante a vida útil do ativo. Se a capacidade de uso de um item ou grupo de itens idênticos diminuir, por exemplo, devido aos danos ou obsolescência tecnológica ou outros fatores econômicos, o montante de realização poderá ser menor que o valor ativo. Em tais circunstâncias, uma redução do ativo imobilizado fica paralisada durante um período considerável, antes de entrar em operações ou durante a sua vida útil.

19.5 Aumento subsequente no valor recuperável

Conforme o tratamento padrão (*benchmark*) nesta norma, um aumento subsequente no montante recuperável de um ativo, contabilizado de acordo com o tratamento do custo ou o valor de realização descrito no parágrafo 29, deve ser revertido, quando as circunstâncias e eventos que levaram à redução cessarem e houver evidência persuasiva de que as novas circunstâncias e eventos persistirão durante o futuro previsível. O montante revertido deve ser reduzido pelo qual teria sido reconhecido como depreciação, no caso de não ter havido a redução ou baixa.

Um bem do ativo imobilizado deve ser eliminado do balanço por ocasião da venda ou quando o ativo for retirado permanentemente do uso e não se esperam futuros benefícios econômicos de sua aplicação. Lucros e prejuízos decorrentes da retirada ou venda de um bem devem ser apurados pela diferença entre o valor líquido estimado da venda e o valor nos livros do ativo, e devem ser reconhecidos como receitas ou despesas nas demonstrações de resultado.

Quando um bem for trocado por outro semelhante, nas circunstâncias descritas no parágrafo anterior, e o custo do ativo adquirido for igual ao valor contábil e ao ativo entregue, não haverá resultado na transação, nem lucro, nem prejuízo.

19.5.1 Divulgação

As demonstrações contábeis devem divulgar com respeito a cada classe de ativo imobilizado, atentando para os seguintes fatores:

a) as bases de avaliação usadas para determinar o valor bruto. Quando forem usadas mais de uma base, o valor bruto de cada categoria deve ser divulgado;

b) os métodos de depreciação aplicados;

c) os tempos de vida útil ou taxas de depreciação usadas;

d) o valor bruto e a depreciação acumulada no começo e no fim do período;

e) uma conciliação do valor bruto contábil no começo e no fim do período, mostrando:

- adições;
- vendas;
- aquisições por meio de incorporações de empresas;
- aumentos ou diminuições resultantes de reavaliações;
- reduções no montante nos livros;
- importâncias revertidas;
- depreciação;
- diferenças cambiais líquidas resultantes da tradução das demonstrações financeiras de uma entidade estrangeira; e
- outras movimentações.

19.6 Objetivos da auditoria

As visitas finais de auditoria das demonstrações financeiras são designadas à verificação dos itens de ativos e passivos. Os métodos normalmente adotados no caso de ativo imobilizado podem ser lembrados por meio mnemônico conhecido como *CAVEBPA*; sendo que C – Custo, A – Autorização, V – Valorização, E – Existência, B – Benefício, P – Propriedade e A – Apresentação.

Custo – A auditoria deve se preocupar com a composição do custo do bem. Nas circunstâncias normais, a base é o custo histórico. Deve-se verificar se foi efetuado corretamente e em tempo próprio.

Autorização – A preocupação da auditoria, nesse caso, é comprovar que sua aquisição ou mobilização foi autorizada pela pessoa que possui alçada para tal. Autorização para aquisição incorreta poderia comprometer o orçamento periódico de uma empresa.

Valorização – Valorização de ativos conforme seu desgaste, seja por depreciação ou amortização, deve ser feita corretamente, mantendo sempre o valor residual do bem atualizado.

Existência – O auditor precisa ver para acreditar, determinar a existência física e a permanência em uso do imobilizado. Nesse contexto, ele promove a constatação física do imobilizado antes de aceitar como válidos os valores representados nos itens de imobilizado do balanço patrimonial. Experiência nos demonstra de que, às vezes, a empresa registra o valor do bem nos ativos e, na verdade, ou o ativo já desapareceu por roubo ou o bem não está mais em atividade.

Benefício – Para que um bem seja validado como ativo imobilizado numa empresa, ele deve proporcionar-lhe algum benefício. Se esse elemento deixar de existir, o bem não deverá ser classificado como ativo imobilizado. É comum ver fábricas que mantêm unidades fabris inoperantes como imobilizado e as depreciam normalmente. Isso é um descumprimento da essência importante do imobilizado, que é promover benefícios e auxiliar na geração de riquezas.

Propriedade – O auditor tem a preocupação de saber se seu cliente mantém a titularidade de seus ativos imobilizados. Normalmente, a transferência de titularidade se dá no momento de emissão de notas fiscais e entrega de mercadorias. Assim, também as obrigações para com entidades governamentais em relação a tais ativos são transferidas automaticamente. Nesse contexto, devem-se observar penhoras, garantias ou restrições de uso do bem. É comum empresas venderem seus carros de frota a preços acessíveis para seus funcionários e esquecerem de transferi-los para o nome dos funcionários. No entanto, taxas, impostos e multas de trânsito referentes a tal ativo podem ser incorridos erroneamente, além de se poder também efetuar a depreciação de forma incorreta.

Apresentação – A contabilização de forma correta e completa é mais uma preocupação do auditor no processo de avaliação de ativo imobilizado. Ele deve verificar se os princípios de contabilidade geralmente aceitos foram aplicados em bases uniformes, se não há despesas capitalizadas e se as despesas não contêm itens capitalizáveis. Adicionalmente, deve se ater aos problemas de superavaliação ou subavaliação, além das seguintes competências:

- estão formados por numerário e/ou documentação de suporte hábil, suficiente e vinculada às atividades próprias de entidade auditadas;
- os recebimentos e pagamentos por caixa estão suportados por documentação hábil e suficiente, efetivamente registrados nos livros de caixa e na contabilidade e decorrem realmente das atividades da entidade auditada;
- são registrados e avaliados por critérios contábeis adequados e consistentes;
- estão devidamente classificados e divulgados nas demonstrações contábeis – Demonstração do Resultado do Exercício, que é a apuração do lucro ou prejuízo do exercício.

19.7 Testes substantivos e detalhes de imobilizado

O processo de teste substantivo de imobilizado objetiva testar a conta visando as preocupações *vis-à-vis* com assertivas que atenuam os riscos de distorções materiais. São analisados:

- lista de movimentação do ativo imobilizado;
- procedimento de conciliação do ativo imobilizado;
- itens com alto valor contábil líquido;
- itens duplicados no ativo imobilizado;
- sumarização de itens do ativo imobilizado;
- adições ao ativo imobilizado;
- baixa de ativo imobilizado;
- identificação de itens do ativo imobilizado com custo zero ou negativo e itens com valor contábil líquido zero ou negativo;
- recálculo da despesa de depreciação;
- mudanças no custo do ativo;
- mudanças na vida útil;
- procedimento analítico de despesa de depreciação.

19.8 *Data analytics* de imobilizado

O processo de *data analytics eData* para imobilizado permite ao auditor extrair dados das bases do cliente por meio de aplicativos de auditoria (ACL ou IDEA) aplicando os questionamentos para análise que atendem às assertivas, a fim de verificar, por meio de exceções, casos significativos nos desvios, se houver, dos relatórios gerados.

Os seguintes campos de dados para o ativo imobilizado são utilizados para executar os exemplos de técnicas do *eData* descritos acima:

- número da conta contábil (Numérico);
- descrição da conta contábil (Texto/Caráter);
- código do ativo/ID (Numérico/Texto/Caráter);
- descrição do ativo (Texto/Caráter);
- categoria do ativo (Texto/Caráter);
- data de ativação do item (Data);
- custo de aquisição (Numérico);
- valor residual líquido do ativo estimado ao final da vida (Numérico); valor contábil do ativo – no início (Numérico); despesa de depreciação (Numérico); depreciação acumulada (Numérico); valor contábil líquido do ativo (Numérico);
- taxa de depreciação (Numérico).

Assim, por exemplo, é possível observar, nos relatórios analíticos, duplicidade na conta de móveis e utensílios (*furniture*), como mostrado na Figura 19.1. Pode-se perguntar por que cadastrar duas contas para móveis e utensílios.

IDEA Fixed Assets Data-Master.IMD | Duplicate.IMD

	ID	DESCRIPTION	GROUP	REF	PURCH_DATE	COST	END_VAL	BEG_BOOK	DEPR_EXP	ACCUM_DEPR	NET_BOOK	
1	2107	Metal BookCase	C04 - furniture	97000221	12/1/2004	302.67	0.00	242.14	30.27	90.80	211.87	W
2	2107	Metal Bookcase	C04 - furniture	97000222	1/1/2001	345.89	0.00	172.95	34.59	207.53	138.36	W
3	2107	Metal BookCase	C04 - furniture	97000221	12/1/2004	302.67	0.00	242.14	30.27	90.80	211.87	W
4	2386	Storage Cabinet	C04 - furniture	97000178	6/1/2004	167.34	0.00	133.87	16.73	50.20	117.14	H
5	2386	Storage Cabinet	C04 - furniture	98700136	7/1/2003	205.67	0.00	143.97	20.57	82.27	123.40	O
6	2386	Filing Cabinet	C04 - furniture	98700277	4/1/2005	405.99	0.00	324.79	81.20	162.40	243.59	V
7	2388	Oak Desk	C02- furniture	97000063	9/1/2005	325.14	100.00	302.62	22.51	45.03	280.11	H
8	2388	Oak Desk	C02- furniture	20700037	5/1/2004	425.55	100.00	360.45	32.56	97.67	327.89	V

Figura 19.1 Relatório analítico com duplicidade na conta de móveis e utensílios.

Já no exemplo da Figura 19.2, é possível observar, nos relatórios analíticos, as taxas de depreciação de móveis e utensílios (*CO2-furniture* utilizadas) que variam entre 10% e 25%. Nesse caso, a equipe de auditoria pode considerar investigar a racionalidade que suporta essas variações.

IDEA Fixed Assets Data-Master.IMD | **Summarization.IMD** | Summarization1.IMD

	GROUP	DEPR_RATE	NO_OF_RECS	COST_SUM	BEG_BOOK_SUM	ACCUM_DEPR_SUM	NET_BOOK_SUM
1	C02- furniture	0.10	2	750.69	663.07	142.70	608.00
2	C02- furniture	0.20	2	1,408.23	1,408.23	402.66	935.06
3	C02- furniture	0.25	2	20,307.33	11,453.68	13,084.60	7,222.74
4	C04 - furniture	0.10	6	1,626.23	1,212.86	570.00	1,056.23
5	C04 - furniture	0.20	1	405.99	324.79	162.40	243.59
6	C11 - furniture	0.33	1	2,413.88	2,413.88	1,593.16	24.14
7	C98 - furniture	0.20	2	4,594.23	4,594.23	918.85	3,675.38
8	C98 - furniture	0.30	1	174.32	174.32	104.60	17.42
9	F67 - computer	0.50	3	18,751.56	10,626.56	17,407.61	186.34
10	F71 - computer	0.25	2	696.01	501.23	368.17	327.84
11	X08 - vechicle	0.20	1	18,000.00	11,520.00	9,360.00	9,216.00
12	X08 - vechicle	0.25	1	44,000.00	44,000.00	10,000.00	34,000.00

Figura 19.2 Exemplo de variação das taxas de depreciação de móveis e utensílios.

Parte VII

FINALIZAÇÃO DA AUDITORIA

Relatórios e Pareceres de Auditoria 20

20.1 Conceitos de relatórios e pareceres de auditoria

O término do trabalho do auditor, com relação ao serviço de auditoria, é a data do parecer de auditoria. Esse processo de encerramento das demonstrações contábeis envolve a reorganização dos papéis de trabalho em forma final, negociação com cliente e emissão dos relatórios finais para o uso dos interessados.

A fase de conclusão da auditoria é a fase de negociação dos ajustes contábeis que por ventura os auditores julguem necessários para que as demonstrações contábeis apresentem sua razoabilidade em todos os aspectos relevantes. É a fase em que se espera que auditores cedam em seus posicionamentos se notarem que a posição do cliente faz sentido, comparando-a com sua metodologia, e se, evidentemente, a relação custo/benefícios não venha a ferir as partes interessadas. Também notam-se eventos subsequentes que devem ser contemplados na medida em que seus efeitos possam mudar os balanços após a sua publicação.

Normalmente, exige-se independência na postura que permita a apresentação de conclusão, que não sofra efeitos de influências e que comprometa julgamento profissional, permitindo que a pessoa atue com integridade, objetividade e ceticismo profissional.

É nesse momento que se esclarecem questões de responsabilidade. Cabe à administração da companhia a responsabilidade pela elaboração das demonstrações contábeis condensadas, derivadas das demonstrações contábeis auditadas, de acordo com a base descrita na nota explicativa; e a responsabilidade do auditor é expressar uma opinião sobre essas demonstrações contábeis condensadas, com base nas normas brasileiras e internacionais de auditoria conduzidas de acordo com a NBC TA 810, sobre emissão de relatório de Demonstrações Contábeis.

20.2 Conclusão de trabalho de auditoria

A fim de chegar a um acordo que satisfaça os regulamentos da CVM no tocante às divulgações, algumas etapas finais de conclusão de auditoria são tratadas com bastante cuidado. São elas: (a) lançamentos de ajustes e/ou reclassificações; (b) formação da opinião e emissão do parecer (NBC TA 700); e também (c) transmissão de cartas-comentários e de recomendações.

Geralmente, durante o transcorrer do trabalho, o auditor pode vir a descobrir quaisquer erros nos processos contábeis sob exame que requeririam correções por parte da empresa auditada. Isso certamente receberia atenção dos auditores e também teria ênfase de análise de efeitos de ajustes para a constituição de provisão para imposto de renda e demais reservas. Por isso, essas divergências de opinião com relação ao auditor, tanto na questão de interpretação das normas contábeis como na implementação das políticas contábeis que atendam aos requisitos dos organismos reguladores, devem ser sanadas no momento conclusivo do trabalho.

Depois da discussão sobre divergência de posições no tratamento contábil ou interpretação errônea das normais contábeis pelo cliente em relação às contas ou grupos de contas contábeis, o auditor deve se pronunciar a respeito da situação econômica, financeira e contábil expressando sua opinião por meio de pareceres. Esses pareceres podem ou não conter ressalvas. A data que normalmente se considera para o parecer é aquela de término dos serviços no campo.

Ademais, considerando que um dos frutos dos serviços de auditoria é o apoio gerencial para um bom andamento da atividade de governança, o auditor também gera cartas-comentários elencando os pontos que, durante os serviços, pareceram fraquezas que mereciam ser corrigidas. Assim, o auditor agrega pontos de recomendações para eliminação ou redução dos riscos dessas fraquezas, sobre os quais os gestores chegam a acordo com o auditor, incluindo as medidas de correção e os prazos de implementação.

Assim, para que a conclusão do trabalho de auditoria seja efetivada, é exigida a carta de representações formais sobre as responsabilidades da administração, abordada na NBC TA 580. Essa carta deve contemplar, entre outras informações, as seguintes: declaração por parte da administração de que as práticas contábeis que foram utilizadas são apropriadas às circunstâncias; informação sobre o reconhecimento, a mensuração, a apresentação e a divulgação de assuntos específicos; necessidade de que a administração declare que informou ao auditor todas as deficiências do controle interno de que tem conhecimento; e confirmação de afirmações específicas que constam nas demonstrações contábeis, principalmente aquelas que envolvem intenções.

20.3 Negociações entre auditor e alta administração

A negociação, nesse contexto, não é do tom da palavra, mas de consenso em termos de vários atributos considerados para se concluir a auditoria independente e emitir o parecer. Atributos tais como:

- **Ajustes a serem feitos**: confrontando-se os documentos originários e conferindo-os com os registros e os cálculos feitos pelo auditor com relação às contas do balanço, é possível que se levantem divergências. Essas divergências, que são normalmente orientadas pelas interpretações de normas e critérios de avaliação, são discutidas e a relevância é ponderada. Se isso afetar de forma material, recomenda-se que os registros contábeis sejam ajustados.
- **Itens a serem ressalvados**: pelo fato de a discussão dever girar em torno de um consenso para divulgação se o cliente adota uma política contábil para registro de uma transação em desacordo com as normas vigentes, valeria a pena observar se seu efeito é relevante. Se não parece relevante, considerando sua materialidade, o auditor não precisa se preocupar, pois não geraria distorções materiais aos olhos do usuário das informações contábeis. Tem-se divulgado pelos organismos de regulação que os motivos de discordância entre o auditor e o cliente nessa fase são o critério de reconhecimento de receita do cliente e a forma consistente de sua aplicação no período auditado.
- **Emissão da carta de representação**: efetivamente, qualquer que seja o parecer a ser divulgado, haja vista o último rito que é celebrado pelo auditor, a alta administração precisa emitir a carta de representação que evidencia a responsabilidade pelas principais contas apresentadas para os auditores independentes. Isso, em essência, encerra o trabalho de modo que o parecer seja assinado pelo auditor e encaminhado para publicação.

20.4 O relatório do auditor e pareceres: espécies, tipos e variações

20.4.1 Construtos

Os relatórios, por natureza, são frutos dos trabalhos de auditoria nos quais se refletem resumidamente os achados dos trabalhos extraídos dos papéis de trabalho.

Quando os trabalhos têm objetivo de auditoria limitada, apenas relatórios para fins gerenciais são emitidos. E, quando os trabalhos exprimem abrangência maior para usuários externos e atingem investidores de mercados de capitais regulados pela CVM, os relatórios exigem os posicionamentos dos auditores em forma de pareceres.

O relatório expõe as verificações, os julgamentos e conclusões do auditor, oferecendo as recomendações necessárias para solucionar os problemas encontrados e aumentar a eficácia e a otimização dos processos da entidade.

Sua importância também se relaciona com a orientação aos usuários, sobre a realidade da entidade e seus controles, e aos gestores, para tomada de decisões estratégicas; ameaças de continuidade; qualidade e riscos nos controles internos; informar tendências e resultados sobre os sistemas contábeis.

Como questão norteadora de operacionalização, indaga-se:

Qual a ontologia de relatório de auditoria e quais as taxonomias exigidas?

20.4.2 Operacionalização

A apresentação do relatório de auditoria possui ritos de divulgação que seguem, entre outros, os itens:

- **Adequação da evidência**: amarra-se com evidência específica coligida.
- **Convencimento**: ser capaz de agregar valor aos processos e negócios.
- **Objetividade e concisão**: ser direto e sem exagero nas substâncias corroborativas.
- **Clareza e simplicidade**: ser autoexplicável.
- **Integridade**: ser correto e com essência de completude.
- **Construtividade**: ajudar a moldar os negócios para o mundo melhor.
- **Empatia**: sem rancor ou desprezo para com o auditado e sempre se colocando no lugar dele.
- **Tempo oportuno**: achados devem ajudar a reduzir erros ou perdas financeiras em tempo hábil.
- **Tom**: o relatório deve ser vendável para o tomador de decisão na época de recursos escassos.

Geralmente, os relatórios são menos estruturados e detalhados, e ajudam a administração a enxergar os processos de controles internos e as fraquezas porventura existentes, com vistas em sugestão de melhorias e correção de anomalias.

Os pareceres, por serem direcionados para o público maior, são mais estruturados e seguem as regras da CVM ou das SECs. Na verdade, os referidos posicionamentos de pareceres se restringem a três, a saber:

- **Sem ressalvas**: em outras palavras, com parecer limpo referente à situação em que as demonstrações contábeis, considerando todas as circunstâncias boas e de acordo com as normas vigentes.
- **Com ressalvas**: situação em que alguns procedimentos ou normas foram aplicados de formas divergentes do entendimento do auditor, destacando-os com as expressões "exceto por" e "merecem ser ressalvados".
- **Negativa de opinião**: situação em que auditor não tem condições plenas para se posicionar sobre as demonstrações contábeis da entidade. Por exemplo, não poder mensurar adequadamente as contas a receber consideradas significativamente relevantes e impactantes na demonstração contábil do cliente. As circularizações não confirmam os saldos para poder encerrar suas atividades. Assim, o auditor tem a posição de se abster da opinião.

Vale ressaltar que a estrutura do parecer atual demonstra:

- **Responsabilidade da administração**: não opina, mas verifica inconsistências.
- **Responsabilidade do auditor**.
- **Base para opinião**: só quando tem ressalva, abstenção ou opinião adversa.
- **Opinião**: último parágrafo em caso de parecer limpo.

No entanto, o novo modelo de relatório de auditoria que foi apresentado pela primeira vez no final do ano de 2016 já tem o objetivo de melhorar seu propósito informativo.

Esse novo relatório visa melhorar a qualidade informacional, sendo ele agora especificado para abranger ramo de indústria dando maior clareza. Em princípio, deve cobrir os seguintes aspectos:

- **Definição do primeiro parágrafo como de opinião**: o que o auditor fez, o que examinou, quais as demonstrações e sua opinião.
- **Base para opinião**: presente a independência de sua opinião. Declaração explícita de independência do auditor em relação aos princípios éticos relevantes e de cumprimento dos demais requisitos aplicáveis do Código de Ética.
- **Quando houver incerteza na continuidade**: seção que especifica se há ou não dúvidas significativas em relação à capacidade da companhia de se manter operando.
- **Elaborar os principais pontos de auditoria (KAM)**: assuntos considerados relevantes pelo auditor durante seu trabalho, áreas de risco significativo. Obrigatório para empresas listadas nas áreas de TI, *cloud computing* e/ou *cybersecurity*, partes relacionadas e possíveis crises políticas, como a do Brasil etc.

- **Outras informações**: que estão no relatório de administração e passam a ser abordadas também no relatório do auditor.
- **Responsabilidade da administração**: agora, incorpora as responsabilidades da governança corporativa no balanço publicado, assim sugerindo a monitorização do comitê de auditoria e conselhos.
- **Responsabilidade do auditor**: expandida para ser mais clara.
- **Sócio responsável**: no Brasil, esse item já é divulgado.

Enfim, deve-se diminuir a padronização da divulgação que existe atualmente para que o relatório seja mais informativo para os usuários da informação.

Exercícios

1. A entrevista de encerramento conduzida ao término da auditoria dá oportunidade de discutir os achados. O auditor deve sempre julgar quais constatações são materiais para todos os níveis gerenciais. Quais as preocupações do auditor nessa entrevista?

   a) Assegurar-se de que os fatos apresentados nos relatórios são corretos.

   b) Assegurar-se de que as recomendações são realistas e eficazes em termos de custos.

   c) Buscar data de implementação de medidas corretivas.

   d) Apresentar sumários de honorários de auditoria.

2. Expressão utilizada pelo auditor no parecer que signifique ressalvas:

   a) Discordância com.

   b) Ajuste ao.

   c) Exceto.

   d) Sujeito a.

3. A data do parecer do auditor que o usuário dos relatórios deve acatar é:

   a) Início dos trabalhos de auditoria.

   b) Encerramento do exercício social da companhia.

   c) Término dos trabalhos de auditoria.

   d) Ajustes nos relatórios de auditoria.

Parte VIII

TÓPICOS ESPECIAIS EM AUDITORIA

Compliance 21

21.1 Conceitos de *compliance*

Compliance, termo utilizado neste capítulo alternadamente com a palavra "conformidade", é o cumprimento de regras e orientação no ambiente atual; em outras palavras, é a garantia de adesão a leis e regulamentos. Na mesma linha, o contexto socioeconômico do descumprimento é analisado na fronteira com fraudes corporativas, que ameaça a salvaguarda de ativos de acordo com a cultura e as políticas de organizações.

Compliance é a nova roupagem da atividade que colabora para a solução de problemas antigos de delineamento de limite de responsabilidade funcional e o cumprimento de normas. Ou seja, encapsulada numa concepção nova em ambiente organizacional devido às transformações nos ambientes organizacionais.

Isso porque, desde a década de 1970, as empresas, preocupadas com conformidade interna, implementaram a função de O&M (organização e métodos). O objetivo era gerar as normas internas, montando estrutura funcional dos cargos, seus relacionamentos e linhas de reporte, disponibilizando assim guias por meio de pastas para orientar *job descriptions*, propiciar segregação das funções incompatíveis e, principalmente, atender anseios dos auditores. Tudo isso era mapeado com fluxogramas e, na forma de divulgação e melhor conscientização dos funcionários, era postado nos quadros de avisos.

Nas décadas de 1980 e 1990, com uso acentuado de informática, a função evoluiu para S&M (sistemas e métodos), permitindo acompanhar as tendências com intuito adicional de garantir a conformidade às regras e às normas. Sistema de informações atrelado ao *enterprise resource planning* foi o gatilho para sua implementação.

Entretanto, com a experiência das fraudes corporativas nas grandes empresas nos anos 2000, a função veio a se transformar na atividade de *compliance*, dessa vez ganhando tentáculos dos departamentos de controladoria e jurídico. A governança corporativa tem dado peso político para a sua atuação de forma estratégica.

Em suma, a conformidade preocupa-se com a quebra de confiança entre as instituições, dotada de poder de monitorar entidades com foco nas relações econômicas, sociais e ambientais.

O problema é que, recentemente, a cultura do descumprimento da regra de leis ou violação de código de conduta (*compliance* externo), normas e políticas (de conformidade interna) nos assola. O resultado é que faltam procedimentos de monitoramento, e também se contornam controles internos que tenham brechas para a perpetração de fraudes. Isso tem tornado o cenário do ambiente social de fraude corporativa muito preocupante.

A geração Y tem surpreendido a sociedade despreparada com informações sobre sua falta de motivação. E ainda consta que essa geração demonstra com frequência intenções de arquitetar fraudes com muita predisposição. Aberrações, dizem os gerentes mais experientes das empresas, com tempo de casa de aproximadamente vinte anos ou mais. Esses novos colaboradores "com tempo de casa entre dois e cinco anos, ganhando salários entre R$ 1.500 e R$ 3.000, bons para se viver confortavelmente considerando as faixas etárias (19 a 39 anos), não correspondem às expectativas". Será que estamos à beira de construir a sociedade dos cidadãos folgados que somente gostem de trabalhar menos, visando ao aproveitamento de brechas de controle para praticar fraudes? "Eles aprenderam com quem?", pode-se indagar. Não há mais a cultura de vestir a camisa da companhia, o que gera um quadro de rotatividade muito alta. Então, como se pode depositar confiança nessa geração quando se fala nas transações sensíveis das corporações?

Afirmando GI-São Paulo (2013) o aposentado ficou atordoado, principalmente quando descobriu quem era o golpista, o próprio gerente do banco dele Átila Alves. A honestidade de uma vida inteira ainda o deixa incomodado com o golpe que levou. "Meu pai tem 85 anos, uma pessoa inteiramente correta ao longo da vida. Ensinou os filhos a serem desta forma e ele ficou muito nervoso e falou: 'Infelizmente, não dá para confiar em mais ninguém'. Ele se sentiu lesado e totalmente transtornado", contou o filho do idoso, Mario Lopes. Daí a dúvida sobre em quem confiar, principalmente quando se fala em compor equipe de trabalho dentro das organizações na área de finanças e controladoria.

De acordo com a KPMG-BR (2009), na pesquisa realizada pela *Forensic*, “A fraude no Brasil: Relatório da Pesquisa 2009”, 68% das empresas consultadas foram vítimas de fraude, 61% dos casos de fraudes foram cometidos por empregados da própria empresa.

Imagine a regra da CVM (Comissão dos Valores Mobiliários) que recomenda que se evite a dualidade dos executivos na composição do conselho de administração. Entende-se que há preocupação com a independência do conselho para que tal membro deixe de se ocupar com interesses particulares em primeiro lugar, colocando o interesse da empresa em segundo. Ou seja, em outro momento esse mesmo membro não toma decisões. Pessoas com informações a serem deliberadas ainda na pauta podem ser influenciadas por ele. A questão é: a CVM tem equipes suficientes para monitorar essas brechas nas empresas que podem lesar os investidores quando empresas deixam de cumprir suas recomendações?

Assim, não é fácil acreditar nas premissas anteriores, pois fraudes nas empresas sempre foram associadas aos problemas de fraqueza de controles internos. Sempre aproveitam as brechas nos controles internos (IMONIANA; SILVA, 2013). Sobre isso as afirmações de Grapper e Pirie (2005), que relacionam a quebra do Banco Barings à fraqueza de controle interno. Aliás, os autores comentam que o Sr. Leeson tinha o cargo de *trader* e ao mesmo tempo atuava no *back-office*; que eram funções totalmente incompatíveis.

Em 2013, a sociedade recebeu a denúncia de conluio das empresas que participaram nas licitações promovidas pelo governo do Estado de São Paulo para implementação dos contratos de construção da linha 4 – amarela do metrô. Sobre isso, o Ministério Público do Estado abriu inquéritos para apurar o suposto cartel. Apurou, também, o suposto acordo entre empresas para inflar preços. Nesse caso, esclareceu-se se os cofres públicos foram lesados. O público se indaga se o então governador do Estado de São Paulo, Mário Covas, não conhecia a esquema.

Engano se pensamos que esses fenômenos acabaram por aí. Não! Recentemente, vimos a surpresa de fraude com a gestão da maior empresa do Brasil, Petrobras, que já abalou a classe política e gerou um cenário econômico instável, que por sua vez resultou na dissolução do conselho de administração. Esse caso, com investigação em curso, já contou com várias delações premiadas e parece um túnel sem fim.

Não é de se estranhar, contudo, que pode vir à tona o que foi perfeitamente arquitetado pelos praticantes, visto que, tendo um canal de denúncia, as fraudes podem ser adequadamente monitoradas em nossas empresas e na sociedade em geral.

Pensando no cenário atual, louvaríamos os legisladores brasileiros que deram passos significativos com a Lei nº 12.846/2013 – anticorrupção – e a Lei nº 12.683/2012 – lavagem de dinheiro –, que pretendem colocar as empresas e principalmente os funcionários públicos nos eixos sobre práticas de atos fraudulentos de corrupção. Vale ressaltar o artifício de delação premiada, que tem ajudado nessa batalha de localizar atos fraudulentos que a própria sociedade não compartilha.

Entende-se que os legisladores citados devem ter se espelhado nas melhores práticas das multinacionais de *compliance*: FCPA (*Foreign Corrupt Practices Act*) com incentivos de Ministério da Justiça dos EUA (*Department of Justice* – DOJ), a Comissão de Valores Mobiliários americana (*Securities & Exchange Commission*) e a *UK Bribery Act*. Outras melhores práticas consistem na implementação da Leg. Dec. 231/2001 italiana; Lei Sarbanes-Oxley (SOX), nos Estados Unidos, em 2002; *Loi sur la Sécurité Financière* na França, em 2002; e a *Turnbull Guidance* apresentada pelos legisladores do Reino Unido em 2005, para amenizar as fraudes corporativas e de forma a responsabilizar os administradores pela má gestão das organizações.

Assim, outro olhar para a fraude e os requisitos de conformidade poderia ser derivado da PCI DSS (*Payment Card Industry Data Security Standards*), norma que tem a ver com indústria de compras com cartão de crédito e seu controle de segurança. Essa norma é citada por causa do seu impacto em cada casa. As que operam nesse setor precisam ter política que esteja em conformidade com a PCI DSS. Detalhes são apresentados a seguir.

21.2 *Compliance* com PCI DSS para reduzir fraude

Com o programa de conformidade de gerenciamento de cartões de crédito, questiona-se: como respondem as organizações a ciberataques, de modo a aliviar os impactos sobre as empresas? Haja vista as preocupações com resiliência em ambiente da *web*, hoje, que demandam a avaliação de maturidade de TI que deve levar em consideração aspectos de segurança.

Essa é a queixa expressa de *compliance*, ou seja, atitude e comportamento ético em respeito às regras e políticas corporativas, aclamando as regras e obrigações dos órgãos reguladores. O que pode acontecer é que cada gerente é muito atento ao seu apetite de risco, ou seja, nível de risco desejado para adotar com vista em sua estratégia de conformidade das normas que regem a sua área operacional. Por exemplo, as seguintes podem ser as regras de conformidade PCI DSS que devem ser cumpridas:

- Mapeie o ambiente para identificar áreas, processos e pessoas envolvidas no registro e transmissão de dados no cartão de crédito.
- Separe as funções de processamento cartões de outras incompatíveis. Então instale Virtual LAN, Firewall etc.
- Use criptografia em ambiente de CHD residual.
- Forme pessoal para educá-lo.
- Compreenda o processo e o programa de validação.
- Adote sistema de gestão de segurança da informação que inclua todos os procedimentos essenciais.
- Considere a aplicação do processo de conformidade contínua.

Ainda assim, além do cumprimento destas, podem-se citar as regras da computação em nuvem para incluir os seguintes passos:

- A conformidade é baseada em serviços prestados por terceiros, ou seja, IaaS (*Infrastucture as a Service*), SaaS (*Software as a Service*), entre outros, que devem prestar atenção para o SLA (*Service Level Agreement*).
- A conformidade só é forte se a segurança estiver no auge.
- O cumprimento é a soma de execução de dois atores que são empresas individuais e subcontratadas. Um fornecedor regional pode ter poder de monopólio, influenciando os indicadores de conformidade com as regras que afetam o preço. Nesse caso, cada exportador tem um incentivo para escolher entre romper as regras de origem (ROO) e seguir os dados dos mercados eficientes.

Portanto, com base nas conclusões de Crumbley (2004), Biegelman e Biegelman (2010) e Imoniana e Silva (2013), organizações podem ser totalmente apoiadas com a reflexão sobre o programa de conformidade que forneça orientações sobre a sua ineficácia, como mostrado na Figura 21.1. Basta dizer que, com a gestão devidamente consciente do impacto de não conformidade com leis e regulamentos, as decisões de recompensas para evitar sanções poderiam ser facilmente estruturadas.

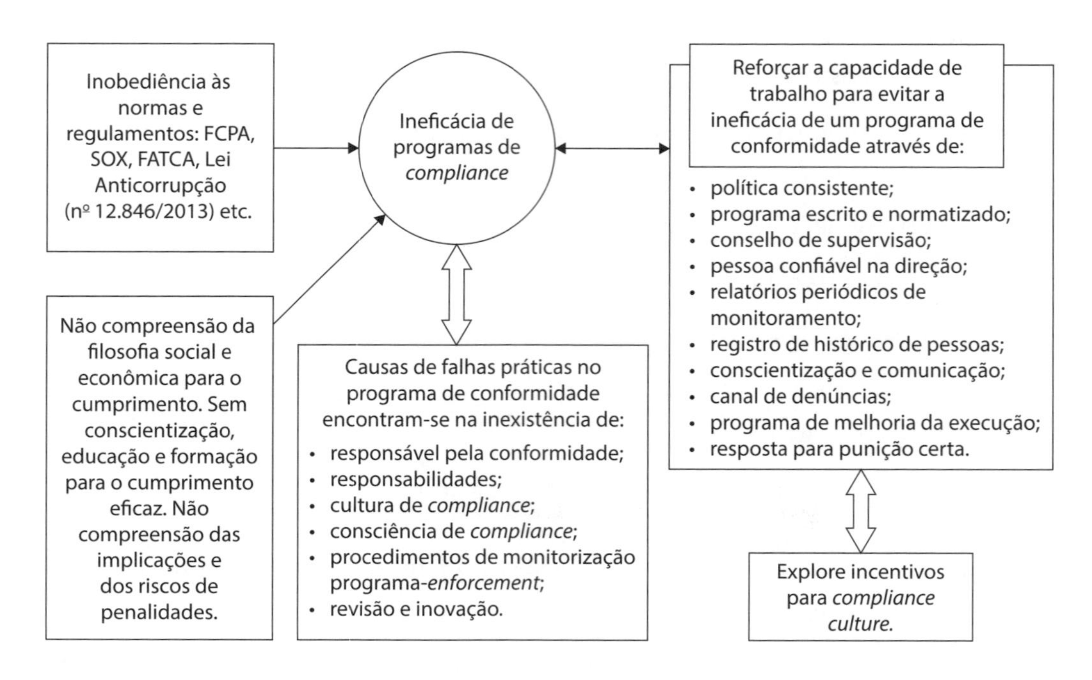

Figura 21.1 *Framework* conceitual de ineficácia de programas de *compliance*.

21.3 Currículo de *compliance*

O currículo de *compliance* deve preparar os gestores para o importante trabalho de expansão de conhecimentos teóricos e práticos sobre o moderno mundo dos negócios, tendo como fim a mitigação de seus riscos subjacentes à conformidade e os processos de asseguração. Os conhecimentos de *compliance* se aplicam a todos os ramos de negócios, haja vista que as práticas desleais dos colaboradores e parceiros, e o crescimento acentuado do volume de operações de todos os setores, a importância do patrimônio consolidado e o desenvolvimento de produtos mais sofisticados e complexos têm proporcionado uma enorme demanda por habilidades de monitoramento de *compliance* nos últimos anos.

Apoiando-se nos pilares de prevenção, monitoramento e respostas a incidentes, possibilitam-se aos participantes, gestores das funções de *compliance* e profissionais de *assurance* as condições necessárias para gestão e avaliação periódica a fim de evitar os riscos de descumprimento. Tal atitude considera regulações profissionais por meio de CFC, AICPA, IPA, ISACA e pares, enfim, autorregulação (*self-regulation*) e regulamentação governamental de iniciativas como CVM, SEC-US, SOX, BACEN (*government regulations*).

Verdadeiramente, a função de *compliance* objetiva atender os atores dos mercados, além de manter qualidades desejadas. Assim, proporciona a esses atores os conhecimentos adquiridos, dotando-os de técnicas que lhes permitam identificar e avaliar os riscos que afetam suas empresas, além de métodos práticos e gerenciais para o tratamento racional dos riscos.

A metodologia ímpar necessitada devido ao cenário do mercado atual deve ser pautada em conteúdo e prática dos negócios voltados à área de *compliance* de resolução de casos e estudos grupais. São os seguintes os principais blocos de estudos: (i) *compliance* interna e *compliance* externa, que darão base; e (ii) a prática de *compliance*, o processo de asseguração, estruturação, manutenção, avaliação e melhoria contínua. Como detalhes, devem-se cobrir:

- *compliance* interna;
- ética e asseguração de *compliance*;
- *compliance* e governança corporativa;
- *compliance* de mercados de capitais;
- *compliance* e *accountability* governamental;
- *compliance* e governança de TI;
- *compliance* digital e resiliência cibernética;
- estruturação e desenvolvimento de programa de *compliance*;
- *enforcement*, monitoramento e investigação de *compliance*;
- tópicos emergentes de *compliance* – risco de conduta.

Auditoria em face das fraudes contábeis – papel e função

22

22.1 Conceitos de auditoria em face das fraudes contábeis

A fraude é qualquer ato ou omissão intencional planejado para causar engano a terceiros. Ordinariamente, a fraude envolve a deturpação intencional, a ocultação deliberada de um fato relevante com o propósito de induzir outra pessoa a fazer ou deixar de fazer algo em detrimento dela.

O erro pode ser descrito como intencional ou não intencional. Os erros, geralmente, em razão da intervenção humana, ocorrem a qualquer momento nos processos dos negócios.

Erros contábeis podem acontecer por:

- **Omissão:** quando se omite um lançamento que efetivamente gera erro de integridade, ou seja, falta de completude e correção e, mais ainda, precisão monetária.
- **Compensação (*Commission*):** quando uma transação similar compensa outra e é levada a cabo, portanto esquecendo-se aquele faltante.
- **Interpretação:** efetivamente, é um erro de entendimento de normas, por exemplo, interpretando crédito de carbono como intangível ou derivativo quando, na verdade, deveriam ser outros recebíveis.

Indícios de erros significativos se dão por meio de:

- Registros contábeis que não são confiáveis.
- Decisão de confiar nos controles sem testá-los.
- Ressalvar tais procedimentos até que se prove o contrário.

Conforme a ISA-240, a responsabilidade pela prevenção e detecção de fraudes pertence a:

- Governança da empresa; e
- Alta administração.

Ainda conforme a ISA-240, a descoberta de fraudes pelo auditor depende de fatores como:

- Habilidade do fraudador.
- Frequência do ato.
- Valor envolvido.
- Extensão da manipulação.
- Grau do conluio.
- Senioridade do indivíduo.

Todavia, as fraudes corporativas não se resumem apenas a questões relacionadas com a contabilidade; há outros meios ilícitos utilizados pelos fraudadores que também causam danos à imagem e ao patrimônio das organizações. Servem como exemplo a espionagem industrial e empresarial, a manipulação de informações, compras para benefício pessoal, pagamento de propinas e roubo de ativos, entre outros atos.

O diamante da fraude de Dorminey et. al. (2011) ilustra os elementos que, rotineiramente, estão presentes nos atos fraudulentos: pressão, oportunidade e racionalização, os quais são reforçados por uma mente criminosa e atitude arrogante.

A detecção de fraude pelos auditores tem sido uma cobrança consistente e direta feita pelos usuários de informações, que esperam que atitudes de policiamento sejam postas em prática para inibir ou detectar a fraude quando de sua ocorrência.

22.2 Fraudes na auditoria das demonstrações contábeis

As fraudes são normalmente associadas com o risco de detecção e sua estratégia de investigação precisa de procedimentos substantivos de renome para ajudar no mapeamento e mesmo a traçá-lo. Corrupção e apropriação indébita de ativos são fraudes combatidas de forma mais eficiente e eficaz com o canal de denúncia, os mecanismos de controle interno e as regras de conformidade; enquanto fraudes em demonstrações contábeis, geralmente ligadas ao alto escalão, são mais apropriadamente mapeadas e rastreadas por auditores externos (Imoniana; Freitas; Pereira, 2016).

Um novo fenômeno surgiu muito recentemente, como resultado do uso de "delação premiada", ou seja, imunidade testemunhal para investigar a fraude. A delação premiada concede imunidade a uma pessoa em troca do testemunho (fatos) que seja totalmente novo para o promotor e o ajude a desvendar os impasses na investigação. Isso tem a ver com os acordos de leniência previstos na Lei de Defesa da Concorrência. O denunciante considera, figurativamente: *"um lagarto que caiu da árvore de iroko balança a cabeça e diz que já percorreu um longo caminho, tendo caído quase 50 metros"*. Uma lição poderia ter sido aprendida, incrivelmente.

Você imagina o impacto do recente vazamento de dados do Panamá sobre poderes públicos que corrompem, quero dizer, a monumental liberação de dados relativa a paraísos fiscais, que envolveu várias organizações de alto nível e indivíduos em todo o mundo? Isso envolve uma filtragem maciça de cerca de 11,5 milhões de documentos de escritórios panamenhos pertencentes à Mossack Fonseca, especializada em gestão de capital em paraísos fiscais desde 1970, que afeta mais de 140 políticos e altos funcionários do mundo inteiro, incluindo vários chefes e ex-chefes de Estado, bem como os seus parentes.

Em termos gerais, fraudes contábeis públicas, para além de apropriação indevida de ativos e roubos monetários, têm uma forma de corrupção que se reflete nos livros de conta decorrentes das relações com os funcionários públicos. Elas geralmente envolvem: projetos complexos; falhas, valores e fundos da operação autorizada e/ou negociada; a influência da cultura de controle que permeia as operações contra as práticas das organizações e acredita nos empregados. No ano de 2015, a Iniciativa de Transparência Setor da Construção (custo) estimava uma tendência ascendente de fraude indo para o patamar de US$ 4 trilhões anuais com perda, em média, de aproximadamente 10 a 30 por cento do valor do projeto.

No entanto, de acordo com Imoniana e Murcia (2016), há uma semelhança nas fraudes praticadas nos vários países. De acordo com Kofi Annan, ex-secretário-geral das Nações Unidas, no lançamento da Convenção das Nações Unidas contra a Corrupção (UNCAC), corrupção é um elemento-chave no anúncio de mau desempenho econômico, um grande obstáculo para o alívio da pobreza e para o desenvolvimento. Ele disse ainda que o fenômeno é encontrado em todos os países.

No Brasil, a operação Lava Jato, desde 2014 até a presente data, parece ser um túnel sem fim. Essa investigação que apontou um dedo acusando a ex-presidente Dilma

Vana Rousseff, afeta um bom número de congressistas e também envolve o ex-presidente Luiz Inácio Lula da Silva, por conta da corrupção na Petrobras. Esta investigação ainda está em curso.

Em outro caso emblemático, de acordo com o assessor especial do Ministro das Finanças da República Federativa da Nigéria, em 3 de março de 2016, "os funcionários fantasmas foram purgados na sequência de uma auditoria assistida por computador usando dados biométricos e um número de verificação do banco (BVN) para identificar os titulares das contas bancárias nas quais salários foram pagos. Isso revelou os nomes dos funcionários assalariados que não correspondiam aos nomes ligados às contas bancárias. Em alguns casos, certos indivíduos estavam recebendo salários de várias fontes".

Assim, uma vez que Imoniana e Murcia (2016) concluem que o que torna os cenários similares são apropriação indébita de ativos mais roubos monetários além da corrupção, há espaço para se desenhar um pensamento político de sua universalidade na medida em que os ambientes de fraude poderiam ser similares. Isso mostra uma lacuna do referido estudo e leva a pensar na política de segurança cibernética e fraudes contábeis, seguindo a premissa de que a conscientizacão poderia faltar.

22.2.1 Teorias e *modus operandi* de fraude

Neste sentido, no ambiente de TI atual, é inimaginável encontrar as estruturas geridas sem controles mitigadores de fraudes. Mas como se explica esse fenômeno?

"[...] psicologicamente e sociologicamente, aqueles que realizam atos criminosos relacionados com fraudes são geralmente movidos por fundamentação, oportunistas e mentes criminosas" (CRUMBLEY, 2014), como mostrado pelo triângulo de fraude, o qual superado pelo diamante de fraude de Dorminey et al. (2011). Certamente, essa psicologia tem algumas relações com um *modus operandi* diabólico. JVD tinha um *modus operandi* consistente estável (MO), com base num método oportunista, especialmente no que diz respeito à situação contextual. De tal forma, o planejamento do ato criminoso não seria visto como um padrão de comportamento organizado. No entanto, os fatos foram desenvolvidos por meio da autopercepção do ambiente de JVD. Essa mesma linha de pensamento foi reforçada pela octógono de fraude, apresentado em mais estudos sobre o mesmo assunto por Imoniana e Murcia (2016) e mostrado na Figura 22.1.

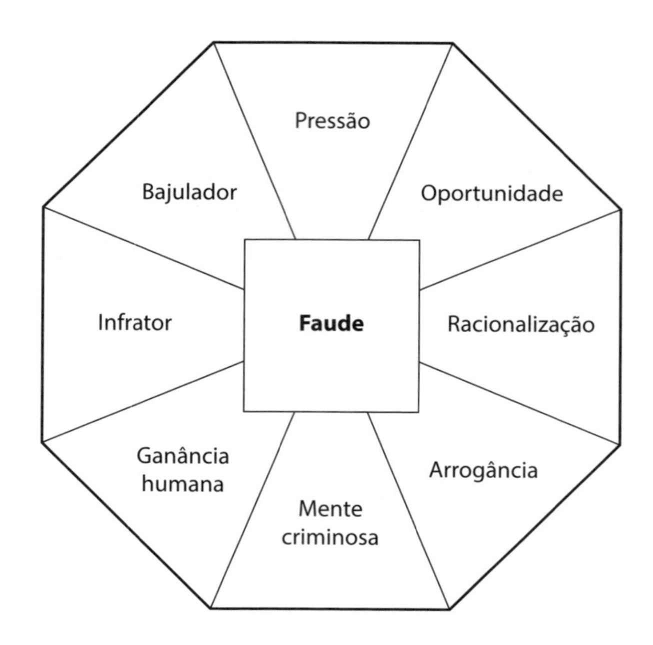

Fonte: Imoniana e Murcia (2016).

Figura 22.1 Octógono de fraude.

As fraudes relacionadas a psicopatas são categorias amplamente utilizadas para explicar a fraude, como poderia ser basear-se em vários autores. Verifica-se o impacto de variáveis psicológicas nos criminosos de colarinho-branco, utilizando-se um indivíduo de experiência, que cometeram crimes como variáveis de controle (BLICKLE; SCHLEGEL; FASSBENDER; KLEIN, 2006).

22.2.2 Proposição para reflexão

A fraude cultiva a economia do crime, em que o agressor se esforça para sustentar as compensações por meio duvidoso.

Derivando-se da proposição citada acima, pode-se afirmar que fraudes normalmente motivadas por corrupção não têm racionalidade econômica. Os executivos, bancos, auditores/entidades de *rating*, além daqueles que se envolvam na *valuation* das empresas, aparentemente em quadrilhas, precisam ser monitorados pelos organismos competentes. A falta desse monitoramento é o que lesa o povo.

22.2.3 Política de segurança na era de cibersegurança tende a mitigar risco de fraude cibernética

Vários estudos, como o de Imoniana (2004), enfatizaram programas de sensibilização para a segurança como o fator chave de sucesso de qualquer política de segurança, e que um programa de cibersegurança não pode ser diferente.

Política de segurança cibernética é embutida na política de segurança formal no ambiente de hoje e este deve considerar a implementação de *softwares* de segurança para ajudar na montagem de um obstáculo que poderia frustrar as obras dos *hackers*.

Normalmente, os usuários estão satisfeitos com o nível de segurança proporcionado pelos sistemas operacionais como o do Quadro 22.1, no entanto, continua a ser muito alto o risco de um *software* de segurança específico não ser contemplado com a política de segurança. Há uma variedade de *softwares* de segurança que consideram várias plataformas, entre eles, F-Secure, Panda, Kaspersky, McAffee, Symantec, Avast e Trend Micro. Outros são Eset, Avira e BitDefender. Em uma plataforma mais robusta, temos recursos como ACF2, RACF, Top Secret, e assim por diante.

Quadro 22.1 Cobertura de cibersegurança para Android/iOS

Cobertura de Segurança	Sistema Operacional
Segurança de estação de trabalho	Multiproteção para Windows, Mac e Linux.
Segurança de servidor	Segurança de servidor para Windows, Mac e Citrix.
Segurança do aparelho móvel	Android, incluindo *anti-malware* e proteção para *browsers*.

Como se pode perceber, a predominância de Android e iOS, heurística avançada, pode gerar um problema de desempenho que é compreensível. Note-se que alguns dos desenvolvedores de *software* de segurança mencionados já começaram a abordar essa anomalia.

Notável a eficácia do celular, assim deve-se ter em mente a cobertura dos *patches* que incluem a fixação de vulnerabilidade de segurança e outros *bugs*. A gestão das *patches* é muito importante para se evitar o avanço de *malwares* e, finalmente, dos vírus. Normalmente, a administração da segurança é relutante para renovar suas licenças considerando o custo, mas como tirar proveito do contrato de alguns produtos quando efetivamente a licença de uso já expirou?

22.2.4 Controles contábeis amenizam fraudes

Enquanto se avalia a eficácia das funções contábeis, determinadas tarefas pedem um olhar mais atento. Elas são tais que exigem provisões excessivas, por exemplo, bônus, créditos de liquidação duvidosa, comissões e baixa dos livros, os quais são originados manualmente pelo departamento de contabilidade, em outras palavras, *journal entries*.

Além disso, o uso de reclassificações que podem levar ao gerenciamento de resultado dá espaço para atos fraudulentos.

Assim, na medida em que se poderia ter dificuldade em acompanhar os saldos quando mudam, não há nenhum ganho dizendo que a segurança como a raiz tem de ser mapeada e monitorada.

Assim, há muitos testes que o auditor pode realizar, entre os quais podemos citar os testes de penetração.

22.2.5 Teste de penetração

O teste de penetração, em inglês, *penetration testing*, é apenas um elemento no processo global de obtenção de confiança na segurança cibernética da organização.

Deve-se considerar que a segurança aborda determinado projeto de arquitetura de redes e a codificação de aplicações e *sites*.

Entretanto, onde os procedimentos de controle interno são considerados ineficazes, os testes de penetração irão fornecer uma indicação do que deve ser feito aplicando-se retrospectivamente a segurança, a fim de mitigar o risco existente.

22.3 Responsabilidades do auditor sobre fraudes na auditoria das demonstrações contábeis

Os auditores possuem responsabilidade sobre a qualidade das demonstrações auditadas a ponto de afirmar que são livres de quaisquer vícios e, inclusive, das fraudes contábeis que possam distorcer materialmente as informações apresentadas. Portanto, a responsabilidade sobre erros e fraudes é da alta administração, que conhece todos os detalhes das operações, das estratégias escolhidas atendendo seu apetite de riscos e mesmo das políticas implementadas para mitigar os riscos aparentes.

A responsabilidade do auditor, dessa forma, é em relação a erros ou fraudes que provoquem distorções consideráveis.

Consequentemente, o auditor se resguarda ao implementar os testes que seriam eficazes para detectar erros e fraudes e, quando constatados, avisar a cúpula da governança e administração e também apontar seu impacto. Se for necessário, executa-se planejamento complementar para proceder a sua investigação. Assim, não é possível responsabilizar o auditor em casos de fraudes nas demonstrações contábeis, sendo a responsabilidade atribuída aos administradores e funcionários que têm atribuições de tais funções relacionadas.

No entanto, não se pode ignorar a importância da auditoria e de sua qualidade na prevenção de fraudes. Os auditores possuem uma responsabilidade social de desempenharem seus papéis com a maior excelência possível, seguindo o princípio da melhor conduta na profissão para que, aliado a outros fatores, com melhores controles internos, transparência, governança corporativa eficiente, propagação de uma postura profissional e uma cultura ética, seja possível prevenir e reduzir casos de fraude, uma vez que prejudicam toda a sociedade.

22.4 *Expectation gap*

Um *expectation gap* entre o que efetivamente é a função do auditor e o que a auditoria significa para os usuários tem gerado dúvidas recentes e, consequentemente, litígios infundados contra auditores. Isso se acentua principalmente após o estouro de casos de fraudes em 2001, que resultou na regulamentação mais severa da SEC americana e na promulgação da SOX em 2002.

Como já foi comentado, a princípio o auditor não é responsável nem pode ser responsabilizado pela prevenção de fraudes ou erros nas empresas clientes. Entretanto, deve planejar seu trabalho avaliando os riscos de sua ocorrência, de forma a ter grande probabilidade de detectar aqueles que impliquem efeitos relevantes nas demonstrações contábeis.

O auditor, ao detectar indícios de fraudes nas demonstrações contábeis, tem a obrigação de comunicá-los à alta administração da entidade e sugerir medidas corretivas, informando sobre os possíveis efeitos no seu parecer.

Segundo IIA, AICPA e ACFE (2008), fraude é qualquer ato ou omissão intencional destinado a enganar a outros, resultando em perda para a vítima ou em benefício para o autor.

Os registros de fraudes já eram percebidos há muito tempo:

- Primeiros relatos: Hegestratos (300 a.C.).
- Informações privilegiadas: William Duer (1792) – *bonds*.
- Ex-presidentes: Grand e Ward (1884).
- *Stock pools*: 1929 e, recentemente, levantam-se os casos de Enron, Parmalat e outros discutidos até hoje.

22.5 Principais indícios de fraudes

Afinal, quais os principais indícios de fraudes contábeis? Entre os mais relevantes estão:

- documentos ou *vouchers* faltantes – destruição de documentos;
- falsificação de documentos – alteração de datas para refletir período contábil diferente;
- explicações não convincentes de *red flags* – procedimentos analíticos que precisam repetir-se;
- evidência de contratos em litígios – pagamento parcial para fornecedores;
- explicações pendentes – nas conciliações;
- emissão não autorizada de *journal entries* – notas de créditos/notas de débitos;
- pagamento para funcionários do governo no exterior – comissões; etc.

Como questão norteadora de operacionalização, indaga-se:

Qual o papel do auditor perante as fraudes contábeis na auditoria das demonstrações contábeis?

Operacionalização

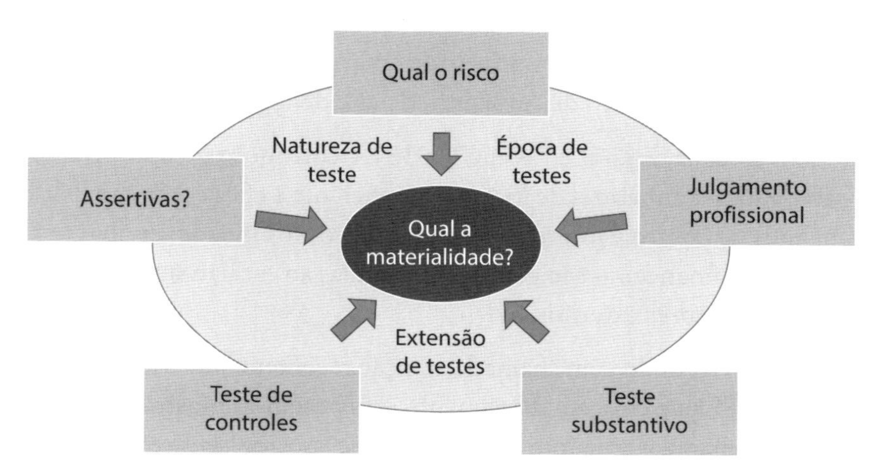

Figura 22.2 A auditoria de fraudes responde a perguntas críticas de auditoria.

Tradicionalmente, o auditor interno, devido à proximidade de sua atuação dentro das empresas, tem mais possibilidade de levantar casos de fraudes, diferentemente do auditor independente, que tem pressão de natureza de testes, de época e extensão; ele acaba limitando seu escopo e o fraudador sabe dessa limitação.

Ao planejar a auditoria, o auditor, por meio de revisão analítica, deve indagar da administração da entidade auditada sobre qualquer fraude e/ou erro que tenham sido detectados.

Quando a aplicação de procedimentos de auditoria, planejados com base na avaliação de risco, indicar a provável existência de fraude e/ou erro, o auditor deve considerar o efeito potencial sobre as demonstrações contábeis. Se acreditar que tais fraudes e erros podem resultar em distorções relevantes nas demonstrações contábeis, o auditor deve modificar seus procedimentos ou aplicar outros complementares.

A função de averiguar a demonstração contábil pelos auditores independentes e atentar para as possibilidades de fraude e, sobretudo, ver seus efeitos faz com que suas estratégias se dirijam inicialmente para procedimentos analíticos com a alta administração, e depois ele efetua testes complementares.

Geralmente, esses testes são para sanar alguns *red flags* que porventura tenham sido levantados à primeira vista na análise horizontal e vertical das demonstrações contábeis.

ACFE (2012) caracterizou as fraudes nas demonstrações financeiras como aquelas que envolvem distorções ou omissões intencionais de informações relevantes nos relatórios financeiros da organização. Os métodos mais comuns envolvem a ocultação de passivos e de despesas, registro de receitas fictícias e divulgação de ativos inexistentes.

Segundo Imoniana, Freitas e Pereira (2015), a corrupção e a apropriação indébita de bens "são fraudes combatidas de forma mais eficiente e eficaz com canal de denúncia e os mecanismos de controle interno e as regras de conformidade; enquanto as fraudes nas demonstrações financeiras são geralmente ligadas ao escalão superior e mapeadas e rastreadas pelos auditores externos".

Certas fraudes, contudo, têm chamado atenção recentemente. São aquelas relacionadas com o uso de TI, que crescem diariamente, e as pesquisas mostram que as empresas ainda não estão preparadas para mitigar os riscos que isso apresenta em nosso ambiente.

A função de *compliance* instituída hoje em ambientes empresariais tem ajudado a minimizar riscos de fraudes corporativas que são difíceis de serem detectadas pelos auditores independentes. Ela colabora com a definição de políticas, implementação de procedimentos de controle e monitoramento. Ajuda a cobrar as responsabilidades pelas conformidades, sejam elas internas ou externas às organizações.

Ademais, a divulgação de casos de fraudes nas organizações pelos administradores tem sido muito problemática, já que os usuários de informações não veem isso com bons olhos.

Além de outros artifícios de controle das respostas para casos de fraudes, as instituições que não buscaram as vias judiciais para o ressarcimento dos valores não o fizeram devido à exposição negativa da imagem da empresa.

Enfim, a maior recomendação ainda é a implementação de procedimentos de controle consistentes com os melhores *frameworks*, como de COSO, aliando os procedimentos de monitoramento com comprometimento da alta gestão.

Referências

AICPA – American Institute of Certified Public Accountants. *Generally Accepted Auditing Standards*: their significance and scope. New York, 1954.

ARKIN, Herbert. *Handbook of sampling for auditing and accounting*. New York: McGraw-Hill, 1974.

ATTIE, W. *Auditoria*: conceitos e aplicações. 6. ed. São Paulo: Saraiva, 2011.

COOK, John W. WINKLE, Gary M. *Auditoria*: filosofia e técnica. São Paulo: Saraiva, 1983.

CAVALCANTI, M. A. *Curso moderno e completo de auditoria*. 12. ed. São Paulo: Atlas, 2012.

DUE DILIGENCE. Mission statement. Disponível em: <http://www.due-diligence.net>. Acesso em: 29 maio.

ELIAS ON DEALS. Due diligence. Disponível em: <http://eliasondeals.com/duedilig.html>. Acesso em: 29 maio.

GELBCKE, Ernesto Rubens et al. Assurance services: novas oportunidades para a profissão. *Boletim do Ibracon*, São Paulo, n. 248, jan. 1999.

GRAMLING, A. A.; RITTENBERG, L. E.; JOHNSTONE, K. M. *Auditoria*. Tradução da 7. ed. norte-americana. São Paulo: Cengage Learning, 2012.

HAYES, R.; DASSEN, R.; SCHILDER, A.; WALLAGE, P. *Principles of auditing*: an introduction to international standards on auditing. 2. ed. Harlow: Prentice Hall, 2005.

HUMAN DUE DILIGENCE. What's involved? Disponível em: <http://www.businesseweek.com/1999/99_097b3618108.htm>. Acesso em: 29 maio.

IAASB – International Auditing and Assurance Standards Board. *Handbook of iternational quality control, auditing, review, other assurance, and related services pronouncements*. IAASB, 2015.

IBRACON. *Normas Internacionais de Auditoria e Código de Ética Profissional* (NIA). Tradução de Vera Maria Conti Nogueira e Danilo A. Nogueira. São Paulo: Ibracon, 1998.

IMONIANA, J. O. *Auditoria*: abordagem contemporânea. AEI, 2001.

_______. *Auditoria de sistemas de informação*. 3. ed. São Paulo: Atlas, 2016.

_______; MURCIA, F. D. Patterns of similarity of corporate frauds. *The Qualitative Report*, 21(1), p. 143-162, 2016. Disponível em: <http://nsuworks.nova.edu/tqr/vol21/iss1/12>. Acesso em: 14 nov. 2018.

INTERNATIONAL DUE DILIGENCE. Overview. Disponível em: <http://babelfish.altavista.com/cgi-bin/translate?>. Acesso em: 14 nov. 2018.

INTERNATIONAL FEDERATION OF ACCOUNTANTS. *Normas internacionais de auditoria e código de ética profissional.* Tradução do Instituto Brasileiro de Contadores. São Paulo: Ibracon, 1998.

INSTITUTO BRASILEIRO DE CONTABILIDADE. *Normas e procedimentos de auditoria*: NPA 07 – Serviços Especiais de Apoio a Aquisições e Vendas de Participação Societária. São Paulo: Ibracon, 1995.

_______._______. NPA 08 – Serviços de Auditoria dos Processos de Privatização. São Paulo: Ibracon, 1996.

KPMG. *Auditing methodology*: referência sobre *eData* de Receitas e Contas a Receber. Amstelveen, 2016.

MELLO, Patrícia Campos; D'AMBROSIO, Daniels. O raio X do executivo sem aviso prévio: empresas contratam consultorias para auditar seus funcionários. *Gazeta Mercantil,* São Paulo, 1º jun. 1999, C, p. 6.

NEWTON, Enrique F. *Muestreo estadístico aplicado a la auditoría,* Buenos Aires: Marchi, 1972.

SANTI, Paulo Adolf. *Introdução à auditoria.* São Paulo: Atlas, 1988.

SIMUNIC, D. A.; STEIN, M. T. Audit risk in a client portfolio context. *Contemporary Accounting Research,* 6, p. 329-343, Spring 1990.

THE ALLIANCE GROUP. A comprehensive resource for business research and analyses. Disponível em: <http://www.gotag.com>. Acesso em: 29 maio 2015.

WEBSTER, Allen L. *Applied statistics for business and economics.* London: Irwin, 1995.

Gabarito das questões de múltipla escolha

Capítulo 1
1. b
2. e
3. b

Capítulo 3
1. d
2. h
3. e

Capítulo 4
1. b
2. e
3. c
4. f

Capítulo 5
1. a
2. c

Capítulo 6
1. e
2. b
3. d

Capítulo 7
1. d
2. g

Capítulo 9
1. d
2. e

Capítulo 10
1. d
2. a
3. e

Capítulo 12
1. c
2. d
3. d
4. a
5. a
6. c

Capítulo 13
1. g
2. c

Capítulo 15
1. c
2. c
3. d
4. a
5. a
6. b
7. c
8. b
9. d
10. b

Capítulo 16
1. b
2. a

Capítulo 0
1. b
2. c
3. c

ROTAPLAN
GRÁFICA E EDITORA LTDA
Rua Álvaro Seixas, 165
Engenho Novo - Rio de Janeiro
Tels.: (21) 2201-2089 / 8898
E-mail: rotaplanrio@gmail.com

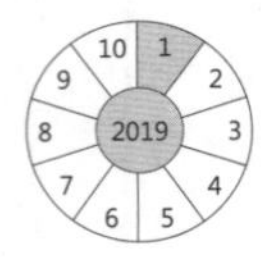